EL
PODER de los
SUEÑOS

2ª edición: mayo 2006

Diseño de portada: Editorial Sirio, S.A.

© de la presente edición
    EDITORIAL SIRIO, S.A.   Nirvana Libros S.A. de C.V.   Ed. Sirio Argentina
    C/ Panaderos, 9   Calle Castilla, nº 229   C/ Castillo, 540
    29005-Málaga   Col. Alamos   1414-Buenos Aires
    España   México, D.F. 03400   (Argentina)

www.editorialsirio.com
E-Mail: sirio@editorialsirio.com

I.S.B.N.: 84-96595-01-3
Depósito Legal: B-26.209-2006

Impreso en los talleres gráficos de Romanya/Valls
Verdaguer 1, 08786-Capellades (Barcelona)

Printed in Spain

Norma O'Connor

EL PODER de los

UEÑOS

HOJAS DE LUZ
EDITORIAL

Introducción

Los sueños son algo más que fragmentos deshilvanados de las vivencias experimentadas en nuestras horas de vigilia. De hecho representan una conexión con la mente subconsciente y, a veces, con otros planos más elevados a los que no tenemos acceso en nuestro estado de conciencia usual. Pero no todos los sueños son del mismo género, ni el mensaje que nos transmiten tiene idéntica importancia. Además, todo sueño suele admitir varios niveles de interpretación. Por ello es necesario abordar su análisis con detenimiento y sin presiones, observando la situación soñada desde distintos ángulos y dejando gran parte del trabajo a la intuición. De hecho, la interpretación de los sueños debe realizarse no como una tarea, sino más bien como un juego. Un juego en el que el papel primordial deberá ser desempeñado por la imaginación y la creatividad. Sólo así se logrará captar el mensaje que, a través de la situación soñada, se nos ha querido transmitir. Normalmente, son varios los sueños que tenemos en una noche, pero aquel con el cual nos despertamos es el que contiene el mensaje primordial.

Aunque toda interpretación de los sueños deberá ser siempre individualizada, los diccionarios de sueños tienen su utilidad cuando estamos intrigados por el posible significado de algo que hemos soñado y acerca de lo cual no tenemos ni la más remota pista. Además son divertidos. El presente libro reúne los significados de más de 3.000 imágenes y situaciones que suelen aparecer con cierta frecuencia en nuestra vida onírica. Quien dé a los sueños la importancia que merecen logrará un conocimiento más profundo de sí mismo y también del mundo en el que vive.

ÁBACO CHINO:

Verse en sueños utilizando un ábaco predice muchos esfuerzos y pobres resultados. Los apuros financieros serán inevitables. Aconseja prudencia en los negocios.

ABAD:

Ver al abad de un convento o monasterio significa ayuda de un allegado o un amigo, consejos útiles de personas de tu entorno dirigidos a solucionar una situación difícil, esperanzas de curación de un enfermo cercano. Ser abad: te esperan decepciones.

ABADÍA:

Indica inquietudes morales, intelectuales o sentimentales. Sin embargo, si sueñas que la abadía está en ruinas, ten por seguro que tus penas y tus dificultades terminarán en breve plazo.

ABANDONADO:

Soñar que te abandonan en actos, en situaciones difíciles de tu vida o bien en un camino o paraje solitario indica que la tristeza invade tu alma. Pero, desde luego, podrás salir adelante, teniendo fortaleza en el corazón y voluntad para vencer.

ABANDONAR:

Si sueñas que abandonas tu hogar, a tu marido o a tu mujer, a un pariente cercano o a los amigos, deberás temer graves dificultades de orden afectivo, financiero o profesional, conflictos de orden familiar, enfermedad de una persona de tu entorno.

ABANICO:

Utilizado por otra persona: falta de franqueza, deslealtad, perfidia, intrigas. Las amistades que resultaban necesarias para la realización de asuntos delicados fallarán. En general, decepción y amargura.

ABDICAR:

Si se trata de un rey o de un presidente que abdican, los malos negocios te llevarán a la ruina. Si eres tú quien abdica, esperanzas de ganar dinero, alegría cercana.

ABDOMEN:

Si tu abdomen engorda, esperanza de riqueza, honores, éxitos profesionales. Si adelgaza, presagio de pobreza.

ABECEDARIO:

Leerlo o poseerlo: nuevas posibilidades favorables llegarán a tu vida.

ABEDUL:

Suerte y felicidad, promesa de éxito, beneficios financieros.

ABEJA:

En general, soñar con este insecto es un buen presagio, ya que representa el trabajo y la laboriosidad; sin embargo, matar abejas significa la proximidad de males económicos. Ver abejas enfurecidas que nos atacan augura conflictos con los asociados, o que se está abandonando el trabajo a causa de la búsqueda de placeres, lo que puede acarrear desgracias y la ruina final. Verlas sobre una flor es símbolo de un amor naciente.

ABEJÓN, ABEJORRO:

Fastidios previsibles. Los adversarios se volverán particularmente amenazantes; perjuicios financieros, tal vez traición.

ABERTURA:

Cuando soñamos que se nos aparece una abertura, es una señal de esperanza: existe una salida para tus problemas.

ABETO:

Es muy buen augurio. El aspecto del abeto visto en sueños te aclarará la premonición resultante. La importancia y la calidad de su follaje, sus dimensiones o el sitio en el que estará situado serán otros tantos criterios que te ayudarán a conocer el futuro próximo. El abeto anuncia hechos importantes que modifican de manera feliz tus circunstancias. Indica también paz en el corazón y el espíritu. Si en el sueño alguien, o tú mismo, corta un abeto, será una advertencia de controlar los gastos y extremar la prudencia en todos los asuntos económicos.

ABISMO:

Tu vida afectiva y también la profesional están amenazadas por graves dificultades. Ver un abismo significa la proximidad de un período durante el cual deberás tratar de desbaratar engaños, traiciones y calumnias. Caer en un abismo supone fracasar en tus objetivos y el temor ante problemas de salud. No caer en él, lograr escalar la pendiente, retirarse del borde es un buen presagio. Saldrás airoso de la prueba.

ABLUCIONES:

Si te ves bañándote ritualmente en agua limpia y clara, indica alegría, franqueza y vitalidad profunda, y te dice que es un momento maravilloso para iniciar algún negocio o empresa de cualquier tipo, ya sea económica, intelectual o afectiva, en la que tendrás que poner todo tu entusiasmo. Sin embargo, si el agua es turbia, se deberán paralizar todos estos proyectos porque, a pesar de todo el entusiasmo que pongas, va a ser muy difícil que las cosas salgan como esperabas.

ABOGADO:

En general, soñar con un abogado es señal de malas noticias. Verse hablando con él indica que perderás el tiempo. Si éste defiende alguna causa o juicio que te atañe, deberás cuidar tus intereses y no confiar en una persona que te agasaja mucho.

ABONO:

Perspectivas favorables, promesas de ganancias, de convenios fructíferos en las actividades profesionales que te permitirán esperar el éxito.

ABORDAR:

Ser abordado por una persona desconocida indica llegada de dinero, herencia, ganancias, honores.

ABORTO:

Participar en un aborto o verlo es un mal presagio, indica penas y pesares, tal vez enfermedad, separación o pérdida de un pariente.

ABRAZAR:

Los abrazos en sueños —tanto si los damos como si los recibimos— suelen presagiar la partida de un amigo. Otras veces son un aviso de que no todas las muestras de afecto que recibes son sinceras. Sólo deberás fiarte de los amigos probados, y éstos son muy escasos.

ABREVADERO:

Verlo es signo de tranquilidad. Beber en él, pérdida de dinero, aunque no muy cuantiosa. Si beben animales, presagio de gratas noticias. Con el agua clara, símbolo de alegría; turbia, indica la llegada al mundo de un familiar. Si está seco, contrariedades.

ABREVAR:

Si ves a un animal silvestre bebiendo, peligro de una emboscada. Si se trata de un animal doméstico, recibirás ayuda y consuelo.

ABRIGO:

Soñar que llevas un abrigo significa que estás escondiendo tu verdadera personalidad bajo la capa protectora de las apariencias. Si es otra persona quien lleva el abrigo es que existe a tu alrededor alguien que bajo agradables apariencias esconde intenciones egoístas.

ABRIR (la correspondencia):

Malas noticias. Serás traicionado; te harán confidencias que te traerán tristeza y amargura.

ABSCESO:

Penas, preocupaciones, riesgo de enfermedad, relación difícil con quienes te rodean.

ABSOLUCIÓN:

La absolución recibida de alguna persona, tribunal o cualquier institución religiosa o seglar indica que estás frente a un cambio favorable. Los símbolos que rodean este sueño pueden dar un significado más exacto a su interpretación que, en cualquier caso, es de signo positivo.

ABSTINENCIA:

Este sueño, como muchos otros, significa lo contrario: soñar que te abstienes voluntariamente de tomar una bebida o de una tentación cualquiera es una advertencia contra la exagerada confianza en uno mismo. Si por el contrario, la abstención es debida a una situación de precariedad, el sueño indicaría que el éxito y la prosperidad están ya en camino.

ABUELOS:

Soñar con un abuelo o antepasado sonriente significa satisfacciones; verlo triste, amarguras. Soñar con los dos puede ser un recordatorio de un trabajo o una promesa olvidados.

ABUNDANCIA:

Si sueñas que posees una gran cantidad de alguna cosa determinada, es un aviso para que extremes la prudencia y te esfuerces en conservar tus recursos. Es muy posible que se avecinen tiempos difíciles. Si, por el contrario, sueñas que posees una gran variedad de cosas, puede ser un augurio feliz.

ABURRIRSE:

Dificultades próximas, preocupaciones que te resultará difícil eliminar. Te sentirás solo.

ACACIA:

Una acacia en flor es señal de prosperidad y de felicidad. En caso contrario, la pérdida de flores y hojas puede hacer temer noticias desagradables, aumento de preocupaciones y temores que se avecinan.

ACANTILADO:

Soñar con un acantilado quiere decir que se aproximan dificultades (o que ya existen) cuya importancia se verá reflejada por lo escarpado que sea, y su proximidad por lo más o menos cercanos que nos veamos de su pie. Si en el sueño lo estás escalando, a pesar de todas las dificultades que puedan surgir, tendrás éxito.

ACCIDENTE:

Este sueño es un mal augurio en todos los campos. Significa generalmente una advertencia ante posibles dificultades, pruebas que tendrás que superar y para las cuales deberás tomar medidas o decisiones importantes. Tus recursos financieros se verán comprometidos. Tal vez se trate de una crisis afectiva, separación o ruptura. Pueden ser también problemas familiares, enfermedad o pérdida de un allegado. Otras veces puede sencillamente indicar el riesgo de que nos ocurra un accidente como el soñado. En cualquier caso, se deberá siempre extremar la prudencia al conducir y no tomar riesgos innecesarios.

ACECHAR:

Tanto acechar como ser acechado tienen un significado de angustia e inseguridad. Cuando acechamos a otros significa que desconfiamos de las relaciones que podemos tener con nuestros allegados y cuando somos acechados, indica que estamos en una situación de inseguridad y de peligro.

ACEITE:

Excepto cuando se sueña con la rotura de un vaso o de cualquier otro recipiente lleno de aceite, que es un augurio de desgracia, el aceite siempre promete éxito y prosperidad, incluso cuando está sucio o manchando papeles, ropas u otros objetos, en cuyo caso es posible que dicha prosperidad se conseguirá utilizando medios poco lícitos. Para muchos el mejor sueño es que nos viertan aceite sobre la cabeza, lo que significa que nos veremos elevados a un nivel superior al actual.

ACEITUNAS:

Son un buen augurio. Indican prosperidad, paz y tranquilidad con quienes te rodean.

ACELERAR:

Suele indicar que te hallas en un estado de estrés. No es un sueño negativo pero indica que hay que tener cuidado y que no debes dejarte llevar por las circunstancias.

ACELGA:

Problemas financieros en un futuro próximo, decepciones y tal vez penas.

ACENTO:

Hablar u oír hablar con acento: buenas noticias, cambio familiar o profesional, viajes o desplazamientos próximos.

ACERA:

Al igual que en la vida diaria, una acera en sueños es una zona de relativa seguridad, si bien esta seguridad siempre es provisional y depende de lo que nos veamos haciendo en ella. Subirte es un indicio positivo. Si te bajas, cuidado, hay peligros que no siempre están a la vista.

ACERO:

Si el acero es brillante, promete el éxito gracias a tus propias cualidades y trabajo, pero si está empañado, asegura pérdidas. Si el acero pertenece a un arma blanca, puñal, espada o sable, es una invitación a la prudencia, pues te ronda un peligro.

ACERTIJO:

Es un reto a tu inteligencia. Si se asocia con una sensación agradable, quiere decir que has triunfado y has logrado tus fines gracias a tu inteligencia e intuición; sin embargo, si se asocia con sensaciones desagradables quiere decir que debes tener mucho cuidado, ya que los engaños de otros te pueden conducir a situaciones difíciles.

ACHAQUES:

Si en sueños te ves achacoso y eso te angustia, es un aviso para que consultes al médico, pues tu salud está en peligro. Pero si el mismo sueño no va acompañado de esta impresión desagradable, sino que más bien resulta placentero, es un anuncio de éxito económico.

ACICALARSE:

Cuando los que van maquillados son los otros, deberás tener mucho cuidado con engaños o mentiras. Si el maquillado eres tú, te estás engañando a ti mismo, tal vez ocultándote cosas que en realidad no quieres ver.

ÁCIDOS:

Presagian discusiones, enfados y disconformidad con los demás.

ACLAMACIÓN:

Tu vanidad puede estar haciéndote objeto de la mofa y la burla de tus adversarios. En general, ser aclamado en sueños es de mal augurio. Tal vez alguien de los que te rodean quiere engañarte.

ACOGER:

Acoger a alguien con calidez y amistad te asegura protección y apoyo por parte de esa misma persona. En el caso contrario, ocurrirá un rechazo o una indisposición de esa persona hacia ti.

ACOMPAÑAR:

Pasear con una persona es de mal augurio. Acompañar a alguien al piano u otro instrumento indica que debes estar preparado para recibir confidencias de una persona, que no deberás divulgar.

ACONSEJAR:

Recibir consejos en el sueño significa que vas a atravesar un período difícil más o menos largo que, sin embargo, no te dejará huella ni consecuencias. Además, puedes recibir ayuda de otras personas.

ACOPLAMIENTO:

Ver animales acoplados presagia un nacimiento en la familia del soñador o noticias de un natalicio.

ACORDEÓN:

Tocar este instrumento es un feliz presagio para tus relaciones familiares y sentimentales. Viene una época de dicha. Comprarlo: cuidado, es posible que traten de engañarte.

ACOSTARSE:

Indica una etapa de espera o bien que estás en período de prueba (tal vez en un trabajo). Acostarse con personas del mismo sexo quiere decir que temes las críticas de los demás y que todas tus acciones están dirigidas a complacer al prójimo.

ACRÓBATA:

Es símbolo de buena salud; pero, si sus acrobacias fracasan, pérdida de dinero y perjuicios. En cambio, si eres tú quien practica las acrobacias, triunfarás en un asunto o negocio que te parecía aventurado.

ACTA NOTARIAL:

Verla o firmarla: preocupaciones o contrariedades en un futuro próximo. Conflictos familiares, rivalidades, pesares. Leerla después de haberla firmado: fracaso, mala suerte, pérdidas financieras y deudas.

ACTIVIDAD:

Soñar que somos unas personas muy activas y que estamos implicados en muchas cosas indica, si se asocia con un sentimiento agradable, que nos encontramos en una magnífica etapa de creatividad, que debemos aprovechar al máximo. Has de hacer caso a las nuevas ideas que se te ocurran y ponerlas en práctica, ya que serán un éxito.

ACTOR:

Te enfrentarás a situaciones delicadas provocadas por personas que tratarán de perjudicarte y atentarán contra tu reputación. Puede tratarse de parientes cercanos, de amigos superficiales o de colegas de trabajo.

ACTRIZ:

Ver una actriz en sueños indica inquietudes inminentes, desavenencias familiares, malentendidos, disputas o separación.

ACUARELA:

Momentos de quietud, de ternura, de intimidad en un período complicado y agitado.

ACUARIO:

Ver un acuario con los peces nadando apaciblemente en el agua clara es un signo de tranquila y duradera felicidad. Si está vacío o con los peces muertos, mal augurio. Peligro en los negocios.

ACUCHILLAR:

Significa que tienes un conflicto afectivo que te aqueja pero que eres incapaz de solucionar. Deberás poner todo de tu parte para solventar este problema.

ACUEDUCTO:

Presagia un largo viaje, seguramente de negocios, cuyo resultado dependerá de cómo veas el acueducto. Si está en buen estado, lograrás la mayoría de tus objetivos, mientras que si lo ves en mal estado, el resultado del viaje será decepcionante.

ACUMULAR:

El hecho de acumular cosas te avisa de que puedes perder los bienes que tanto trabajo te ha costado conseguir. Si se trata de dinero, quiere decir que vas a tener pérdidas financieras importantes. Mantén los ojos bien abiertos y evita las operaciones arriesgadas.

ACUSACIÓN:

Si eres acusado o acusas a alguien, posiblemente recibas noticias desagradables o descubras traiciones o calumnias de personas con las que mantienes una estrecha relación. Si logras probar tu inocencia: superarás los obstáculos.

ADÁN Y EVA:

Prosperidad en el hogar. Éxito afectivo y profesional. Si les hablas o ellos te hablan, habrá ligeros retrasos en tus planes, pero al final se cumplirán.

ADELGAZAR, DELGADEZ:

Vernos adelgazar en sueños es una advertencia de que hay que cuidar la salud, pues nos ronda la enfermedad. Si soñamos que estamos muy delgados, el peligro de enfermedad está muy próximo, y cuanto más delgados nos veamos mayor será su importancia.

ADICIÓN:

Si sueñas que estás sumando, procura evitar cualquier clase de juego, ya que la suerte te volverá la espalda.

ADIÓS:

Decir adiós en sueños es un signo precursor de un próximo reencuentro después de una larga separación con la persona vista en sueños. Indica reconciliación, retomo afectivo.

ADIVINANZA:

Si tú la planteas, es un indicio de que estás buscando la solución a un asunto que te preocupa. Si eres quien tiene que resolverla, es posible que te veas próximamente envuelto en una situación embarazosa.

ADIVINAR:

Cuando la persona que ejerce la adivinación es aquella que sueña, quiere decir que en ciertas circunstancias vamos a ser muy útiles a los que nos rodean, por lo que van a salir muy favorecidos con tu amistad. En el terreno amoroso gozaremos de una época de grandes satisfacciones.

ADMINISTRACIÓN:

Soñar con la administración supone molestias y pequeños trastornos. Tal vez decepción en los negocios. Tus proyectos no se realizarán a pesar de tus esfuerzos.

ADMIRACIÓN:

Si eres admirado en sueños, tal vez sea un indicio de que no debes confiar ciegamente en todos los que te rodean. Hay hipocresía y falsedad en tu entorno. Si eres tú quien admira a alguna persona, alguien intenta ejercer una influencia sobre ti atendiendo más a sus propios intereses que a los tuyos.

ADOLESCENTES:

Cuando una persona soltera —especialmente si ya es de una cierta edad— sueña con adolescentes del sexo opuesto, puede indicar que su soltería es debida a que es demasiado exigente en cuanto a las cualidades que espera encontrar en su futuro cónyuge. Sería mejor ser más realista.

ADOPTAR:

Adoptar a un niño en sueños indica que pronto alguien de tu entorno te pedirá ayuda. Posibles dificultades económicas.

ADORAR:

Adorar en sueños a otra persona pronostica que sufrirás una traición sentimental de poca importancia, que causará un despecho pasajero. Si se trata de la adoración a una imagen religiosa, a Dios o a la Virgen, es un indicio de tranquilidad, alegría, contento y paz del alma.

ADORMECERSE:

Lasitud moral, numerosas contrariedades, apremios financieros, relaciones familiares difíciles.

ADORMIDERA:

Mentira, engaño, traición. Traición de tipo sentimental.

ADORNOS:

Buen sueño para las mujeres, a menos que dichos adornos parezcan muy pesados. No obstante, para una mejor interpretación debe consultarse el nombre del adorno en particular y también deberán tenerse en cuenta los demás detalles del sueño.

ADUANA, ADUANERO:

Soñar que estás en una aduana y el aduanero registra tus pertenencias puede indicar una próximoa transformación importante en tu vida. Tal vez un cambio de empleo, de domicilio o de pareja. No pasar la aduana puede indicar próximas dificultades económicas.

ADULAR:

Adular a alguien en sueños indica que nos ocurrirá algo desagradable pero no realmente grave. Puede ser algún asunto que nos cause frustración o una pequeña humillación.

ADULTERIO:

Cometerlo señala que deberás desconfiar de nuevas amistades. Ser víctima de él puede indicar que estás manteniendo relaciones perjudiciales.

ADVERSARIO:

Soñar que en una lucha vences a tu adversario significa que te ocurrirá algún contratiempo, mientras que si eres derrotado lograrás algún triunfo en la vida real.

ADVERSIDAD:

Soñar que nos hallamos sumidos en la adversidad significa la inminencia de un éxito inesperado. Período favorable para tus intereses.

AEROPUERTO:

Este sueño puede ser tanto positivo como negativo. De cualquier forma, anuncia un cambio importante en la vida de la persona.

AFECTO:

Sentir afecto presagia honores, distinción y éxito financiero.

AFEITARSE:

Si tú mismo te ves afeitarte en sueños, es señal de paz y tranquilidad. Si es el peluquero quien te rasura, augura que si en la actualidad pasas por una mala situación, pronto habrán de resolverse favorablemente tus problemas. En el caso de que seas tú quien rasura a otro, es anuncio de pérdida de dinero.

AFILADOR:

Ver a una persona afilando advierte de la pérdida de una buena amistad. Si el que sueña se ve como afilador, es un buen augurio.

AFINAR:

Soñar que afinamos un instrumento musical es indicio de que ha llegado el momento de reconciliarse con aquel amigo o familiar del que nos habíamos distanciado.

AFLICCIÓN:

Verse afligido es un presagio feliz. Un cambio próximo anuncia alegrías y placeres. Éxito en tus actividades.

AFLUENCIA:

De dinero: pérdidas financieras. Negocios poco afortunados. Sinsabores. De bienes inmobiliarios: preocupación por los propios bienes. Deben preverse pérdidas.
De personas: molestias en perspectiva. Hostilidad de
quienes te rodean.

AFONÍA:

Estar afónico en sueños es un aviso de que no tardará
en verse amenazada tu independencia.

AFRENTA:

Si en el sueño eres tú quien la sufre, pronto tendrás un
éxito inesperado. En cambio, si afrentas a alguien,
sufrirás sinsabores, disputas y humillaciones.

ÁFRICA:

Estar en ese continente: enfermedad grave para ti o
uno de tus allegados. Leer algo relacionado con África,
nuevos proyectos, éxito en tus actividades, ingreso de
dinero.

ÁGATA:

Un obstáculo o una corta enfermedad podrían atrave-
sarse en tu camino, pero además de superarlo fácilmente, es de esperar que una persona querida te ofrezca un obsequio. Esta interpretación sólo es válida si el
ágata ocupa un lugar importante en el sueño o atrae
fuertemente la atención del soñador.

AGENDA:

Usarla: acontecimientos cercanos van a modificar
favorablemente tu vida. Perderla o romperla: augurio
funesto. El resultado de las acciones emprendidas será
opuesto al que tú deseas.

AGENTE DE POLICÍA:

Se deberán resolver dificultades relativas a problemas en los que interviene una autoridad: legal, administrativa, quizá judicial. Pero tendrás el apoyo indispensable para protegerte de circunstancias desfavorables. Lograrás la victoria en la medida en que el policía no te sea hostil.

AGITACIÓN:

Hallarse en un estado de agitación indica próximos obstáculos; las dificultades surgirán y te sorprenderán. Molestias provocadas intencionalmente por tus allegados, que te pondrán en situaciones embarazosas; período de soledad y de tristeza afectiva.

AGONÍA:

Verse a sí mismo agonizando es indicio de buena salud. Ver a otra persona, señal de que alguien piensa en ti, con la intención de favorecerte.

AGOTAMIENTO:

Período nefasto para tus intereses. El fracaso de tus gestiones y los apremios permanentes que sufrirás tendrán efectos negativos sobre tu salud moral y física. Tendrás que tomar algunas medidas para salvaguardar tus pertenencias.

AGRESIÓN:

Si en sueños eres agredido, significa que recibirás una ayuda inesperada; si eres el agresor, tus proyectos fracasarán por un exceso de precipitación.

AGRICULTOR:

Grato sueño que te augura salud y felicidad, llegada de buenas noticias.

AGRIO:

Consumir alimentos agrios en sueños presagia relaciones difíciles con la gente que te rodea. Tal vez un período de aislamiento afectivo.

AGUA:

El agua simboliza la vida, los sentimientos, la fecundidad y la abundancia. Por ello, todos los sueños en los que el agua desempeña un papel preponderante deben ser interpretados sobre estas premisas y pueden ser infinitamente variados. Así, el agua clara y limpia indica éxito, logros, ganancias financieras, vida desahogada, felicidad en el hogar, buena salud. Turbia, corrompida y maloliente: próximas amenazas, compromiso o destrucción del entendimiento y la comprensión. Riesgo de disputas y peleas o engaños. Sucia, agitada y turbulenta: problemas, dificultades graves, disputas, separación y posible enfermedad. El agua que riega una tierra cultivada: riqueza, abundancia, fecundidad y acrecentamiento de los bienes. La que provoca la inundación de tierras y viviendas: presagio funesto, pérdida de bienes o dinero, enfermedad grave, fallecimiento. La que chorrea por las paredes de una casa: grave peligro para los tuyos, accidente, enfermedad y pérdida de bienes.

AGUA DE COLONIA:

Usar colonia en sueños indica que algunas particularidades de tu forma de ser quedarán al descubierto. Si sueñas que la recibes como regalo, puede indicar deslealtad, falta de franqueza de tus relaciones. Si eres tú quien la regala, gozarás de placeres con la persona elegida.

AGUA MINERAL:

Promesa de curación para quien esté enfermo.

AGUACERO:

Suerte, éxito financiero, aumento de los bienes.

AGUAMARINA:

Poseerla: felicidad. Alegría afectiva. Comprensión. Entendimiento conyugal. Perderla o venderla: desilusión amorosa. Vida sentimental agitada y decepcionante.

AGUARDIENTE:

Placeres de corta duración. Cuidado con hacer confidencias no necesarias, que podrán luego ser explotadas por tus adversarios.

ÁGUILA:

El águila es uno de los símbolos más tradicionales y universales que existen, y para descifrar su significado en sueños debemos tener en cuenta algunos principios fundamentales. Indica el espíritu de conquista, de poder y de dominio y, como tal, es un símbolo de triunfo, aunque este triunfo estará supeditado a la actitud y movimientos del águila. Pero este animal también es un ave rapaz, por lo que su aparición puede acarrear angustia, simbolizar todo aquello que nos causa temor; por ello, el sueño será positivo si nos identificamos con el águila, y negativo cuando nos inspira temor o dolor. Por otro lado, el águila también puede representar el vuelo del espíritu, por lo que la aparición de un águila volando tranquila y solemne en lo alto del firmamento puede indicar que en la vida real estamos a punto de sacrificarlo todo por una idea, por un designio, por un único ideal, con todo lo que ello implica.

AGUINALDO:

Si eres tú quien lo recibe, sufrirás sinsabores; si lo ofreces, señal de codicia.

AGUJA:

Pincharse con una aguja señala contrariedades en tu trabajo o empleo, sobre todo si está rota. Ver agujas es signo precursor de relaciones difíciles, de traiciones, de calumnias, de amistades perdidas. Enhebrar una o verla ya enhebrada: próximas mejoras, circunstancias beneficiosas. Instantes apacibles. Si sueñas que estás cosiendo con una aguja lograrás el éxito en tus empresas. Triunfarás sobre tus rivales. Perderla: esfuerzos inútiles y, tal vez, contrariedades sentimentales. Los alfileres indican pequeñas dificultades, decepciones y molestias, pero nada demasiado grave.

AGUJAS DE UN RELOJ:

Ver en sueños las agujas de un reloj indica acontecimientos importantes en la vida del que sueña. Si se atrasan: te encontrarás en circunstancias desfavorables antes de lo esperado. Si adelantan pronostican retrasos.

AGUJEREAR:

Hacer un agujero en una prenda de vestir indica que tus familiares no estarán de acuerdo con tu actitud y no acatarán tu voluntad.

AGUJERO:

Ver un agujero de cualquier tamaño advierte de un grave peligro que puede afectar a tu reputación y a la gestión de tus negocios. Permanecer en el borde del agujero a fin de examinar el fondo y su contenido sería un indicio favorable de que tu situación mejorará. Caer al fondo: mala suerte. Tus hábitos se verán alterados por grandes dificultades.

AHIJADO, AHIJADA:

Una fiel amistad nos será de gran ayuda próximamente.

AHOGADO, AHOGARSE:

Ver a un ahogado, aun cuando no es un sueño agradable, indica un buen presagio, pues anuncia una herencia o la obtención de un buen cargo o empleo que estaba ocupado por alguien que ha muerto o que pronto morirá. Ahogarse implica contrariedades en los negocios, en la amistad o en el amor. Pero si este sueño se produce cuando estamos inmersos en pesadas ocupaciones en la vida real, es un aviso de que debemos tomarnos un descanso o unas cortas vacaciones si queremos evitar graves pérdidas, pues hemos llegado al límite de nuestras posibilidades, físicas y mentales.

AHORCADO:

Ver a uno o varios ahorcados presagia procesos, pérdida de dinero, herencia que se nos escapa, amistad traicionada.

AIRE:

Respirar aire puro, vivificante, con sentimiento de bienestar, es el signo precursor de un período de felicidad y serenidad, del cual obtendrás plena satisfacción. Por el contrario, un aire viciado, frío, húmedo anuncia inconvenientes y trastornos, mala suerte, fracaso, problemas de salud y enfermedad.

AJEDREZ:

Soñar que se juega al ajedrez indica que tendrás que afrontar una situación delicada en la que será necesario utilizar todos los recursos de que dispones, pero si pones de tu parte lo necesario, saldrás victorioso. Si sueñas que te hacen jaque mate, indica que las circunstancias te serán adversas y posiblemente seas derrotado. Si sueñas que estás enseñando a jugar a otra persona, el significado es que recibirás desdén y menosprecios.

AJO:

Discusiones, disputas graves, dificultades importantes con los parientes cercanos o los amigos. El dinero podría ser la causa de ese estado de cosas (provecho financiero, herencia...). Tu intuición será una ayuda eficaz para descubrir las astucias o trampas que te tiendan y para prevenir esos conflictos.

AJUAR:

Aumento del círculo familiar por boda o nacimiento.

ALABANZAS:

Si eres tú quien hace las alabanzas, recibirás muestras de amistad de personas que aprecian tu lealtad y tu sinceridad. Si te las hacen: sentimientos falsos, hipocresía. Hay quien finge amistad para poder utilizarte mejor.

ALAMBRE:

Relaciones complicadas con familiares o colegas; obstáculos para la realización de tus deseos; tus adversarios te tenderán trampas.

ALAMBRE DE PÚAS:

Oposiciones, enemistades; las finanzas se verán afectadas; relaciones familiares difíciles.

ALAMEDA:

Tras haber pasado una época difícil, las circunstancias te serán más favorables; se anuncian cambios felices y una sensible mejoría. Cuanto más agradable sea el aspecto de los árboles, mejores serán las condiciones que anuncia el sueño.

ÁLAMO:

Si el árbol está con su follaje de verano, tus proyectos se materializarán. Ganancias y mejora económica y social.

ALARMA:

Malas noticias, cambio brusco de situación, molestias, trastornos y contrariedades.

ALAS:

Son un excelente presagio de situación feliz, victoria y progreso en tus actividades. Tener alas simboliza una notable mejora en tu estado actual, ya que te dan libertad para llevar a cabo todo aquello que tenías pensado y no te atrevías a hacer. Si eres tú quien vuela, tendrás éxito en cualquier negocio que emprendas. Las alas de ave de rapiña señalan triunfo sobre un daño; de ave doméstica, paz y tranquilidad. Pero si están rotas, enfermas o atrofiadas, indican sinsabores e inconvenientes. El significado es el mismo si se trata de alas de ave o fabricadas por el hombre (alas de avión).

ALBA:

Comienzo de un período de vida dichoso, pleno de felicidad y de renovadas alegrías.

ALBAÑIL:

Con coraje y decisión saldrás adelante. Éxito cercano, felicidad íntima y familiar.

ALBARICOQUE:

Si el fruto tiene buen aspecto y está recién cogido: satisfacción, alegría, amistad, relaciones favorables con el prójimo, ternura. Si el fruto se ha echado a perder, ajado o estropeado, anuncia males diversos, inquietudes, disgustos afectivos y disputas.

ALBATROS:

Parientes o amigos lejanos necesitan tu ayuda. Se aconseja prudencia en materia de dinero.

ALBÓNDIGAS:

Si son de carne, indican curación, promesa de situación estable.

ÁLBUM DE FOTOGRAFÍAS:

Recuerdos felices de un pasado con personas amadas o estimadas, fin de una época de la vida.

ALCACHOFAS:

Plantarlas, recolectarlas o comerlas denota infidelidad de una persona a quien se quiere mucho. Si están resecas, fallecimiento de un familiar o amigo.

ALCALDE:

Te brindarán recomendaciones o apoyos para arreglar asuntos delicados. Personas influyentes intervendrán en tu favor.

ALCANCÍA:

La sensatez te aconseja reducir los gastos. Incitación a la prudencia en asuntos de dinero.

ALCANTARILLAS:

Verlas o encontrarse en ellas indica peleas y violencia. Problemas e inconvenientes.

ALCAPARRAS:

Recibirás malas noticias.

ALCATRAZ:

Suele ser indicio de decepciones sentimentales.

ALCÁZAR:

Presagia dificultades que deberás vencer, obstáculos, amenazas o peligros.

ALCE:

Indica prosperidad, riqueza, alegría y felicidad, grandes éxitos. Matarlo es sinónimo de malas noticias, decepción y proyectos frustrados.

ALCOHOL:

Quemarlo significa alegría. Si te lo aplicas en masaje, aumento de dinero.

ALDEA:

Tranquilidad, vida apacible.

ALEGRÍA:

Significa todo lo contrario, penas y preocupaciones a las que habrás de enfrentarte con todas tus fuerzas, desilusiones en el campo afectivo. En general es un mal sueño.

ALENTAR:

Soñar que alguien te alienta significa falsedad e hipocresía por parte de gente de tu entorno. Riesgo de ser engañado si no tomas las precauciones debidas.

ALERGIA:

Oposición de personas de tu entorno.

ALERTA:

Cambios importantes y posiblemente desfavorables.

ALETA:

Nuevos intereses te abrirán nuevos horizontes.

ALFABETO:

Te costará mucho trabajo ver tus deseos satisfechos.

ALFALFA:

Placeres en un ambiente familiar, feliz y distendido.

ALFILERES:

Soñar con alfileres es malo, ya que suelen indicar pequeñas molestias, sinsabores, entorpecimientos o quebrantos, pero nada demasiado grave. Tus enemigos pueden causarte sinsabores y desgracias. Si te pinchas con un alfiler, tendrás una pequeña desavenencia.

ALFOMBRA:

Bienestar familiar, confort, desahogo financiero, intimidad afectiva.

ALGODÓN:

Se anuncia un período difícil: negocios infructuosos, mala suerte, salud delicada, engaños, preocupaciones.

ALIANZA:

Próximo matrimonio. Perderla o romperla: separación, riesgo de ruptura, infidelidad.

ALIENTO:

Perder el aliento: angustias, sinsabores próximos. Tener mal aliento: sentimientos de celos y desprecio hacia ti.

ALIMENTOS:

Soñar con alimentos tiene muchos significados. Cuando son de buena calidad y agradables al paladar, significa que se nos presenta una temporada muy satisfactoria rodeada de éxito y alegrías; cuando los alimentos son amargos, quiere decir que el futuro va a ser conflictivo y con graves problemas; si los estamos cocinando, indica que nos hallamos en excelentes relaciones con la familia, por lo que debemos luchar para seguir manteniéndolas.

ALMACÉN:

Buenas perspectivas si el almacén está activo o repleto de mercancía no deteriorada ni estropeada, de aspecto agradable y adecuado. Aumento de los recursos financieros, acrecentamiento de los bienes, riqueza, negocios fructíferos, comodidad en el hogar, felicidad a tu alrededor y buena salud.

ALMENA DE UNA FORTALEZA:

Litigios y molestias.

ALMENDRAS:

Ver un almendro es un buen presagio en todos los sentidos y más todavía si está en flor. Soñar con almendras amargas indica pequeñas dificultades si son dulces, felicidad.

ALMÍBAR:

Placeres efímeros, pequeñas ganancias.

ALMIDÓN:

Fidelidad en el amor y la amistad.

ALMIRANTE:

Acontecimientos beneficiosos y favorables en un futuro próximo.

ALMOHADA:

Goces afectivos, comprensión mutua. Confidencias, promesas, compromisos para un futuro próximo, reanudación de relaciones amorosas. Si está sucia o rota: tristeza y soledad.

ALMORZAR:

Comer solo indica aislamiento afectivo, pérdida de amistad, soledad moral, tormentos y angustias. En compañía: amistades recobradas, dicha, alegría y felicidad en el hogar. Invitar a almorzar a varias personas: celos a tu alrededor, deslealtad. Ver a tu mujer o marido almorzar en compañía: infidelidad conyugal.

ALOJARSE:

En un lugar desconocido indica problemas espinosos en el círculo familiar. Contrariedades en perspectiva. En un lugar agradable y placentero: se acabarán las preocupaciones. Se anuncia un período feliz.

ALONDRA:

Noticias agradables; éxito afectivo o financiero. Capturarla para meterla en una jaula o comérsela indica riesgo de ruptura con una persona amada, actitud hostil hacia ti y decepciones. Si está en pleno vuelo, presagio de elevación y de buena fortuna. Posada en el suelo, bruscos cambios en el trabajo.

ALPES:

Verlos: iniciativas felices, circunstancias favorables, promesas de éxito, momentos enriquecedores. Estar allí: buena suerte, éxito profesional.

ALPINISTA:

Tus asuntos serán coronados por el éxito. Logros en tus empresas, salud excelente.

ALQUILAR:

Un apartamento, una casa: cambios en tus condiciones de vida.

ALQUITRÁN:

Mancharse con alquitrán es de mal augurio, indica pérdidas financieras.

ALTAR:

Búsqueda de la paz interior. Necesidad de aislarse de la sociedad. Dentro de poco encontrarás nuevas orientaciones para tu vida. Para ello recibirás ayuda. Construir un altar indica satisfacciones. Derribarlo, desengaños.

ALTAVOZ:

Te comunicarán noticias importantes y deberás intervenir con eficacia y rapidez.

ALTERCADO:

Asistir a él: contrariedades, preocupaciones, desacuerdos familiares o profesionales. Participar en él: enemistad, posturas contrarias a tus intereses, celos.

ALUMNOS:

Serlo: inquietud por tus hijos, miedo del futuro próximo, necesidad de seguridad y de mayores conocimientos para afrentar las futuras preocupaciones.

AMA DE CASA:

Verla amable y sonriente: alegría y felicidad en el hogar, orden, limpieza, buena conducción de los asuntos domésticos, desahogo y comodidad, armonía conyugal.

AMAMANTAR:

Presagio de felicidad, de alegría en pareja; matrimonio, nacimiento, riqueza, referido a las relaciones familiares.

AMANECER:

Tras un período de dudas e indecisiones, aparece en tu horizonte una época en la que todas las cosas se van a aclarar. Debes esperar tiempos más felices. Tus relaciones serán especialmente agradables con los niños de tu familia o con los hijos pequeños de tus amigos.

AMANTE:

Este sueño debe ser considerado según su situación afectiva: para quien no tiene ninguna relación sentimental, perspectivas favorables que le aseguran instantes de felicidad; en el caso contrario, disputas, inquietud, engaños, infidelidad, enfermedad.

AMAPOLAS:

Placeres campestres, alegría por un merecido descanso, final de una época de inquietud.

AMARGO:

Enfados, intenciones desagradables, discusiones penosas con tus allegados.

AMARILLO:

El amarillo es el color de la intuición, de la inteligencia, del presentir y de penetrar hasta el fondo de las cosas y, como la luz del sol, todo lo aclara e ilumina. Estarás en una situación privilegiada para llevar felicidad a tus seres queridos.

AMARRAR:

Este acto simboliza el deseo que tienes de sujetar algo fuertemente. Puede ser que estés sujetando a una persona para que no se te escape o que lo estés haciendo con tus propios sentimientos por medio de tus frustraciones. Debes ser más elástico y tener en cuenta que nunca es positivo tener a alguien al lado por la fuerza.

AMATISTA:

Riesgo de ruptura afectiva, dificultades sentimentales.

AMAZONA:

Problemas familiares, desavenencias, sospechas. Si eres soltero, elección equivocada.

ÁMBAR:

Señal de dinero, de fortuna, de potencia. Tu orgullo puede alejar a la persona amada.

AMBICIÓN:

Honesta y mesurada: satisfacciones en las empresas, éxito. Exagerada: decepciones, contrariedades.

AMBULANCIA:

Soñar con una ambulancia es un buen augurio, ya que anuncia una próxima mejoría en tu situación. Si el vehículo contiene algún herido, que parezca inconsciente, es el anuncio de que alguien a quien estimamos se halla amenazado de algún peligro o enfermedad; pero si el herido está consciente, habla o se mueve, anuncia próximas noticias de alguien a quien ya habíamos olvidado o cuyo paradero ignoramos.

AMENAZAS:

Recibirlas indica peligro cercano, disputas, celos.

AMÉRICA DEL NORTE:

Ir a América del Norte o ver a una persona conocida que se prepara para viajar allí indica una modificación importante y ventajosa de la situación actual.

AMETRALLADORA:

Usarla: tu prisa por solucionar ciertos problemas puede crear un clima pasional poco deseable y peligroso. Tus relaciones con los demás pueden volverse agresivas y verse perturbadas. Ver personas que son movilizadas: te afligirán sucesos graves y tristes. Tu vida se verá trastornada por el anuncio de una enfermedad larga y cruel de una persona amada. Pesadumbre. Desgracia.

AMIANTO:

Indica un peligro con el que deberás enfrentarte si quieres proteger tus bienes y pertenencias.

AMIGO:

Cuando en la vida real atravesamos una situación penosa, soñar con un amigo querido, aun cuando muchas veces se trata de una persona desconocida o que no podemos reconocer, es un buen indicio, pues indica que la mala situación ya está finalizando y el porvenir no tardará en aclararse. Reír con un amigo significa próxima ruptura.

AMISTAD:

Establecer vínculos amistosos con una persona: tendrás un amigo devoto y sincero que no dejará de ayudarte y que te brindará su seguro apoyo en los momentos más complicados.

AMONIACO:

Relaciones afectivas o amistosas difíciles, disputas, enfados. Sufrirás ofensas.

AMOR:

Amar a una persona de distinto sexo y ser rechazado por ella es una garantía de esperanza. En amor, sueño y realidad siempre van contrapuestos. Lo malo es soñar que somos amados y felices, y lo bueno el vernos desgraciados.

AMPOLLA:

En las manos o en los pies: tus esfuerzos serán vanos. Fracaso, pequeños problemas de salud sin gravedad.

AMPUTAR:

Presagio de dificultades financieras graves, relaciones comprometidas en el medio familiar o profesional. Pérdida de amistad, maledicencia, propósitos malévolos, obstáculos, sinsabores, injusticia, peligro de enfermedad grave.

ANALFABETO:

Ser analfabeto indica que pasarás, en relación con los acontecimientos o a tus relaciones, por un período de incertidumbre, de incomprensión y de menosprecio.

ANARQUISTA:

Este sueño indica un vuelco en tu situación. Recibirás noticias. Se producirán hechos importantes que deberían conducirte a una época de calma y de serenidad, a nuevos conocimientos, a proyectos diferentes.

ANCIANO:

Simplicidad, discreción, honestidad.

ANCLA:

Levantarla o verla al flanco de un navío: ganancias de dinero, suerte y prosperidad. Arrojarla al agua: decepción, fracaso. Romperla: próxima desgracia.

ANDAMIO:

El pronóstico de este sueño depende del estado en que veamos el andamio. Si es sólido, indica que tus proyectos se realizarán con éxito, mientras que si lo ves tambaleante o hundiéndose, significa que con él también se hundirán tus proyectos en curso.

ANDAR:

Es el símbolo de la resolución de la que hacemos gala a la hora de enfrentarnos a los problemas. Indica que somos personas que no dan vueltas innecesarias a las cosas y que actuan con eficiencia. Es un sueño muy positivo.

ANDRAJOS:

Decadencia y deterioro de los negocios, período de mala suerte y miseria, soledad moral y afectiva.

ANÉCDOTA:

Oírla o contarla: acontecimientos favorables e interesantes en un futuro cercano.

ÁNFORA:

Si este recipiente está colmado con un contenido de calidad: alegría profunda, riqueza, éxito. Vacía o rota: peligro cercano, desgracia.

ÁNGEL:

Presagio de felicidad, de éxito, de prosperidad, alegría familiar, serenidad, salvo que aparezca enojado, en cuyo caso te amenazan serios inconvenientes.

ANGINA:

Período depresivo, contrariedades familiares o profesionales, riesgo de conflictos.

ANGUILA:

Verla o capturarla: noticias agradables, inesperada ganancia de dinero, victoria sobre tus rivales, suerte. Verla deslizarse, entre tus manos: fracaso de tus proyectos, decepción, traición. Verla retorcerse: novedades desagradables, decepción en tus relaciones, engaños. Verla muerta: triunfarás sobre tus adversarios.

ANGUSTIA:

Significado contrario a este sentimiento. Indica éxito y logro de las metas propuestas.

ANIDAR:

Están surgiendo en nosotros nuevos sentimientos que todavía no somos capaces de entender pero que se hallan en el inconsciente. Debemos analizarnos seriamente y aprovechar esta oportunidad, ya que podemos encontrar un nuevo amor. Se avecina una temporada muy creativa.

ANILLO (de bodas):

Llevarlo o verlo: felicidad conyugal, alegría afectiva. Augurio de feliz unión. Puede ser el anuncio de un compromiso o de una boda. Quitárselo, romperlo o perderlo: disputas, rupturas, separación.

ANIMALES:

Soñar con animales tiene muy diferentes significados según la circunstancia en la que se presenten. Si sueñas que estás alimentándolos, buena fortuna y prosperidades. Si sólo los ves, aviso de noticias de personas ausentes.

ANOTAR:

Necesidad de prestar más atención a la administración de tus intereses. El desorden y la negligencia te resultarán perjudiciales.

ANTENA (de radio):

Recibirás noticias de lejos, visita de parientes o amigos alejados, próximo desplazamiento.

ANTEOJOS:

Los anteojos, gemelos, lupas y demás artilugios de aproximación y aumento son símbolos de descubrimiento, de revelación, de secreto descubierto, con ligeras connotaciones negativas.

ANTEPASADOS:

Desgracia familiar, disgustos promovidos por parientes.

ANTICIPO:

Pagar un anticipo significa que las promesas que te han hecho serán mantenidas. Si te lo conceden, indica discusiones, disputas familiares y humillaciones.

ANTIGÜEDADES:

Soñar con antigüedades o con un anticuario nos advierte que recibiremos un legado o una donación lejana e inesperada, pero que alguien intenta arrebatárnosla.

ANTÍLOPE:

Augurio de éxito económico, apoyo de amistades sinceras y devotas.

ANTORCHA:

Encendida: la suerte y el éxito estarán de tu parte. Si la llevas: las circunstancias favorecerán a tus intereses; recibirás apoyo y consejo para llevar a cabo tus empresas. Verla apagarse: perderás amigos; decepción y amargura.

ANUNCIO:

Soñar que se leen anuncios es signo de fracaso en los negocios. Poner uno, bien sea en un periódico o pegado a una pared, indica mejora paulatina de la situación. Si los arrancas, procura tener cuidado de alguien que trata de engañarte.

ANZUELO:

Engaño y traición de personas de tu entorno.

AÑO:

Soñar con los años pasados: nostalgia, tristeza por el recuerdo de tiempos felices y lejanos. Con los años venideros: nuevos proyectos en perspectiva.

AÑO NUEVO:

Soñar con este período, frontera entre dos épocas, te anunciará un cambio ineludible en tu vida.

APAGAR:

La luz de una lámpara, la llama de una vela: anuncio de circunstancias desdichadas, dificultades financieras, situación profesional decadente, relaciones afectivas penosas, enfermedad de uno de los tuyos. Un incendio: tus preocupaciones cesarán, se te ofrecerán mejores perspectivas.

APAGAR LA SED:

Que se apague tu sed: éxitos y logros. Felices promesas de equilibrio familiar. Recursos suficientes para cubrir tus necesidades.

APARADOR:

Signo de confort y de riqueza, si el mueble está lleno de objetos de uso frecuente. Repleto de vajilla: presagio de alegrías afectivas, aumento de los bienes, éxito financiero. Vacío: este sueño anuncia un período de preocupaciones, de privaciones.

APÉNDICE:

Tener en sueños dolores de apéndice indica próximo matrimonio, si es persona soltera quien lo sueña.

APERITIVO:

Tomarse un aperitivo en sueños es un presagio de bienestar en general y de triunfo en la vida, todo ello gozando de buena salud.

APETITO:

Representa el entusiasmo y las ganas de vivir. Cuando tienes buen apetito augura un buen porvenir y felicidad, mientras que si lo tienes malo indica que padecerás contrariedades y tendrás problemas de salud.

APICULTOR:

El éxito de tus empresas dependerá de las iniciativas que tomes para alcanzar los resultados deseados. Los riesgos serán menores en tanto que tus decisiones y tu eficacia estén conformes con las necesidades.

APIO:

Las pasiones y las aventuras amorosas harán peligrar tu hogar. Infidelidad.

APLASTAR:

A una persona: graves dificultades en perspectiva, discusiones, litigios. Deberás defender tus intereses, aunque no cuentes necesariamente con los mejores argumentos. Malas relaciones con las autoridades legales o judiciales. Si aplastas a un animal salvaje: los obstáculos y los enemigos serán vencidos.

APLAUSOS:

Recibirlos: estás rodeado de amigos que no merecen tu confianza. Traición cercana. Si eres tú quien aplaude: actúas con ligereza y tu actitud será juzgada de manera desfavorable. Inconvenientes seguros.

APLICACIÓN:

Ser aplicado en el trabajo: serás recompensado por tus esfuerzos. Buenas noticias de promoción. Éxito en tus actividades.

APOPLEJÍA:

Sufrir un ataque: temor súbito e imprevisto cuyas consecuencias olvidarás rápidamente. Ver a una persona en crisis: provocarás en alguien de tu entorno un temor repentino.

APORREAR:

A una persona: dentro de algún tiempo vencerás a tus adversarios. Alegrías pasajeras en las que siempre es necesaria la prudencia. Ser aporreado: malas perspectivas. El éxito no será tan fácil como te imaginabas.

APOSTAR:

Representa que estamos dispuestos a asumir un riesgo, pero también nos aconseja que no dependamos solamente del azar y que dispongamos de todos los medios a nuestro alcance para lograr el éxito.

APÓSTOL:

Ver a un apóstol: se prepara una situación difícil para la que necesitarás ayuda cercana.

APRENDER:

Verse aprendiendo nuevos conocimientos presagia una evolución beneficiosa gracias a una promoción o a un cambio de actividad.

APRENDIZ:

Verlo: noticias agradables para tu situación actual. Serlo: éxito en tus actividades.

APRENSIÓN:

Tener aprensión: acontecimientos enojosos, dificultades inminentes, riesgo de enfermedad de un allegado, preocupaciones de dinero.

APRIETOS:

Estar en aprietos: obstáculos para tu progreso.

APUESTA:

Tendencia a comprometer la evolución de tus negocios con disposiciones azarosas. Las consecuencias serán negativas.

ÁRABE:

Verlo, hablarle: relaciones difíciles con los demás. Deberás afrontar la astucia y la mentira. Período de secretos de los cuales serás víctima. La cólera o la imprudencia no te serán favorables.

ARADO:

Muy buen augurio. Simplemente verlo es señal de ahorro de dinero. Si lo manejas, indica prosperidad.

ARAÑA:

Tiene relación con las trampas. Litigios difíciles de resolver. Complicaciones, trastornos en relación con las autoridades legales. Si consigues matarla: desenmascararás a tus enemigos pero con consecuencias financieras importantes, pérdida de dinero o de bienes. Soñar que está tejiendo su red es premonición de calumnias y de líos.

ARAR:

Trabajar la tierra, especialmente si ésta es la profesión del que sueña, significa provecho y buena cosecha si vemos que la tierra es fértil y agradable; pero si la vemos árida y reseca, es presagio de infortunio y calamidades.

ÁRBITRO:

Oposiciones en el medio profesional, litigios, injusticias, discusiones, pérdidas financieras, disgustos.

ÁRBOL:

Por lo general, los árboles que aparecen en tus sueños son símbolos de protección material, cuya fuerza dependerá del aspecto y fortaleza con que los veas. Un árbol con follaje espeso, en flor, con frutos: señal de acontecimientos positivos de los que serás el beneficiario. Ganancias, éxito profesional, felicidad, amistades sinceras y devotas a tu alrededor. Serenidad en el hogar. Por el contrario, uno abatido, cortado o fulminado indicará fracaso, disputas o enfermedad, tristeza y pesar. Trepar a un árbol y sentarse en la cima determina el éxito en las actividades profesionales y el logro de una mejor situación social. Caerse de él: deben esperarse inconvenientes y dificultades. Sentarse al pie de un árbol: noticias que te harán feliz.

ÁRBOL DE NAVIDAD:

Recuerdos felices de reuniones familiares llenas de dicha, alegría y ternura, perspectivas de encuentros, presagio de un acontecimiento sorprendente, relacionado con familiares o amigos.

ARCA:

Si sueñas con el arca de Noé, pronto tendrás noticias de una muerte inesperada.

ARCABUZ:

El uso del arma hace temer decisiones en contradicción con la realidad de las circunstancias que deberás resolver.

ARCADAS:

Buena evolución de los negocios.

ARCHIVO:

Según el contexto del sueño, tanto puede presagiar una herencia disputada como el retorno de un ausente.

ARCILLA:

Deberás superar numerosos obstáculos. Dificultades imprevistas. Será necesario tu esfuerzo para conducir la tarea fijada a buen fin.

ARCO (tiro con):

Éxito en tus proyectos. Materialización de tus aspiraciones si das en el blanco. Errar el blanco: indica sinsabores frente a tus rivales.

ARCO DE TRIUNFO:

Verlo: esperanza de promoción, de evolución en tus actividades, augurio financiero. Subir a la cúspide: logro inesperado, éxito, elevación social, honores y distinciones. Descender: esperanzas frustradas, fracaso.

ARCO DE VIOLÍN:

Usarlo: tristeza y penas, noticias desagradables.

ARCO IRIS:

Bien dibujado en el cielo, armonioso, con colores bien equilibrados: cambio ventajoso de tu posición social. Suerte y éxito. Al contrario, un arco iris imperfecto, de curvatura irregular o interrumpida: dificultades, problemas diversos, en particular de salud.

ARDILLA:

La ardilla es un símbolo de ligereza y superficialidad. Soñar con este animal en libertad presagia un amorío sin consecuencias ni continuidad; si está en una jaula, anuncia que lograremos la amistad o el afecto de una persona dulce, agradable y graciosa, pero superficial.

ARENA:

Soñar con una playa de fina arena es un buen presagio, pues augura placidez y sensualidad. Pero soñada en cualquier otra forma, la arena anuncia problemas y fracasos. Caminar fatigosamente por la arena refleja el temor que ya empezamos a sentir de que no alcanzaremos la meta propuesta, y si hallamos arena en la comida o la ropa, indica desasosiego por la inestable situación en que nos hallamos.

ARENAS MOVEDIZAS:

Amenazas de peligro. Las circunstancias te obligarán a sopesar tus decisiones, a tomar todas las precauciones necesarias antes de actuar. El menor error sería fatal.

ARENQUE:

Decepción en los negocios y en la amistad, apremios de dinero, período de privaciones y preocupaciones.

ARGOLLA:

Soñar con ella significa que triunfarás sobre todas las asechanzas. Estar atado a ella, indica compromisos.

ARISTÓCRATA:

Las circunstancias actuales son desfavorables para los proyectos y las ambiciones que deseas realizar. Decepción y amargura.

ARLEQUÍN:

Si en tus sueños aparece un arlequín, ten por seguro que tus penas actuales desaparecerán como por encanto. Cuidado con la frivolidad en los amoríos.

ARMADURA:

Contarás con los medios necesarios para defender tus derechos y obtener garantías de éxito. Perderla, romperla, no poder ponérsela: te sentirás abandonado e impotente ante las intrigas de tus enemigos.

ARMARIO DE COCINA:

Soñar que tus armarios de cocina están llenos presagia un bienestar ganado gracias al propio trabajo. Si se encuentran vacíos indica falta de previsión.

ARMARIO ROPERO:

Un armario lleno de ropa blanca o de vestidos indica éxitos en el campo afectivo y financiero. Vacío, molestias, preocupaciones de todo tipo. Problemas de salud. Verlo cerrado con llave: discreción, cuidado de la intimidad, sentido de la economía. Venderlo: miseria y pobreza, desamparo.

ARMAS:

Soñar con armas siempre es presagio de litigios, procesos y complots. Se tejerán intrigas contra ti, las discusiones y las disputas llevarán a conflictos cuya solución podría ser judicial. Deslealtad y codicia en tu entorno. Usar un arma de fuego y dar en el blanco: presagio de logros, de éxito en la defensa de tus intereses. Si no aciertas o si el arma no funciona: oposición muy cerrada. Serás incapaz de alcanzar una solución conveniente. Pérdidas financieras previsibles.

ARMIÑO:

Honores y consideración, situación envidiable, pero un entorno envidioso y celoso, adulación y traición.

ARMISTICIO:

Presagio de paz y de serenidad en el hogar, promesa de un porvenir reconfortante, reconciliación, reanudación de vínculos amistosos.

ARMÓNICA:

Noticias sorprendentes e inesperadas, momentos de placer en familia o entre amigos.

ARO:

Jugar con él: alegría y felicidad en el medio familiar. Entendimiento conyugal.

AROMAS:

De perfumes agradables y de comidas que halagan el gusto: satisfacción por el objetivo logrado.

ARPA:

Tocar ese instrumento: suerte en el amor y en los negocios, alegrías del corazón y del espíritu.

ARPÓN:

Deberán tomarse decisiones sin demora. Corres el riesgo de ser burlado, despojado por adversarios sin escrúpulos.

ARQUERO:

Serlo: mala suerte, dificultades en su situación actual, soledad afectiva. Verlo: recibirás consejos propicios y ayuda eficaz para resolver los problemas.

ARQUITECTO:

Deberás recurrir a una ayuda exterior a fin de arreglar una situación delicada para la que no encuentras solución.

ARRASTRAR:

Este sueño siempre presagia un peligro inminente para el que es arrastrado, tanto si somos nosotros como otra persona, y sea cual sea la forma en que somos arrastrados.

ARRECIFE:

Los arrecifes vistos en sueños siempre simbolizan obstáculos imprevistos que se interpondrán en la realización de tus proyectos. Deberás tomar serias precauciones.

ARRELLANARSE:

Desavenencia familiar hacia la que deberás mostrar mayor comprensión.

ARRENDAMIENTO:

Indica que no tardarás en firmar un contrato favorable, tal vez de trabajo o de cualquier otro asunto. Verse pagando un arriendo: saneamiento de la situación financiera. Tus preocupaciones se esfumarán y volverás a encontrar el equilibrio moral y monetario.

ARREOS:

Ponerlos sobre el caballo: cambio de condición en la vida profesional, mejora beneficiosa, satisfacción, comprensión afectiva. Quitarlos: período de espera y de reflexión, algún retraso en el progreso de los negocios, cansancio, desaliento.

ARREPENTIRSE:

Soñar que nos arrepentimos de haber cometido una falta es una advertencia de que estamos a punto de cometer esta falta en la vida real. Y esto es válido también aunque sea otra persona quien se arrepiente en el sueño.

ARRESTO:

Si te arrestan: peligro cercano. Te acecha un perjuicio. Serás objeto de celos e incomprensión. Asistir a un arresto: sentimiento de culpabilidad con respecto a una persona de la cual debes hacerte perdonar.

ARRIATE DE FLORES:

Agradablemente dispuesto, con hermosas flores, bien mantenido: gozo en el corazón, comprensión afectiva, ayuda y apoyo en las gestiones.

ARRODILLARSE:

Un hombre arrodillado ante una mujer corre riesgo de engaño; ante un semejante, indica afrenta. Si ve arrodillarse a otras personas, significa que deberá guardarse de maledicencias.

ARROYO:

Si es de agua clara, lograrás un empleo lucrativo y honorable; si es de agua turbia, significa desgracias y enfermedades.

ARROZ:

En sueños, el arroz pronostica el consuelo y el alivio de las penas, así como la posesión de bienes adquiridos tras duros trabajos, a costa de penas y sudores. Plantarlo simboliza ganancias y éxitos. Si la persona que sueña se encuentra delicada, soñar con arroz significa que pronto curará de sus males. Si ofreces un plato de arroz a alguien y éste lo acepta y se lo come, no tardarás en hallar quien te brinde su apoyo, contribuyendo a tu progreso y bienestar.

ARROZAL:

Augurio de ganancias financieras y de mejores condiciones de vida después de un período de trabajo y sacrificios.

ARRUGAR:

Sentimiento de impotencia y fracaso ante sucesos contrarios a tus deseos.

ARRUGAS:

Aun cuando soñar que tienes el rostro lleno de arrugas suele reflejar tu temor a envejecer, a dejar de gustar a la persona amada o, simplemente, la existencia de graves preocupaciones, no existe la menor duda de que conocer tus temores es el primer paso para eliminarlos.

ARSÉNICO:

Alguien padecerá una enfermedad grave o está en peligro de muerte. Señal de venganza y de muerte.

ARTESA DE PANADERO:

En uso: posibilidades de éxito, promesa de ganancias financieras y provechos. Vacía: fracaso, infortunio, pobreza, desconcierto.

ARTICULACIÓN:

Sufrir de las articulaciones: cambio beneficioso, alegría afectiva y familiar, mejora en tus finanzas.

ARTISTA PINTOR:

Preocupaciones financieras, obstáculos. Tus ambiciones se hallarán contrariadas por numerosas dificultades.

ARTROSIS:

Refleja algún tipo de rigidez moral, psicológica o social que no nos permite mostrarnos tal cual somos y que nos hará vernos en dificultades si no hacemos algo por suavizarla.

ARZOBISPO:

Soñar con él anuncia próxima muerte.

AS:

Si se sueña que se tiene un as de la baraja en el juego, significa la próxima llegada de una noticia agradable.

ASA:

Ver en sueños cualquier objeto provisto de asa, ya sea una jarra, un cesto, una maleta, o cualquier otro, nos promete una protección especial en la vida.

ASADO:

Éxito personal, satisfacción íntima, desahogo financiero, alegría y felicidad en el hogar.

ASADOR:

Soñar que estamos dándole vueltas a un asador mientras vigilamos cómo se asa la carne nos presagia servidumbre si somos ricos, y provecho si somos pobres.

ASALTO, ASALTAR:

Si soñamos que somos asaltados, es que nuestro confort material está asegurado, a menos que los asaltantes sean soldados, en cuyo caso lo que indica es que necesitaremos mucho valor y decisión para lograr lo que nos proponemos.

ASAMBLEA:

Encontrarse en ella: contrariedades, rivalidades por intereses, celos de personas envidiosas que obstaculizarán tus proyectos. Verse en medio de una asamblea: acusación injusta contra ti.

ASCENSIÓN:

Ascender por una pared, una colina o una montaña será índice de éxito en tus actividades, siempre que consigas llegar a término sin dificultad.

ASCENSOR:

En los sueños, el ascensor indica las subidas y bajadas de categoría, en un empleo o en la posición social, pero los ascensos siempre son debidos a relaciones o influencias más que a méritos propios. Como es natural, el descenso augurado tampoco lo será por culpa propia, sino tan sólo por cesar la influencia que nos había elevado, o porque lo que interesaba era colocar a otro en nuestro lugar. Si vemos vacío el ascensor, indica que hemos perdido una ocasión de esta clase, mientras que si está lleno de gente significa que somos muchos los que aspiramos a la misma plaza si es para subir, y también muchos los que perderemos la posición si es para bajar. En general y para quienes no son empleados, usar un ascensor es índice de una próxima evolución de la situación financiera de la persona. Si sube: esta evolución será favorable y prometedora de satisfacciones y ganancias. Si baja: período de decepciones y de contrariedades, de retrasos y contratiempos.

ASCO:

Esta sensación, experimentada durante el sueño, revela un peligro oculto. Mantén los ojos abiertos.

ASEDIAR:

Soñar que te ves asediado siempre es un indicio de que has llegado a un momento crítico en tu vida, ya sea en lo social, lo profesional o incluso en la salud, y que se impone un cambio radical o al menos una temporada de reposo.

ASESINAR:

Si participas en un asesinato, indica que pasarás por circunstancias dolorosas, graves desavenencias, momentos tristes. Ser asesinado: será un feliz presagio, la suerte y el éxito estarán de tu parte, tus detractores pagarán las consecuencias de las acciones tomadas en tu contra.

ASFIXIA, ASFIXIAR:

Muchos de los sueños en que nos asfixiamos son debidos a una indisposición real —todavía incipiente— del aparato respiratorio, y nos advierten para que atendamos la salud. De no ser así, lo que nos anuncia es que evitaremos un peligro, que triunfaremos de una situación delicada y no demasiado clara.

ASIÁTICO:

Encontrarse, conversar con un asiático: tus asuntos profesionales llevarán a negociaciones largas y arduas cuyo resultado no será particularmente ventajoso.

ASIENTO:

De buen aspecto, confortable: bienestar familiar, alegría y felicidad, entendimiento afectivo, comprensión mutua. Deteriorado, sucio, roto: disputas, peleas, fracaso, mala suerte.

ASILO:

Encontrarse en él: apremios, molestias, salud delicada. Ver en él a otras personas: suerte próxima, esperanzas de dinero. Te serán devueltos algunos bienes.

ASISTENTA:

Tenerla de servicio: desahogo financiero, seguridad, bienestar y comodidad, celos, envidia del entorno, mezquindades, indiscreción con respecto a tus asuntos y a tu intimidad. Despedirla: noticias imprevistas, apremios financieros graves, relaciones afectivas comprometidas, trastornos familiares.

ASISTIR:

A una ceremonia: cambio favorable, promesa de felicidad, suerte, satisfacciones. A una recepción: alegría familiar, placeres de la amistad. A un enfermo: acontecimientos cercanos contrariarán tus proyectos. Deberás hacer algunos sacrificios.

ASMA:

Padecerla: retraso en tus proyectos, disputas por intereses contrarios, adversarios perjudiciales para tus aspiraciones, decepciones, enfermedad.

ASNO:

Si el asno está gordo y cargado: presagio de logros, de éxito, suerte o ganancias financieras. Flaco: preocupaciones, problemas, dificultades de todo tipo; la salud debe ser vigilada. Cabalgarlo: buenas noticias, encuentros, cambio próximo. Caído, enfermo o moribundo: fracaso en las empresas, sinsabores, obstáculos, contrariedades, enfermedad. Verlo correr solo: noticias desagradables. Oírlo rebuznar: sufrirás una afrenta.

Azotarlo: recibirás malas noticias. Que rehúsa obedecer: obstáculos a tus planes, querellas, disputas con tus relaciones personales. Comprar uno: felices perspectivas, proyectos beneficiosos. Venderlo: pérdidas financieras, fracaso. Asistir al nacimiento de un asno: prosperidad, abundancia de bienes.

ASOCIACIÓN:

Asociarse a un negocio anuncia obstáculos e inconvenientes diversos, rivalidades, proyectos contrarios, pérdida financiera.

ASPAS DE UN MOLINO DE VIENTO:

Ganancias, ingresos de dinero, actividades benéficas si las aspas giran rápidamente. Verlas inmóviles o ser atrapado por uno de sus brazos anuncia serias dificultades en las empresas.

ASPIRADORA:

Augurio de felicidad recuperada.

ASTILLA:

De madera o de metal: discusiones y reproches de personas amigas. Penas pasajeras.

ASTRO:

Cuanto más brillante lo veamos, más felicidad presagia.

ASTRÓLOGO:

Consultarlo: necesidad de consuelo y de seguridad. Serlo: búsqueda de un mayor conocimiento, necesidad de cambio.

ASUSTAR:

A una persona: serás el responsable de una situación desagradable; decisiones o actos críticos y peligrosos.

Ser asustado: acontecimiento inesperado y desfavorable. Tal vez seas explotado y calumniado.

ATADURAS:

Verse atado: molestias y trastornos cuya importancia y gravedad estarán relacionadas con la calidad y la solidez de las ligaduras. Las indicaciones para interpretar el significado del sueño tendrán en cuenta el lugar en donde suceda este hecho y la persona que lo llevará a cabo.

ATAJO:

Soñar que tomamos un atajo suele ser una manifestación de tu anhelo de triunfar y de que no te importa salirte de los caminos trillados exponiéndote a toda clase de peligros. Este sueño tiene dos vertientes: a corto plazo nos anuncia la entrada en un período de inestabilidad y luchas, y a largo plazo nos asegura que en nosotros existe madera de luchador, y que seremos capaces de conseguir cuanto nos propongamos; lo único que nos falta es un poco más de experiencia y de autodominio.

ATALAYA:

Este sueño indica que vives a la defensiva por miedo a enfrentarte a las dificultades y luchas de la vida diaria, ya sea con tus enemigos o con tus competidores. Ya es hora de que abandones este refugio temeroso y te lances con ímpetu y decisión a la lucha diaria, desterrando el miedo a lo que casi siempre no son más que enemigos o peligros imaginarios.

ATAQUE:

Ser atacado: disputas, querellas, propósitos desagradables, calumnias.

ATAR:

A una persona: violentas discusiones, disensiones, palabras y actos malintencionados que te indispondrán con los tuyos. La situación será particularmente peligrosa. Si la conclusión del momento pareciera ser favorable, las relaciones entre las personas afectadas quedarán en adelante dañadas gravemente.

ATASCO, ATASCARSE:

Tanto si soñamos con una tubería que se atasca como si somos nosotros quienes estamos atascados, este sueño significa que en tu vida existe un hecho o un sentimiento que no has sido capaz de digerir, que se te ha quedado clavado en el alma y está obstruyendo el libre fluir de sentimientos y emociones, impidiéndote gozar plenamente de la vida. Si lo que se atasca en sueños es tu coche, o el vehículo en el que estás viajando, indicaría que has errado el camino, personal o profesionalmente.

ATAÚD:

Funesto aviso de la muerte de una persona amiga. Si es uno mismo el que está dentro del ataúd, significa que disfrutará de una larga vida.

ATENTADO:

Tu destino va a ser modificado de manera importante por un acontecimiento cuyas consecuencias te resultarán penosas. Conflictos y preocupaciones familiares. Dificultades financieras. Trastornos en perspectiva.

ATERRIZAJE:

Ver cómo aterriza el avión en el que vuelas: presagio desfavorable. Tus negocios se van a estancar. Contratiempos, demoras, fracaso, mala suerte.

ATIZADOR:

Disputas, peleas familiares, enojos.

ATLAS:

Necesidad de evadirse; tal vez sea el anuncio de un próximo viaje.

ATLETA:

Si sueñas con un atleta, o eres tú mismo el atleta y luego te proponen un negocio, no lo aceptes inmediatamente. Reflexiona con calma y estúdialo cuidadosamente, pues puede resultar más problemático de lo que parece.

ATOLLADERO:

Errores de juicio o de apreciación retrasarán la evolución de tus negocios y favorecerán a tus adversarios.

ATRACO:

Decisiones desacertadas provocarán consecuencias graves sobre la continuidad de tu trabajo. Ciertas operaciones comprometerán de forma notable tu futuro. Señal de próximas angustias, preocupaciones financieras.

ATRAVESAR:

Una vía de circulación para alcanzar el lado opuesto: indica un cambio de situación cuyo aspecto positivo o negativo será determinado por las características del lugar al que llega. Atravesar sin molestias un pasaje difícil y peligroso: podrás resolver tus problemas tranquilamente, sin pedir ayuda a nadie.

ATÚN:

Algunos de tus proyectos exigen esfuerzos rudos y una labor paciente y solitaria. Promesa de riqueza, fortuna y honores.

ATURDIMIENTO:

Estar aturdido: contrariedades familiares deprimentes, relaciones penosas con tu entorno.

AUDITORIO:

Necesidad de justificarse, de llegar a imponerse en la vida.

AULA:

Lamentaciones por tus ambiciones insatisfechas, proyectos demorados o anulados.

AULLIDO:

Además de chismes y habladurías, son indicio de mala suerte en pleitos y negocios. Tal vez pérdida de salud.

AUMENTO (de sueldo):

Concedido: felices modificaciones en tu vida. Nuevas perspectivas consolarán tus ambiciones frustradas o desaprobadas.

AURORA:

Desaparición de las preocupaciones. Se alcanza el éxito. Presagio de una época mejor, serenidad, felicidad.

AUSENCIA:

Lamentar la ausencia de una persona amada hace temer algunas carencias afectivas de escasa importancia. Soñar con alguien ausente significa el próximo regreso de un familiar o amigo, sin que se trate precisamente del que hayas visto en sueños.

AUTOBÚS:

Los sueños en los que interviene un autobús, un metro o cualquier otro medio de transporte colectivo implican un próximo cambio en tu vida, cambio que se caracteriza porque no lo hacemos aislados, sino acompañados por todo el pequeño mundo que siempre nos rodea y condiciona: familia, amigos, posesiones, costumbres, etc., y lo que ocurre en el sueño, así como tus reacciones, nos revelarán cuál será tu actitud frente a los hechos que se avecinan y cómo afrontarás el cambio. Subir a un autobús repleto de gente refleja la necesidad de auténticos contactos humanos, ya sea para sentirnos «vivos», o para mejorar en el nivel social y profesional. Si el autobús está vacío y somos nosotros el único viajero, es una señal de timidez, introversión o egocentrismo.

AUTÓGRAFO:

Necesidad de ser apreciado por los demás. Búsqueda de estima y de reconocimiento. Ayuda precisa en el campo afectivo.

AUTÓMATA:

Soñar con juguetes o máquinas programadas para realizar una serie de movimientos o trabajos que siempre se repiten en idéntica sucesión indica que estamos renunciando a tomar nuevas iniciativas creadoras, que nos hemos estacionado en una rutina de vida o de trabajo que, de no romperla, nos impedirá seguir progresando y escalando posiciones.

AUTOPSIA:

Cuando sueñas que se realiza tu propia autopsia, es un buen momento para hacer una reflexión sobre nosotros mismos, sobre todo en lo que se refiere a los sentimientos. También es un buen momento para reflexionar sobre aquello que nos rodea y para hacer un estudio minucioso de los negocios, en los que tal vez haya que incluir cambios profundos.

AUTOR:

Presagio feliz. Encontrarse con uno, o ser autor uno mismo, prefigura acontecimientos favorables. Buenas noticias. Fortuna, riqueza, prosperidad.

AUTORIDAD:

Cuando en un sueño interviene la autoridad, se hace necesario un detallado repaso a los acontecimientos del día anterior, pues si durante éste ha existido algún contacto o referencia a los agentes de la autoridad, el sueño carecería de importancia y de contenido profético. De no ser así, este sueño indica graves preocupaciones con las autoridades administrativas o la justicia; riesgo de pérdida financiera.

AUTORIDADES JUDICIALES:

Relaciones particularmente difíciles con las autoridades legales en el marco de asuntos familiares o profesionales en los que no llevarás necesariamente las de ganar.

AUTOSTOP:

Necesidad de ayuda. Circunstancias que desearías modificar. Cambio posible en la medida en que seas admitido como pasajero de un vehículo.

AVALANCHA:

Los sueños en los que te ves sepultado por una avalancha predicen la irrupción de algo imprevisto. Pueden ser presagio de dificultades, de graves preocupaciones, de molestias importantes. Fracaso, mala suerte. Peligro en la vida amorosa. Ser arrastrado: gestiones infructuosas, angustia, tristeza, preocupaciones financieras. Resultar herido: enfermedad grave, pesar, posible duelo.

Ser socorrido: una circunstancia imprevista, un apoyo inesperado te permitirán superar los obstáculos y alcanzar una feliz solución.

AVARO:

Si sueñas con una persona avara, pronto recibirás buenas noticias o dinero. Si eres tú el avaro, prepárate a recibir la llegada de un familiar o amigo que vive en el extranjero.

AVELLANAS:

Presagian que alcanzaremos el fin propuesto tras innumerables dificultades. También pueden presagiar desavenencias y problemas, pero todo ello de escasa importancia.

AVENA:

Símbolo de riqueza, de desahogo, de fortuna, este sueño será benéfico si la avena está en la espiga, lista para ser cosechada, o todavía en grano. Avena destruida por la lluvia, la tormenta o mohosa será señal de complicaciones, de preocupaciones graves, de pérdidas financieras, de enfermedad cercana.

AVENIDA:

Soñar con una avenida bordeada de hermosos árboles, verdes y espesos, es un indicio de que conseguiremos aquello que deseamos con relativa facilidad, mientras que si los árboles están esquilmados, débiles y con escaso follaje, lo que presagia es que muy difícilmente lograremos triunfar, y que de lograrlo será tras grandes esfuerzos y penalidades. Este sueño también puede presagiar el reencuentro con la persona amada, también fácil o difícilmente, según veamos los árboles.

AVERÍA:

La importancia, la gravedad de la avería definirán la calidad y el alcance de los problemas con los que deberás enfrentarte en la prosecución de tu tarea.

AVES:

Las relaciones con tu entorno se volverán tensas a causa de la maledicencia y las habladurías circulantes.

AVESTRUZ:

Indica que a pesar de que nos cueste un gran esfuerzo debemos hacer frente a las situaciones desagradables de la vida. Es también símbolo de imprudencia. Cuando aparecen en grupo anuncian un viaje.

AVIÓN:

En vuelo: éxito en los negocios. Tus proyectos se cumplen. Alcanzarás el objetivo que se ha fijado. A punto de aterrizar o en tierra: noticias desagradables. Período de estancamiento y de retraso. Dificultades financieras. En el despegue: feliz solución. Victoria asegurada en la realización de tus deseos.

AVIÓN DE COMBATE:

Verlo: riesgos de conflictos familiares y profesionales. Noticias imprevistas y desfavorables. Decepciones.

AVISPAS:

Soñar con avispas significa penas y muerte de un familiar, intenciones solapadas y malévolas, acciones pérfidas de tus adversarios, traición y contrariedades. Si te pica una de ellas, perjuicios financieros y de trabajo, apremios familiares.

AXILAS:

Más abultada: placeres cercanos, felicidad. Menos abultada: enfermedad, deficiencia. Con vello: encontrarás protección frente a ataques de tus adversarios.

AYUDA:

Ofrecer tu ayuda: serás estimado y apreciado por tus amigos. Pedir ayuda: podrás contar con tus amigos para resolver tus problemas y lograr que tengan una feliz conclusión. Ayudar a un amigo: recibirás su apoyo.

AYUNAR:

Verse en esta situación: problemas de salud, una enfermedad difícil de tolerar, preocupaciones de dinero.

AYUNTAMIENTO:

Ciertos problemas particulares exigirán una solución inmediata. No se tratará necesariamente de desavenencias, sino de apremios administrativos ligados a la evolución de un asunto importante.

AZABACHE:

Cuando en tus sueños aparece el azabache, suele anunciar un fallecimiento que quizá nos produzca sorpresa, aunque no verdadera pena.

AZAFRÁN:

Prefigura las profundas preocupaciones previas a la enfermedad o al fallecimiento de uno de los tuyos. Dolor y pesar.

AZALEA:

Ganancias financieras en perspectiva.

AZOTAR:

Azotar a alguien: paz y felicidad en el matrimonio, bienestar y alegría.

AZÚCAR:

Reuniones familiares placenteras y confidencias discretas. Novedades de tus familiares. El cualquier contexto, el azúcar es siempre presagio de felicidad y de éxitos.

AZUFRE:

Soñar con azufre es una advertencia de que caerás en la tentación de gozar de amores prohibidos, por lo cual debes tener en cuenta esta premonición, tratando de evitar cometer tal acción, que te acarrearía grandes contrariedades y desgracias.

AZUL:

Este color, en el sueño, se revela como un feliz presagio. Color del cielo, símbolo de la alegría del triunfo, del placer por la vida. Está relacionado con los ideales espirituales y también simboliza las emociones y sentimientos. A veces puede ser un aviso para no caer en la sensiblería.

BABA:

Ver a un niño babeando, y también a personas mayores, augura un buen casamiento, seguido de una herencia.

BABERO:

Se te impondrán tareas poco placenteras. Contrariedades que exigen una rápida resolución.

BABOSA:

Este sueño nos advierte contra aquellas personas sinuosas y rastreras que merodean a nuestro alrededor, pues serán motivo de retrasos y dificultades en nuestra vida, aun cuando los inconvenientes que nos causan se deben más a su cobardía que a verdadera maldad.

BABUCHA:

Prepárate a recibir algún susto o noticia desagradable.

BACALAO:

Seco: apremios de dinero, preocupaciones familiares, probables problemas de salud.

BACARÁ:

Jugar y ganar: te sorprenderán preocupaciones imprevistas. Tendrás que afrontar algunos rigores financieros.

BÁCULO:

Indica una vejez larga y tranquila. De todos modos, procura alejarte de murmuraciones y maledicencias.

BAGAJE, EQUIPAJE:

En la vida real, el equipaje nos sirve para llevar con nosotros todo aquello que consideramos indispensable para nuestras necesidades más acuciantes, así como para mejorar nuestra apariencia social, es decir, todo lo que usamos para optimar o disimular nuestro verdadero aspecto. Por ello, lo que en sueños le suceda a nuestro equipaje es una manifestación de nuestros temores sobre nuestra apariencia social; en una palabra, el temor de que se descubran nuestras flaquezas y defectos. Cuanto más equipaje llevemos en sueños, mayor será el afán que nos tomamos en ocultar nuestra verdadera personalidad, y si lo perdemos o lo abandonamos, es que ha llegado el momento de sincerarnos y mostrarnos tal y como realmente somos.

BAILARINA:

Si ves a una bailarina en sueños, procura cuidar mucho de tu reputación.

BAILE:

Prepararse para ir a un baile: período de felicidad, de alegrías íntimas, de ternura. Se estrechan los vínculos.

No poder ir a un baile: penas afectivas, proyecto demorado, unión comprometida. Baile de máscaras: trampas, engaños, intrigas. Se abusa de tu confianza.

BAJAR:

Preocupaciones financieras, incomprensión familiar, posibilidad de sufrir una humillación, molestias por obligaciones sociales.

BALA DE CAÑÓN:

Molestias en perspectiva. Contrariedades diversas con los allegados que pueden conducir a conflictos penosos, perjudiciales para tus intereses.

BALCÓN:

Estar en un balcón contemplando la calle es augurio de pronta realización de ilusiones y deseos.

BALDE:

Un balde o cubo lleno de agua es señal de buenas ganancias; pero si está vacío, tendrás apuros pecuniarios.

BALDÍO:

Preocupaciones financieras, descontento por tus actividades profesionales, negocios poco rentables, fracaso, mala suerte.

BALIDO:

Oír en sueños el balido de una o varias ovejas es un indicio de que los comadreos nos causarán problemas, afortunadamente sin gravedad.

BALLENA:

Significa abundancia material, si se ve flotando en el mar. Si la persona que la sueña es pobre, pronto habrá de mejorar su situación; si está enferma, indica pronto restablecimiento.

BALLESTA:

Siendo un estudiante quien la sueña, anuncia éxito en los exámenes, así como en asuntos amorosos.

BALLET:

Asistir a una función: decepción, fracaso profesional, molestias y contrariedades, infidelidad de la persona amada, amistades o compromisos.

BALNEARIO:

Este sueño significa el descanso. Nos habla de un futuro tranquilo y equilibrado, en el que seremos más conscientes de nuestras posibilidades. Augura paz familiar. Si no tenemos pareja, es probable que encontremos una que, además, será un amor que durará.

BALÓN:

Lanzarlo al aire pronostica felicidad, aunque ésta puede ser efímera.

BALSA:

Los sueños en los que aparece una balsa, y muy especialmente si nos hallamos en ella, indican un período de incertidumbre durante el que es importante no dejarse arrastrar a negocios inciertos.

BÁLSAMO:

Curación para un enfermo, consuelo afectivo para una persona en buena condición física. Utilizado por otros: cruel desilusión, penas.

BAMBÚ:

Presagio favorable para los negocios. Período de suerte y de prosperidad.

BANANA:

Feliz presagio de satisfacciones y alegría. Placeres familiares.

BANCA:

Sueño de mal augurio. Preocupaciones, discusiones, querellas, relaciones con los parientes o con los amigos particularmente difíciles. Los valores financieros, los bienes, pueden verse afectados; debes prever gastos y pérdidas. Tu reputación puede verse comprometida.

BANCARROTA:

Una situación cruel e injusta hallará una solución feliz e imprevista.

BANCO (público):

Apoyo y consuelo afectivo. Consolidación de vínculos. Ternura y amor. Solidez de los sentimientos hacia ti. Confianza y sinceridad. Ver un banco roto: desacuerdos, decepciones. Dormir sobre un banco: infortunio y miseria. Banco de iglesia: próxima boda.

BANDA DE MÚSICA:

Verla desfilar tocando aires alegres indica noticias agradables que te causarán gran placer. Se termina un largo período de sufrimientos, de incertidumbre, de angustia. Pronto se presentarán ocasiones propicias para tus esperanzas.

BANDERA:

Si es un hombre quien la sueña, aviso de buenas noticias; si es mujer, cambio notable en su manera de ser. Si la bandera ondea en el asta, indica mejora en tu empleo o cargo. Llevarla, distinciones honoríficas.

BANDIDOS:

Presagio de próximas dificultades. Anuncio de pérdidas de dinero, cuyas consecuencias financieras serán nefastas debido a malas relaciones económicas. Posibilidad de tener que enfrentarse con intervenciones judiciales.

BANJO:

Tocarlo: aparecerán pesares, problemas de dinero, trastornos familiares.

BANQUERO:

Ser banquero o hablar con una persona que cumple esa función sólo te traerá decepciones. Deben preverse pérdidas financieras.

BANQUETE:

Felicidad familiar, amistades, desarrollo de relaciones útiles para tus actividades.

BAÑADOR:

Placeres familiares, desplazamiento o viaje de corta duración.

BAÑARSE:

En un agua pura y límpida: excelente presagio de logros, éxito, plenitud. Hacerlo con placer: buen augurio, alegrías profundas gracias a la materialización de tus deseos. Bañarse en agua en movimiento, viva como la de un río rápido, un torrente, un mar encrespado: indicación de felicidad real, de prosperidad, aspiraciones satisfechas, excelente salud. Bañarse en un agua turbia, nauseabunda, de aspecto dudoso: indicará contrariedades, preocupaciones, dificultades próximas. Si la temperatura del agua es desagradable: deben temerse problemas de salud.

BAÑERA:

Verla: pruebas morales, estado de salud deficiente. Controversias, discusiones con parientes cercanos. Tomar un baño en ella: recuperación de la comprensión, clima familiar favorable.

BAR:

Deberás ser prudente con tus relaciones, ya que algunas pueden perjudicar tus intereses.

BARATIJA:

Frustración en los negocios, amistades sin escrúpulos, infidelidad conyugal.

BARBA:

Tener una barba tupida, larga y ordenada es índice de excelente consideración por parte de los demás. Eres estimado y apreciado por tus cualidades y tus conocimientos.

BARBERO:

Sabrás de chismes y habladurías de la vecindad.

BARCAZA:

Servirse de ella: diversas contrariedades te exigirán decisiones reflexivas. Tus condiciones de vida se verán modificadas. Se presentarán otras perspectivas, que te serán indicadas por la marcha de la navegación y el aspecto de la orilla opuesta.

BARCO:

Subir a un barco o prepararse para un viaje es un excelente presagio. Este sueño anuncia un importante cambio de posición, nuevas condiciones de existencia: el éxito en tu vida, en el hogar o en tus actividades sociales. Verlo en construcción o cargando: perspectiva de ganancias financieras. Verlo navegar sobre aguas serenas y límpidas: felicidad, suerte, éxito. Sobre aguas agitadas, turbias: inquietudes, preocupaciones, angustias. Contemplar cómo avanza lentamente: obstáculos. Inmóvil, en el mar o en un muelle: preocupaciones, contratiempos, dificultades, contrariedades. Verlo navegar entre la bruma: incertidumbre, angustia, amenazas de peligro. Si se hunde o zozobra: desamparo, fracaso, ruinas, pérdida de dinero, situación comprometida, soledad moral. Ver cómo echa el ancla o vuelve a puerto: proyectos retrasados, malos negocios, deudas. Caer por la borda: inconvenientes insuperables, feroces oposiciones.

BARNIZ:
Engaño o traición que no tardarás en descubrir.

BARÓMETRO:
Procura escuchar los consejos de un buen amigo.

BARRANCO:
Este sueño presagia que en nuestro camino hallaremos peligros o trampas. Si vemos el barranco a tiempo y lo franqueamos, quiere decir que también en la vida real sabremos sortear los peligros que se nos presentan, mientras que si caemos en él, difícilmente lograremos triunfar en nuestros actuales propósitos, y de conseguirlo será gracias a grandes esfuerzos y después de vencer notables dificultades.

BARREÑO:
Lleno: alegría familiar, ganancia de dinero. Vacío: dificultades financieras, deudas. Lavarse en él: problemas sentimentales.

BARRER:

Si eres tú quien barre la casa, recibirás buenas noticias. Cuando estás barriendo en otro lugar, tendrás contrariedades.

BARRERA:

Si logras saltarla o pasar a través de ella, vencerás los obstáculos que creías insuperables.

BARRICADA:

Es un sueño desagradable, pues traerá disgustos e inconvenientes familiares.

BARRIGA:

Si sueñas que te duele, indica penas. Si ves que se hincha, recibirás dinero.

BARRIL:

En general, es un buen presagio. Si está lleno de agua, indica pensamientos bondadosos; de vino, prosperidad; de aceite, debes procurar subsanar tus errores; de alcohol, vanidad desmedida; de vinagre, desgracia.

BARROTES:

Colocados en una ventana o una puerta: graves dificultades en perspectiva. Recibirás noticias desagradables. Peleas por intereses, litigios, desavenencias, oposición de tus allegados. Problemas financieros que afectarán a tus empresas. Romperlos: prevalecerás sobre tus enemigos.

BÁSCULA:

Disgustos, desavenencias, noticias desagradables.

BASTARDO:

Decepciones afectivas, obstáculos en tus actividades profesionales. Pero lograrás superar los problemas e imponerte.

BASTÓN:

Si sueñas que lo compras, ten por seguro que te librarás de un grave peligro. Si golpeas o te dan golpes con él, recibirás daños materiales.

BASURA:

Cuando se trata de excrementos, próxima llegada de dinero. Si es basura común, hasta ti llegarán noticias de una persona amiga que huyó del hogar.

BATA:

Distensión afectiva, reconciliación, sentimientos renovados. Felicidad cercana.

BATALLA:

Deberás pasar por pruebas crueles, agresividad, desavenencia, peleas violentas, injusticia hacia ti, preocupaciones financieras, pérdida de afecto o de estima.

BAÚL:

Si está lleno es un presagio favorable, señal de abundancia. Vacío: fracaso de tus empresas, contrariedades financieras, preocupaciones por dinero, desilusión.

BAUTIZO:

Asistir a un bautizo es siempre un presagio feliz. Si en este sueño un familiar o un amigo no estuviera bautizado, sería presagio de que la persona a la que le falta el bautismo sufrirá penas y enfermedades.

BAYAS:

Satisfacciones financieras, actividades profesionales fructíferas, éxito. Verlas echadas a perder: decepciones, contrariedades.

BAYONETA:

Llevar o usar una bayoneta es señal de alguna terrible desgracia.

BAZAR:

Tus esperanzas se verán frustradas. Tus esfuerzos no alcanzarán el resultado deseado; deberán temerse algunos problemas financieros.

BEATA:

Signo precursor de propósitos malévolos: calumnias, maledicencia. Serás menospreciado. Corres el riesgo de sufrir una venganza femenina.

BEBÉ:

Presagio de un feliz acontecimiento: un nacimiento. Noviazgo o compromiso de boda. Puede también indicar una reconciliación afectiva inesperada que se ansiaba desde hacía mucho tiempo. Vida apacible, dulzura de vivir. Si eres tú el bebé, hay una persona que te ama mucho, aunque no se atreve a confesártelo.

BEBER:

Agua: su calidad, su pureza y su temperatura serán una indicación valiosa para la interpretación del sueño. Limpia y clara: negocios florecientes, salud vigorosa. Caliente o fría, con mal gusto: peleas, penas, salud debilitada. De manantial: éxito inesperado en los negocios. Agua salada: penas del corazón, problemas sentimentales. Vino: fecundidad, abundancia y placeres. Un líquido desagradable: enfermedad, problemas diversos, mala suerte. En vasos finos: abundancia de bienes, prosperidad. En recipientes de mala apariencia: pequeñas preocupaciones, salud frágil.

BEBIDA:

Según el tipo de bebida, este sueño significa diferentes cosas. Cuando lo que se bebe son licores en general, presagia alegría y la celebración de ciertos acontecimientos. Cuando lo que se bebe es agua, presagia tranquilidad. Beber agua aplaca la sed, lo que quiere decir que también es un bálsamo para nuestras angustias y nos transmite paz y tranquilidad. De todos modos, según sea el agua que bebamos, nos presagiará distintas cosas, ya que si es oscura o de mal sabor, augura penas y problemas sentimentales. El agua caliente presagia enfermedades y falta de trabajo. Cuando lo que se bebe es vinagre, significa que tendremos graves conflictos con familiares o amigos muy allegados. Cuando tenemos sed y no hallamos bebida para aplacarla, quiere decir que nuestros deseos no se van a ver cumplidos.

BELLOTAS:

Los sueños en que aparecen bellotas presagian éxito y fortuna arduamente adquiridos. Pero en un plano espiritual, las bellotas simbolizan el poder del espíritu y la virtud nutricia de la verdad.

BENDECIR:

Ser bendecido: apoyo afectivo de los tuyos; te brindarán ayuda y protección. Tus negocios alcanzarán un nivel más alto; suerte y éxito. Bendecir a una persona: penas y pesares, soledad y abandono.

BENDICIÓN:

Si es un sacerdote quien la da, pleitos de familia a causa de habladurías de gente malévola. Si la dan los padres, feliz augurio.

BENEFACTOR:

Encontrarlo: te amenaza un peligro; riesgos financieros, pérdida de los bienes, enfermedad de alguna persona próxima.

BERENJENA:

Si está cruda, señala una pasión secreta. Si sueñas que está cocida, muy pronto recibirás la confesión de un amor disimulado que te hará feliz.

BERRO:

En sueños los berros siempre pronostican mejoría, ya sea de la salud, de la economía o de la situación profesional.

BESAR:

Besar en sueños a una persona del sexo opuesto presagia infidelidad, a menos que se trate de nuestra pareja, en cuyo caso es indicio de buena fortuna, que alcanzaremos de forma inesperada o cuando ya no la esperábamos. Si besamos a otra persona que también goza de nuestro afecto, se trate de un familiar o de un amigo, equivale a despedirnos de él, que no tardará en partir de nuestro lado. Si besamos a alguien de nuestro propio sexo, sin simpatía ni afecto, augura que nos beneficiaremos materialmente de su amistad, y si lo hacemos con afecto, es esa persona quien se beneficiará y sacará provecho de nosotros. Besar la tierra presagia penas, dolores y humillaciones; besar a un muerto, próxima herencia.

BIBLIA:

Leerla o poseerla: pesares y penas en tu camino. Necesidad de soledad y de reflexión. Serenidad, dicha íntima. Perderla: dificultades familiares, separación, alejamiento de un allegado.

BIBLIOTECA:

Búsqueda del conocimiento y del saber. Necesidad de ser guiado y aconsejado: preocupación por un cambio de situación meditado y decidido. Puede ser señal de una nueva etapa en tu vida, de una orientación distinta en tu carrera profesional.

BICICLETA:

Si eres tú quien la monta, terminarás con un romance, aunque, si esto llegara, se producirá un cambio favorable. Si, montándola, uno se cae, perderá el dinero que haya arriesgado en cualquier empresa o negocio.

BIENES:

Adquiridos, poseídos: alegría, felicidad, seguridad financiera, futuro prometedor. Ver que los roban: reveses, preocupaciones financieras. Verlos quemarse: pérdida de dinero, deudas.

BIGAMIA:

Practicarla: felicidad conyugal, matrimonio feliz, satisfacción financiera, éxito para la pareja.

BIGOTE:

Quienes aparecen en nuestros sueños adornadas con un bigote son gente que disimula o engaña, especialmente si son personas conocidas que no lo llevan en la vida real. Así, cuando una mujer sueña que su marido se deja el bigote, es casi seguro que éste la está engañando, o al menos existen fundadas sospechas de que lo está haciendo. Si somos nosotros los que nos vemos con bigote —y no lo llevamos en la vida real—

significa que existe algo falso en nuestra vida, e incluso es posible que nos estemos engañando a nosotros mismos, que exista algo que no queremos reconocer. Pero en este caso, si además soñamos que nos lo afeitamos, ha llegado el momento de sincerarnos, ya sea con nosotros mismos o con los demás. Cuando en la vida real llevamos bigote, o soñamos con alguien que también lo lleva, el sueño carece de significado premonitorio.

BILINGÜE:

Encuentros interesantes. Proyectos de viaje. Nuevos horizontes modificarán tus costumbres.

BILLAR:

Verlo: mala suerte, negocios desdichados, fracaso en las gestiones, reveses.

BILLETE:

Billetes de curso legal indican gestiones sin éxito, gastos imprevistos, preocupaciones diversas, peleas por dinero, angustia, problemas de salud. Contarlos: tu situación va a deteriorarse, revés financiero. De lotería: negligencia en tus asuntos, deben temerse inconvenientes, gastos de dinero. De tren: nuevas perspectivas profesionales, cambio de carrera. La paciencia te será indispensable. Soñar con billetes de banco siempre presagia apuros de dinero.

BIOMBO:

Verdades ocultas, secretos conservados celosamente, confidencias.

BISONTE:

Se podrá contemplar una mejora de tus condiciones financieras y de tu situación, desde el momento en que te decidas a correr los riesgos necesarios para cumplir tus ambiciones. Esperanza de una vida mejor.

BISTURÍ:

Cuando en nuestros sueños aparece un bisturí, indica que existe algo, una situación, un problema, una enfermedad, o lo que sea, que ha llegado a un punto en el que es necesario tomar medidas drásticas para salir ella.

BIZCO:

Tu intuición te aconsejará la conveniencia de reflexionar en tus asuntos de negocios.

BIZCOCHO:

Pequeñas preocupaciones de orden financiero, circunstancias desfavorables, cambios en la carrera.

BLANCO (color):

Anuncio de éxito, de felicidad, de alegría. Signo de un próximo período de prosperidad y de suerte.

BLANCO (diana):

Apuntar y acertar: éxito en tus proyectos, suerte, victoria sobre tus enemigos.

BLANQUEAR:

Desilusión con tus relaciones, engaños, riesgos financieros, preocupaciones de salud.

BLASFEMIA:

Cólera violenta en perspectiva. Pueden producirse inconvenientes que sería bueno evitar. Desgracia.

BLASÓN:

Poseerlo: necesidad de afirmarse, preocupación por aparentar e imponerse en sociedad. Insatisfacción debida a tu posición actual.

BOCA:

Soñar con una boca grande es símbolo de prosperidad y riqueza. Si es pequeña, significa que recibirás desprecios de amigos.

BOCADILLO:

Algunos momentos reconfortantes durante un período deprimente y austero. Amistades perdidas. Problemas financieros.

BOCINA:

Oírla: signo precursor de acontecimientos desdichados cuya influencia no podrás evitar sufrir.

BODA:

Asistir a una boda: para un soltero, promesa de felicidad cercana; para una persona casada, múltiples preocupaciones de orden familiar o financiero. Asistir a tu propia boda: si eres soltero, modificaciones favorables en tus condiciones de vida; si estás casado, desavenencias conyugales, separación, ruptura.

BOFETADA:

Seremos víctimas del fracaso en nuestros asuntos a causa de decisiones desacertadas. Nos convertiremos en objeto de calumnias y se nos culpará de cierto tipo de situaciones. Recibiremos un escarmiento por parte de nuestros seres queridos del que seremos acreedores, lo que nos hará obrar en adelante con más prudencia.

BOGAVANTE:

Celos, maldad, intenciones pérfidas, intenciones malévolas, disputas y peleas.

BOINA:

Desilusiones, amistades comprometidas, engaños. Tu confianza será puesta a dura prueba.

BOJ:

Verlo: presagio favorable, ayuda moral, amistad devota. Ver cómo es bendecido por un sacerdote: enfermedad, duelo.

BOLA:

Soñar con bolas es un buen augurio; por lo tanto, tal sueño deberá ser motivo de satisfacción y alegría. Una bola de cristal: decisión incierta, búsqueda de consejos, y apoyo amistoso.

BOLÍGRAFO:

Noticias que te producirán desagrado, decepción y pesar.

BOLOS:

Soñar que estamos jugando a los bolos es presagio de alegría, placer y amistad, así como de reuniones de las que puede derivarse algún amorío o, quizá, algo más serio. Jugar a bolos y ganar augura suerte y éxito, ambiciones realizadas. Sin embargo, si se pierde, complicación en las actividades, preocupaciones varias, engaños.

BOLSA:

Al representar las necesidades primarias de un hogar, si los objetos contenidos en esta bolsa no son los que se encuentran en ella normalmente, revelaría dificultades de todo orden que habría que resolver a corto plazo.

BOLSA (edificio de la):

Realizar operaciones financieras: tus negocios se verán comprometidos por decisiones azarosas cuyas consecuencias amenazan con conducirte a la ruina.

BOLSILLOS:

Sugiere que tenemos asuntos que aunque aparentemente estaban resueltos, no lo están; todavía quedan temas por rematar y pueden darnos ciertas sorpresas. Un bolsillo roto indica falta de precisión en nuestras consideraciones, lo cual nos puede ocasionar dificultades y agravios. Si los bolsillos están bien repletos, significa que somos capaces de improvisar ante situaciones comprometidas. Son el símbolo de secretos y confidencias.

BOLSO:

Lleno: preocupaciones por dinero, malestar, privaciones. Vacío: ingreso financiero, gozo, alegría. Perderlo: próximas pérdidas, infortunio. Robado: decepción, contrariedades. Encontrarlo: ganancias imprevistas.

BOLSO DE VIAJE:

Decisiones que modificarán tus principios. Nuevas orientaciones para ciertos proyectos que serán beneficiosas y constructivas de cara a un futuro mejor. Apoyarlo en el suelo y vaciar su contenido: retrasos, contratiempos o fracaso de tus esperanzas. Decepción y amargura.

BOMBA:

Si sueñas que sacas agua con ella, señal de felicidad y contento. Si no sale agua, motivo de pobreza y pesadumbres. En el caso de que se trate de una bomba explosiva, malas noticias y sinsabores.

BOMBEROS:

Verlos en actividad: grandes penurias, desamparo, peligro, desgracia. Será la ruina de tus ambiciones y tus esperanzas. Desastres financieros, soledad afectiva, aislamiento de tus amistades, cansancio, enfermedad. Con el incendio ya apagado: tus preocupaciones tocan a su fin. Las horas amargas dejan paso a días felices y apacibles.

BOMBILLA:

Encendida: alegría familiar, felicidad, sentimientos constantes, serenidad. De potencia débil: fragilidad en las relaciones conyugales y familiares, apremios afectivos, preocupaciones de salud y de dinero. Apagada: desilusión, incomprensión afectiva, disputas, lágrimas y pesares, pérdidas de dinero, problemas de salud. Romperla: pérdidas financieras, peleas, separaciones, soledad, desamparo. Ponerla, usarla: nuevos proyectos te traerán la esperanza de buenas circunstancias afectivas, sociales y financieras.

BOMBO DE LOTERÍA:

Preocupaciones y contrariedades. Tu situación financiera se verá comprometida, tu posición social dará motivo a discusiones poco favorables para tus intereses. Mala suerte, soledad moral.

BOMBÓN:

Peligro de calumnia. Confías en personas que no merecen tu amistad.

BOÑIGA DE VACA:

Señal de suerte y prosperidad: se te concederán favores. Ingreso inesperado de dinero, posible herencia.

BOQUERONES:

Esperanzas frustradas. Proyectos retrasados, decepciones.

BORDADO:

Usar vestidos bordados significa ambición, pero puede ser que recibamos riquezas y honores. Si eres tú quien borda, serás objeto de críticas por parte de personas a quienes consideras amigos.

BORRACHO:

Si sueñas que estás ebrio, te esperan grandes mejoras en tu actual situación, tanto en aumento de dinero como en tu empleo o negocios.

BOSQUE:

Si estás en un bosque, rodeado de hermosos y frondosos árboles, no tardarás en recibir noticias gratas. Hallarse extraviado en él augura sinsabores.

BOSTEZO:

Sabrás de la muerte de una persona que no formaba parte de tus amistades íntimas.

BOTAS:

Cambio favorable y beneficioso en tus actividades profesionales. Tu posición social va a mejorar. Verlas desgastadas o agujereadas: pérdida de consideración, burlas, negligencia.

BOTE SALVAVIDAS:

Dificultades y problemas cercanos. Corres el riesgo de encontrarte solo ante futuros peligros.

BOTELLA:

Si sueñas con una botella llena, significa alegría; si está vacía o rota, augura desgracias.

BOTÍN:

Operaciones que esperabas favorables resultarán contrarias a tus intereses.

BOTONES:

Soñar con botones significa pérdidas. Si eres tú quien los cose a cualquier prenda, indica dicha casera y apoyo de tu familia.

BÓVEDA:

Si aparece con buen aspecto e iluminada, indica que gozamos de estabilidad y que contaremos con el apoyo necesario para mantenerla, lo que nos dará tranquilidad. Si por el contrario aparece húmeda o deteriorada, quiere decir que próximamente nos veremos envueltos en circunstancias desagradables. Verla derrumbarse es de mala suerte.

BOXEADOR:

Agresividad. Preocupación por protegerse del mundo exterior. Riesgo de conflictos.

BRASA:

Una brasa a medio extinguir es anuncio de bienestar y dinero inesperado.

BRASERO:

Una persona querida sufrirá un accidente.

BRAZALETE:

Presagio de felicidad, unión en el matrimonio. Perderlo sería nefasto para tus proyectos: preocupaciones y humillaciones, ruptura.

BRAZO:

Si los brazos son fuertes y robustos, indican felicidad. Velludos, adquisición de riquezas. Roto o cortado, próxima enfermedad en nuestro entorno.

BRINCAR:

Insatisfacción, impaciencia, angustias.

BRINDIS:

Reuniones de amigos en las que reina la falsedad y la hipocresía, relaciones interesadas y perniciosas.

BRISA:

Éxito, realización de tus ambiciones, bienestar, alegría íntima.

BROCHA DE AFEITAR:

Desavenencias, conflictos familiares o sentimentales.

BROCHE:

Usar un broche o pincharse con él: una persona desleal planea engañarte. Las malas amistades serán nefastas para tus intereses.

BROMA:

Momentos de distensión y recreo, de intensa felicidad.

BRONCE:

Representa la sinceridad ingenua y algo primitiva. Debemos hacer todos los esfuerzos que sean necesarios para mejorar nuestra situación.

BROTE:

Renacimiento, construcción de una nueva etapa de vida, nuevos proyectos, esperanzas financieras, suerte, curación, nuevas perspectivas afectivas.

BRUJA:

Las brujas de nuestras pesadillas son una manifestación irracional de nuestros deseos no cumplidos.

BRÚJULA:

Necesidad de disponer de consejos esclarecidos, indispensables para resolver problemas difíciles. Perderla, romperla: elección equivocada, decepción.

BRUMA:

Los sueños en que el paisaje o los personajes aparecen envueltos en brumas son una advertencia para que seamos muy prudentes antes de tomar la próxima decisión.

BUCLE DE CABELLO:

Amor profundo, fidelidad de la persona amada, pasión y ternura. Cortarlos: ruptura, separación, penas.

BUENAVENTURA:

Si te la dice una gitana, debes estar alerta con tus enemigos.

BUEY:

Es signo de resistencia y de seguridad. Ver bueyes gordos es sinónimo de alegría en el hogar, mientras que los flacos nos auguran miseria y pobreza. Verlos en otras circunstancias suele ser de buen augurio, excepto si los vemos durmiendo, porque indica que vamos a tener dificultades en un futuro próximo.

BÚFALO:

Se insinúan amenazas. Personas influyentes tratan de perjudicarte. Mensaje de prudencia.

BUHARDILLA:

Vivir en una buhardilla: pobreza y tristeza. Dinero insuficiente, deudas financieras.

BÚHO:

Ardides y perfidia. Chismes y murmuraciones contra ti.

BUITRE:

Si lo sueñas posado en un árbol, indica que enemigos peligrosos y poderosos vigilan el desarrollo de tus actividades. El menor error de juicio o de apreciación en tus decisiones o en tus actos provocará la pérdida irremediable de tus posesiones. La prudencia y la sensatez serán tus mejores consejeros. Si está devorando una presa, es un buen presagio. Si luchas contra el buitre y llegas a vencerlo, es signo de que pronto recobrarás la salud y calma perdidas. La fortuna te sonreirá.

BUJÍA:

Verlas fabricar o hacerlas uno mismo es indicio de próximas ganancias. Soñar que una está encendida pronostica un nacimiento. Una bujía que se apaga sola presagia dolor y muerte.

BUMERANG:

Ataques solapados y malévolos. Tus enemigos te sorprenderán por medios desacostumbrados, que desconoces.

BUQUE:

Si es una persona dedicada a negocios quien sueña que viaja en el buque, obtendrá grandes ganancias. Si se trata de una mujer soltera, soñar que va como pasajera en el barco será aviso de próximo matrimonio, salvando los inconvenientes que puedan presentársele.

BUQUE DE GUERRA:

Relaciones de alto nivel, apoyos sólidos, capacidades especialmente eficaces. Si el buque te parece hostil, problemas cuya conclusión será favorable para tus adversarios.

BURBUJAS DE JABÓN:

Hacerlas: sufrirás decepciones en los negocios debido a un exceso de confianza e ingenuidad.

BURLAS:

Ser víctima de ellas: tus detractores aprovecharán la ventaja de una situación. Vergüenza y pesadumbre.

BÚSQUEDA:

Amigos o conocidos tuyos sufren necesidades. El apoyo que puedas prestarles ante los apremios del momento les será de gran ayuda.

BUSTO:

Verlo: tus proyectos e ilusiones se realizarán. Una posición social interesante podría recompensar tus esfuerzos. En el suelo, roto: tus proyectos no se realizarán. Gestiones infructuosas, fracaso y abandono.

BUTACA:

Soñar con una butaca es augurio de bienestar y una larga vida llena de satisfacciones.

CABALGAR:

Si cabalgas sobre un caballo, es anuncio de triunfos y prosperidades. Si montas un burro o mulo, señal de inconvenientes con la justicia. A veces el caballo suele ser el símbolo de nuestra actividad sexual; según sea quien marca la velocidad y el rumbo (si es el jinete o el caballo), querrá decir que somos nosotros los que tomamos la iniciativa o que somos llevados por las circunstancias. En cualquiera de los casos predice buenos momentos para las relaciones amorosas.

CABALLERIZA:

Con caballos indica desahogo en el hogar, comodidad familiar, placer de reunirse y recibir a los amigos. Vacía o ruinosa: pobreza y soledad.

CABALLETE:

Si es nuevo, recibirás desengaños amorosos.

CABALLITO DE MAR:

Verlo es símbolo de buena suerte; éxito en las empresas, felicidad.

CABALLO:

El significado de soñar con caballos varía mucho, dependiendo de las circunstancias y de los detalles del sueño. Como regla general, ver caballos en sueños es un buen augurio y anuncia un período de bonanza y facilidades. Si la persona que sueña sintió miedo de los animales puede indicar preocupación por algún documento importante o algún artículo de valor. Si estás montando al caballo, es augurio de una elevación en el nivel social o profesional. Si te caes de él habrás de ser prudente y tener cuidado con un rival que desea sobrepasarte. Si el caballo se alza sobre las patas traseras, indicará que te vas a encontrar con cierta resistencia, que te dificultará poner en práctica tus planes actuales. Caballos peleándose entre sí indican próximas noticias preocupantes relacionadas con un amigo o familiar. Uno al que le están poniendo las herraduras presagia una llegada inesperada de dinero. Igualmente, un caballo que está siendo cepillado, lavado o atendido es indicación de buenos resultados y acontecimientos felices. Si la persona está galopando a lomos de un caballo, el éxito será rápido y los asuntos se desarrollarán favorablemente. Igualmente, soñar con una herradura presagia éxito y fortuna. Del mismo modo, habrá de tenerse en cuenta el color. Un caballo negro indica próxima boda con una persona rica, aunque de mal carácter; si es blanco, augura ganancias; cojo, contrariedades. Uno o más caballos uncidos a un carro, ascensos y mejoras en el trabajo. Estar montado en uno de madera o ver a otros en él anuncia también alegría y buenos resultados en todos los aspectos.

CABALLO DE CARRERA:

Especulaciones azarosas, proyectos arriesgados, acciones irreflexivas.

CABALLO DE MADERA:

Indica proyectos magníficos sin esperanza de realización; decepción amarga y costosa, miseria.

CABAÑA:

Soñar con una cabaña es signo de felicidad, pero si se encuentra derruida y abandonada, trabajos penosos y amistades truncadas.

CABEZA:

Para los antiguos la cabeza era el símbolo de la riqueza, por lo que soñar con una cabeza grande era indicio de prosperidad. También representa la inteligencia. Los sentimientos agradables en relación con la cabeza nos indican prosperidad e independencia, mientras que los negativos nos auguran tiempos desagradables y conflictivos. Cuando es excesivamente pequeña, augura fracaso y si lo que soñamos es sólo con una calavera, es señal inequívoca de peligro.

CABLE:

Has de procurar tener cuidado con tu salud, ya que puede resultar perjudicada.

CABRA:

La interpretación varía según se trate de una cabra en libertad o de una doméstica. En el primer caso sugiere agilidad, libertad y capricho, mientras que en el segundo indica calma y tranquilidad.

CABRITO:

Cuando una mujer sueña con un cabrito recién nacido se considera un presagio de próximo embarazo, y si ya está embarazada, de que el parto será feliz.

CACAO:

Próximas noticias de una vieja amistad con quien tuvimos relaciones.

CACEROLA:

Llena y sobre el fuego: ventajas próximas, noticias interesantes. Retorno a mejores condiciones de vida. Vacía, sin usar: molestias, retrasos, negocios embrollados y difíciles, falta de seguridad.

CACTUS:

Alguien tratará de abatir nuestro orgullo.

CADALSO:

Verlo: tu conducta y tu manera de cumplir con tus compromisos te traerán graves dificultades si sigues por ese camino.

CADÁVER:

Si sueñas que besas un cadáver, tu vida será larga y venturosa. Soñar con un cadáver puede significar el final de un proceso o de una situación problemática.

CADENA:

Estar atado con cadenas significa penas y sinsabores; pero, si logras romperlas, es indicio inequívoco de que tus problemas están prontos a solucionarse.

CADERAS:

Sueño particularmente femenino: fuertes y de buena constitución, éxito amoroso, armonía conyugal, alegría y felicidad. De aspecto desagradable, enfermedad familiar, dificultades de salud de los hijos. Ver a un hombre poner sus manos sobre las caderas de una mujer: fortalecimiento de los vínculos afectivos, amor y ternura.

CAER (una cosa):

Perjuicios económicos, mala suerte en las actividades profesionales, fracaso.

CAER (una persona):

Al suelo: mala suerte en tus actividades. Adversarios dañarán tu reputación. Temores económicos. Será necesario examinar con lucidez la razón de tu fracaso antes de emprender nuevos caminos. Si te han empujado (o a la persona que cae): odio y venganza. Hay gente que busca tu perdición. Tropezar sin caer: hay algo que te protege. Caer en el barro son decepciones, promesas no realizadas, haber faltado a la palabra dada. Caer en el agua es peligro, a veces de enfermedad e incluso también de muerte.

CAFÉ (el local):

Las circunstancias te obligarán a tomarte un tiempo de reflexión antes de encarar nuevas estrategias de acción. El cambio previsto te resultará provechoso. Las amistades o los lazos afectivos se verán fortalecidos. Entendimiento en el hogar, período feliz. Ser dueño de un café: augurio de dinero, de éxito financiero gracias al trabajo duro y a la utilización de medios a veces ilícitos.

Ser camarero: maledicencia, habladurías, pequeñas ganancias.

CAFÉ (la bebida):

En general, ver o tomar café en sueños es un buen presagio, que tanto puede augurar el éxito en unas oposiciones o exámenes como anunciar buenos resultados en trabajos intelectuales o en asuntos familiares o de amistad. Soñar con el grano en crudo indica mejora en los negocios; si está tostado, recibirás agradables visitas. Si el café está ya molido, se realizarán tus proyectos e ilusiones. Derramar el café: contrariedades, desagrado de quienes te rodean. El poso del café: contrariedades, dificultades materiales, preocupaciones afectivas y, tal vez, enfermedad.

CAÍDA:

En general, se considera que soñar que te caes es anuncio de próxima desgracia.

CAJA:

Llena: pequeños provechos, ganancias modestas, conformidad. Vacía: pequeñas preocupaciones de dinero, contrariedades varias pero sin gravedad. Una caja cerrada, difícil de abrir: será señal de una situación compleja. Se impondrá con esfuerzo una decisión. Mantenerla cerrada: te preocupas por mantener un secreto o por proteger tus bienes.

CAJERO:

Relaciones difíciles con quienes te rodean, aislamiento afectivo.

CAJÓN (de madera):

Vacío: sinsabores económicos, fracaso, mala suerte. Lleno: prosperidad, materialización de tus deseos. Repleto de guijarros o piedras: traición, perfidia, intrigas.

CAL:

La verdad está siendo ocultada.

CALABACÍN:

Decepción en tus relaciones personales. Lenta evolución de los negocios.

CALABAZA:

Buen indicio. Éxito próximo, provechos venideros, promesa de ganancias, esperanzas económicas, protección. Quien sueña con calabazas y está enfermo, pronto recuperará la salud.

CALABOZO:

Si uno se halla encerrado en un calabozo, recibirá grandes consuelos en su situación. Si sólo entra en él, indicio de buena salud.

CALAFATEAR:

Evitar obligaciones innecesarias. Predominarán la prudencia y la desconfianza.

CALAMAR:

Soñar con calamares indica que pronto recibirás dinero.

CALAMBRES:

Sufrirlos: impotencia para resolver ciertos problemas. Salud frágil.

CALAVERA:

Ver en sueños una o más calaveras presagia asechanzas y mala fe de gentes que se dicen amigos y sólo quieren perjudicarte.

CALCAR:

Pobreza de espíritu, debilidad de sentimientos, falta de personalidad, preocupaciones, inseguridad, fracaso, vergüenza y temor.

CALCETINES:

Nuevos y limpios indican estabilidad económica, ventajas diversas. Agujereados: imprevisión, gastos excesivos y negligencia. Quitárselos: deseo de cambio, tal vez se dé pronto un cambio favorable.

CALCOMANÍA:

Puede incluir un mensaje cuyo significado será definido por los símbolos representados.

CALCULAR:

Preocupaciones de tipo económico. Obligaciones económicas imprevistas para las cuales encontrarás una solución adecuada. Pero si los cálculos se abandonan sin terminar, el pronóstico económico en la vida de vigilia no es bueno.

CALDERO:

Es un signo de buen augurio si el recipiente está sobre el fuego y lleno de alimentos agradables para consumir. Verlo vacío o roto: pérdida de dinero o de bienes, enfermedad grave.

CALDO:

Beberlo: serenidad en el hogar, bienestar, comodidad, después de un período de preocupaciones.

CALEFACCIÓN:

En actividad: apoyo y consuelo afectivo en un momento de cansancio.

CALENDARIO:

En una época que nos encontremos desorientados, soñar con calendarios significa que nos volveremos a ubicar en nuestro justo sitio respecto a las relaciones y al trabajo, lo que nos permitirá ver las cosas desde un nuevo punto de vista que nos va a conducir a una etapa muy exitosa en nuestras vidas.

CALESA:

Enganchada a los caballos: suerte, éxito, honores y distinciones.

CÁLIZ:

Señal de curación para un enfermo, serenidad, alegría interior, esperanza. Verlo roto: mal augurio.

CALLE:

Pasar por una calle llena de basura significa embrollos y dificultades. Si está limpia, todo se solucionará de un modo satisfactorio. Una calle estrecha y oscura señala peligros.

CALLEJÓN:

Pobreza y miseria, negocios insignificantes, pocas perspectivas alentadoras, soledad moral.

CALLOS EN LOS PIES:

Trabas, disgustos y dificultades, pero sin mucha gravedad.

CALOR:

Señal de problemas de salud, de enfermedad delicada, fatiga, tensión.

CALUMNIA:

Pronto recibirás visitas de algunos amigos solicitándote favores.

CALVARIO:

Verlo, rezar ante él: dolores y pesares, pérdida de un ser amado, ruptura afectiva, enfermedad o duelo.

CALVICIE:

Presagio de acontecimientos enojosos, discusiones, disputas, humillaciones, sentimiento de culpa.

CALZADA:

Ancha, lisa y llana: buena marcha de tus negocios, pocos obstáculos, alegría, prosperidad, éxito. Estrecha, tortuosa, con pendiente empinada: numerosos contratiempos, problemas y preocupaciones, muchos esfuerzos para alcanzar el objetivo deseado. En construcción: pérdida de dinero, retrasos, decepciones y penas.

CALZÓN:

Vida afectiva decepcionante, infidelidad, búsqueda de placer con personas inmorales, miseria moral.

CAMA:

Soñar con una cama limpia anuncia una situación estable. Si se halla sucia y en desorden, es augurio de contrariedades. Estar solo, acostado en ella, indica próxima enfermedad.

CAMALEÓN:

Sueño de mal augurio. La mala suerte te sorprenderá bajo aspectos muy diferentes. Ardides y traición de quienes tal vez no te imaginas.

CAMARERA:

Una buena camarera, bien parecida y con su uniforme, señala fracaso en amores.

CAMARERO:

Este sueño siempre está relacionado con las calumnias y advierte que debemos prevenirnos de la maledicencia de los demás.

CAMASTRO:

Miseria e infortunio.

CAMBIO DE AGUJAS (de una vía de tren):

Nueva orientación en tu destino. Se impondrá un cambio cuyo resultado dependerá de las operaciones que realices.

CAMELIA:

Si hueles esta flor, procura no crear amistad con la persona que se te acerque con proposiciones amorosas, pues es engreída y vanidosa y sólo te traerá problemas.

CAMELLO:

Se anuncia un largo período en el que deberás demostrar coraje, obstinación, perseverancia y voluntad. Un camello muerto indica enfermedad o fallecimiento familiar.

CAMILLA:

Señala posible accidente o enfermedad.

CAMINATA – CAMINAR:

Presagio de cambios cuya importancia y significado estarán relacionados con las condiciones de la caminata, es decir, caminar con paso vivo, firme y decidido: alcanzarás tus objetivos sin trabas de ningún tipo. Suerte y éxito. Caminar con paso normal: nada particularmente negativo, circunstancias favorables. Con paso lento y vacilante: incertidumbres, contrariedades sin gravedad, pero sobre las cuales deberás meditar a fin de evitar posibles trampas. Hacia atrás: temor, angustia. Tus actividades te causan preocupaciones y la solución te parece imposible en este momento. Problemas de dinero y salud en perspectiva. Cojeando, con un bastón o con muletas: reveses, fracasos, pérdida de posesiones, de bienes, apremios económicos, gastos de dinero, deudas, enfermedad, desamparo. No poder caminar: tus adversarios se aprovecharán del fruto de tus actividades. Oír caminar: noticias graves dentro de poco.

CAMINO:

Agradable, de recorrido fácil: éxito, comprensión de quienes te rodean, ayuda y amistad. De difícil acceso, estrecho: molestias e impedimentos retardarán la realización de tus proyectos, celos y mezquindad.

CAMIÓN:

Sueño beneficioso si el vehículo se halla en perfecto estado. Promesas de dinero, ingresos económicos, ganancias interesantes, venta de bienes inmobiliarios, herencia. La importancia y la naturaleza de la carga será una indicación complementaria. Averiado, accidentado: dificultades, contratiempos, retrasos, costes económicos, pérdida, enfermedad o problemas físicos.

CAMISA:

Cuando aparecemos en el sueño con una camisa propia y en buenas condiciones, indica que estamos favorecidos por el éxito y que vamos a recibir ayuda del exterior. Cuando aparece sucia o desgarrada, nos augura problemas económicos. Si nos la ponemos del revés, nos dice que vamos a cometer errores de los que pagaremos las consecuencias y si tenemos sólo una camisa por toda vestimenta, augura que padeceremos humillaciones.

CAMPANA:

Toque alegre de campanas significa que tus acciones son objeto de malos comentarios. Si tocan lentamente, sabrás de la muerte de un personaje importante.

CAMPANARIO:

Este sueño indica poder y fortuna; pero si el campanario se halla en ruinas, señala pérdida de empleo.

CAMPANILLA:

De timbre agradable y placentero: noticias gratas y reconfortantes. De sonoridad agresiva: desavenencias y preocupaciones. Constante: habladurías fútiles y sin interés.

CAMPEÓN DEPORTIVO:

Perspectiva de un éxito envidiable. Tus méritos hallarán recompensa y consideración. Suerte y éxito.

CAMPESINO:

Cuando está desarrollando las actividades normales que le son propias, no puede ser mejor augurio, ya que este sueño dice que vamos a contar con las mayores posibilidades para la realización de nuestras empresas, alcanzando los resultados deseados.

CAMPIN:

Altos beneficios durante un período difícil y exigente.

CAMPO:

Cultivado: tus méritos serán reconocidos y apreciados; actividades provechosas, desahogo y comodidad en el hogar. Tal vez próximo matrimonio o herencia inesperada. Cultivarlo: puede ser indicación de una próxima boda o de un nacimiento. Sin cultivar: decepciones, preocupaciones, dificultades. De batalla: discusiones, disputas, ruptura, posible enfermedad. Vivir en el campo: ganancias, riqueza, prosperidad. Bajo la lluvia o la nieve: deberás afrontar algunas pruebas; angustia y tristeza.

CANALÓN (en un techo):

Utilizarlo como medio de acceso: la manera sorprendente de tratar tus negocios amenaza con producirte algunos sinsabores en las relaciones con los demás. Colocarlo, repararlo: restablecerá la reputación que algunos se complacieron en destruir. Retorno a mejores condiciones de vida; medrarás en tu situación financiera.

CANARIO:

Sentimientos discretos, ternura y amor, nuevas amistades, encuentros agradables, satisfacción general.

CANASTA:

Llena de flores o frutos: dicha, alegría, armonía conyugal o reconciliación. Esperanza de grandes momentos de felicidad. Llena de ropa sucia: complicaciones económicas, peleas con personas malintencionadas. Llena de pan: preocupaciones, inquietudes en los negocios, contrariedades de dinero. Cesto de los papeles: inadvertidamente se te revelarán secretos. Corres el riesgo de cometer algunas imprudencias.

CÁNCER:

Es un sueño bastante frecuente, probablemente por el temor que nos inspira esta enfermedad, y también es uno de los de peor presagio, ya que anuncia enfermedad y males, tal vez la pérdida de algún miembro o la de un familiar o persona muy allegada por la que sentimos mucho afecto. Ante este sueño hay que tener una especial prevención contra las infecciones y contra todas aquellas enfermedades que se transmiten con facilidad (hepatitis, SIDA, etc.).

CANCIÓN:

Será favorable o no según sea la letra de la canción oída. Cuando tan sólo se percibe la melodía, será necesario averiguar la letra de la canción soñada, a fin de descubrir en ella el mensaje del sueño. Esto es especialmente válido cuando nos despertamos con una determinada melodía o canción en la mente.

CANDADO:

Soñar con un candado significa pérdida de dinero o de objetos. Es un aviso para que seamos más precavidos.

CANDELABRO:

Hallaremos por la calle un objeto de poco valor, pero, si el candelabro está encendido, aumenta la importancia del hallazgo.

CANELA:

Grato encuentro con una persona a quien se estima.

CANGREJO:

Es un claro indicador de que no debemos dejarnos llevar por las apariencias y que debemos poner freno a nuestros prejuicios. Avisa de que estamos rodeados por personas que no nos aprecian y debemos ser prudentes. Sólo en el caso de que lo capturemos o lo matemos podremos poner fin a la maledicencia de la que somos objeto.

CANGURO:

Indica molestias y dificultades sin mucha gravedad pero estresantes.

CANÍBAL:

La incomprensión de quienes te rodean amenaza con desencadenar conflictos graves de los que tú sufrirás las consecuencias.

CANICHE:

Amor, ayuda y apoyo de un pariente cercano; sostén afectivo desinteresado, protección, fidelidad.

CANSANCIO:

Tu impotencia para resolver las diversas dificultades halladas y los repetidos fracasos repercutirá sobre tu estado de salud. Trata de tomar disposiciones para disminuir estas desventajas.

CANTANTE:

Suerte y éxito. Estarás en mejores condiciones para cumplir tus ambiciones y desarrollar nuevas posibilidades. Oírlo cantar: alegrías profundas, momentos felices de consuelo y paz.

CANTAR:

Oír una canción alegre: buenas noticias. Una canción triste: noticias desagradables. Si eres tú quien canta: desavenencias. Si cantan varios: alegría de la amistad. Cantante desentonado: algunas intenciones de quienes te rodean serán desfavorables para tu reputación. Algunos rumores desagradables te pondrán en una situación embarazosa.

CÁNTARO:

Si este recipiente aparece lleno, es signo de abundancia y prosperidad. Si se encuentra vacío, augura pobreza y falta de salud. Cuando se rompe, da al traste con nuestros proyectos.

CANTERA:

Presagio de días desagradables, de acontecimientos desdichados. Inquietud, angustia, amenaza de peligro, mala suerte. Caer en ella y no poder subir la cuesta sería señal de miseria y de crueles sufrimientos.

CÁNTICO:

Tiernos pensamientos hacia una persona desaparecida; nostalgia de un pasado feliz.

CANTINA:

Hallarse dentro de una cantina es señal de tristeza o de enfermedad.

CANTO FÚNEBRE:

Presagia una fiesta o acontecimiento alegre.

CAÑA DE PESCAR:

Engaños, ardides y placeres, satisfacciones diversas.

CAÑÓN:

Augurio de conflictos, oposición, controversias, riesgos económicos graves. Usarlo con proyectiles adecuados y dar en el blanco: señal de victoria sobre tus detractores. En el caso contrario: decepción, humillación, pesares. Ser herido: peligro.

CAOBA:

La madera de caoba, vista en sueños bajo la forma de un árbol o en planchas listas para ser trabajadas, es símbolo de orgullo y pretensión poco apreciados por quienes te rodean.

CAPA:

Si se sueña con ella, es feliz augurio de noticias que te causarán dicha y alegría. Si uno la lleva puesta, recibirá dinero que no esperaba.

CAPILLA:

Verla, orar en ella: decepciones de corta duración. Esperanza de recuperar la felicidad en un breve plazo de tiempo.

CAPITÁN:

Soñar con un capitán es positivo. Prosperarás en tu trabajo y la paz y la tranquilidad entrarán en tu hogar.

CAPULLO (de gusano):

Necesidad de seguridad, apartándote de las relaciones dudosas o interesadas.

CARACOL:

Anuncio de un largo viaje. Si los comes, significa dicha y abundancia.

CARAMELOS:

Comer caramelos pronostica que alguien se atreverá a injuriarte, causándote amargura y disgusto.

CARAVANA:

De camellos: período de desamparo moral, de angustia, de soledad, de obstáculos para vencer. Pérdidas económicas. Saldrás de estas penosas pruebas gracias al coraje, la perseverancia y la confianza en ti mismo y en el porvenir. Situación de cambio lento y progresivo, pero ineluctable. Mejora lenta en la situación laboral.

CARBÓN:

Indicación favorable si está encendido. Verlo apagado: presagio de enfermedad grave de un pariente, tal vez un fallecimiento. Quemarse con un carbón encendido: las personas de tu entorno tratan de perjudicarte. Comer carbón: dolor afectivo, infidelidad conyugal.

CARBONERO:

Muy mal presagio: acontecimientos próximos traerán tristeza y pesares. Proyectos comprometidos, reveses de la fortuna, decepción afectiva, preocupaciones económicas.

CARCELERO:

Acciones dudosas de algunas relaciones de negocios; traición, tal vez desprecio.

CARDENAL:

Anuncio de felicidad y alegrías familiares; se producirán acontecimientos deseados y las circunstancias serán beneficiosas, te sentirás estimado y protegido.

CARDO:

El cardo se considera áspero, desagradable y alimento de asnos; además, como todas las plantas con pinchos, también simboliza la línea de defensa más externa del corazón. Así pues, soñar con un cardo refleja que el soñador está pasando una temporada de mal humor en la que se muestra desagradable y huraño, ya sea porque las cosas le van mal o para que los demás le dejen tranquilo con sus problemas.

CARETA:

Cubrirse el rostro con una careta augura engaños y amigos falsos.

CARGA:

Llevar una carga indica actividades poco interesantes, duras y penosas, fatiga y cansancio. Tirar la carga o fardo: miseria y pesares. Ver a otras personas llevando una carga: pronto deberás pasar por preocupaciones y penas. En un vehículo: promesas económicas interesantes o importantes ganancias, tal vez una herencia; suerte y éxito.

CARIDAD:

Hacer actos de caridad a alguna persona, significa que recibirás noticias desgraciadas.

CARIES:

Relaciones familiares comprometidas por rivalidades afectivas. Problemas de dinero y salud. Tu situación amorosa se verá comprometida.

CARNAVAL:

Hallarse en una fiesta de carnaval es indicio de sucesos favorables que te proporcionarán muchas satisfacciones. Si, por desgracia, te emborrachas en la fiesta, sería motivo de perjuicios en tus intereses.

CARNE:

Comer una carne sabrosa significa satisfacciones en la vida; en cambio, si está cruda o en mal estado, es aviso de amarguras.

CARNICERO:

Verlo cortar la carne: deben temerse graves problemas familiares. Perfidia, odio, discordia, separación. Signo de enfermedad grave, de pobreza moral. Puede indicar la desaparición brutal de un allegado.

CARPA (el pez):

Pescarla: éxito afectivo y profesional. Comerla: preocupaciones por dinero, gastos imprevistos.

CARPINTERO:

Soñar con este profesional representa una actividad que requiere cierta capacidad creativa para lograr el éxito. Si no potenciamos las cualidades que poseemos, nuestros proyectos pueden convertirse en chapuzas. Si vemos a un carpintero trabajando, indica que vamos a sufrir un cambio favorable en la vida, que nos va a traer prosperidad y felicidad familiar.

CARRERA:

Si es a pie, indica evolución favorable, éxito cercano. De caballos: buen presagio, puede ser indicativo de ingresos de dinero imprevisto. De automóviles: deseo profundo de cambio, tentativas infructuosas para lograrlo.

CARRETA DE HENO:

Con su carga: abundancia de bienes, éxito total, desahogo financiero, suerte. Vacía: esperanzas que se frustran, malos negocios, negligencia en la conducción de los asuntos.

CARRETE:

Si el carrete tuviera el hilo o cordón bien enrollado, un amigo te brindará pronto ayuda para realizar un negocio. Por el contrario, si el hilo se viera revuelto y sucio, indicaría habladurías familiares.

CARRETILLA:

Obstáculos, demoras y contrariedades. Para resolver esta situación serán necesarios coraje y obstinación.

CARRIL:

Dificultades pasajeras. Quedarse atascado sería de mal agüero.

CARRILLO:

Carrillos gordos y colorados, señal de dichas. Flacos y pálidos, mengua en los negocios.

CARRILLÓN:

Novedades próximas. Acontecimiento brusco e imprevisto.

CARRO:

Enganchado y con una carga pesada indica suerte, éxito inesperado, ganancias importantes, riqueza.

CARRO DE ASALTO:

Oposiciones familiares, disputas, discusiones, engaños de tus rivales en los negocios, riesgos de conflicto. Destruirlo: éxito sobre tus adversarios.

CARROCERÍA:

El estado de la carrocería del coche es el estado externo de nuestro cuerpo físico. Si está magullada o abollada, riesgo de accidentes o enfermedad brusca.

CARROÑA:

Muy mal presagio: anuncia la decadencia de tus actividades. Negocios decepcionantes. El entendimiento familiar o afectivo se verá también alterado.

CARROZA:

Aumento de los bienes, riqueza y consideración de los demás hacia ti, logro de éxito y triunfo. Desenganchada o abandonada: pérdida de bienes, deshonor y humillación. Viajar en una carroza indica próximas riquezas.

CARTA:

Es un sueño bastante frecuente. En ocasiones se trata de una premonición y la carta se recibe pocos días después. Pero la mayoría de las veces lo que este sueño trasluce es el íntimo deseo de recibir noticias que de alguna manera sean capaces de cambiar nuestra forma de vivir y la situación actual. El temor a que dichas noticias no sean lo buenas que desearíamos se manifiesta a través del sobre soñado, que puede estar orlado de luto, que no se puede abrir, que una vez abierto contiene algo desagradable o, simplemente, que está vacío, sin ningún mensaje. Cuando soñamos que nosotros escribimos la carta, expresa el mismo deseo de recibir esta clase de noticias, pero si al hacerlo nos sentimos incómodos o nos cuesta mucho escribir, también refleja nuestro temor de que las noticias no sean las que esperamos. Romper o quemar una carta indica rotura con una amistad o un pariente; recibir una carta anónima significa que hay algo que perturba nuestra conciencia; si es ilegible, desacuerdos o citas incumplidas.

CARTAS DE JUEGO:

Desconfianza, sospechas, engaños, gastos, pérdida de dinero.

CARTEL:

Soñar que nos fijamos en un cartel presagia una información inesperada que guarda relación con su contenido.

CARTERA:

Si soñamos que llevamos la cartera llena, indica peligro de pérdidas económicas, pero si la soñamos vacía, nos presagia suerte en el juego. Si sueñas que te encuentras una cartera, señala que puede presentársete un caso extraño o misterioso.

CARTERO:

No tardarás en recibir gratas noticias de una persona querida.

CARTÓN (de embalar):

Señal de un próximo cambio favorable.

CASA:

Construir su propia casa: nuevas perspectivas para el futuro, evolución de la situación con perspectivas favorables, éxitos. Casa nueva, sólida, de bella apariencia, cálida y clara, que te pertenece: estabilidad profesional, seguridad financiera, desahogo en el hogar, alegría y felicidad, serenidad, plenitud, vida apacible y dichosa. Realizar reparaciones: nueva orientación en tu vida, cambio de situación, perspectivas prometedoras, éxito. Verla inclinada: peligro en los negocios, maledicencia, calumnias, malas intenciones, falsedad, mentira, hipocresía, traición. Si se halla en mal estado, deteriorada, húmeda, oscura: problemas en tus actividades profesionales, deudas, peleas, retrasos, obstáculos. Soñar que uno es propietario de varias casas anuncia también dificultades económicas.

CASADO:

Si en la vida real eres soltero y sueñas que estás casado, pronto conocerás a una persona que te impresionará gratamente.

CASAMIENTO:

Soñar que uno se casa es señal de tristeza y enfermedad. Si asistes como invitado, indica defunción de un amigo.

CASCABEL:

Jugar con un cascabel presagia noticias desagradables. Una actitud pueril ante acontecimientos serios te será desfavorable. Agitarlo para llamar la atención: falta de realismo. Perderlo o venderlo: tus molestias desaparecerán. Verlo en el cuello de un animal: rumores públicos que difunden calumnias y maledicencia, burlas.

CASCADA:

De agua agitada y abundante: feliz matrimonio, éxito, suerte, logros en las empresas, clima familiar excelente. Con poca agua: desamparo, soledad, abandono, fracaso y mala suerte.

CASCANUEZ:

Usarlo: disputas familiares, desacuerdos, pesares, turbación y pena.

CÁSCARAS DE HUEVO:

Rotas: anuncian la pérdida de una amistad, un engaño, una ruptura con un familiar. Puede indicar igualmente un duelo entre tus relaciones.

CÁSCARAS DE NUECES:

Decepciones amistosas, relaciones sentimentales atormentadas, inquietudes.

CASCO:

Usarlo: protección de tus amigos, ayuda y apoyo que te serán muy útiles en la defensa de tus intereses.

CASERÍO:

Soñar con un caserío es signo de felicidad apacible y, a veces, incluso de un feliz matrimonio.

CASINO:

Las decisiones irreflexivas serán fatales para la evolución de tus proyectos. Deberás ser muy prudente en tus negocios.

CASTAÑA:

Castañas crudas: discordias familiares, desavenencias afectivas, disputas. Comer castañas asadas presagia gratas reuniones, suerte inesperada, éxito.

CASTAÑUELAS:

Alegrías y placeres. Momentos de distracción.

CASTIGO:

Actitudes desacertadas que provocarán maledicencias. Problemas en tus relaciones afectivas.

CASTILLO:

Presagio de fortuna y consideración. Tus esfuerzos serán recompensados. Obtendrás satisfacción, suerte, éxito, ayuda, apoyo y protección. Encontrarlo cerrado: decepción, retraso o fracaso en tus asuntos. En ruinas: dificultades económicas, pérdida de bienes.

CASTOR:

Laboriosidad, coraje, obstinación, satisfacción por el esfuerzo cumplido, aunque, a veces, las ventajas sean para otras personas sin escrúpulos.

CASTRAR:

Perfidia de una relación femenina. Serás víctima de engaños, ardides y mentiras.

CATÁLOGO:

Si sueñas que tienes un catálogo entre las manos, puedes confiar en una mejora de tu estado actual, en particular en lo económico.

CATAPULTA:

Las soluciones estudiadas para vencer la adversidad resultarán irrisorias y provocarán las burlas de tus rivales.

CATASTRO:

Obligaciones apremiantes modificarán tus proyectos.

CATÁSTROFE:

Es un símbolo que nos indica que todo nuestro mundo está próximo a cambiar. Si la catástrofe es de grandes dimensiones, es buen augurio, ya que predice que vamos a dejar atrás una vida para empezar otra mucho más satisfactoria; pero debemos ser prudentes para aprovechar este cambio y todos los beneficios que conlleva. Todo esto no va a ser gratuito y debe ir acompañado de mucho esfuerzo por nuestra parte. Deberemos tomar importantes decisiones que, si son acertadas, nos proporcionarán un largo período de felicidad y paz; en caso contrario, podemos padecer pérdidas irreparables.

CATEDRAL:

A pesar de que augura momentos difíciles, también nos dice que podremos contar con el apoyo de los demás para salir de las malas situaciones. Por muy malos que hayan sido los tiempos, al final recuperarás la felicidad.

CAUCHO:

Solidez de sentimientos y suavidad de carácter.

CAVAR:

Nuevas perspectivas económicas, ganancia de dinero, quizá encuentres algo inesperado y valioso.

CAVERNA:

Encontrarse en ella: soledad, desamparo, miseria moral, preocupaciones o apremios de dinero. Escapar de ella: cambio favorable en la situación.

CAZA:

Ganancias, dinero, éxito. Serás apreciado y envidiado. Satisfacciones profesionales, alegría y felicidad. Una caza infructuosa: preocupaciones e inconvenientes. Deberás vencer obstáculos; rumores desagradables. Ser herido durante la caza: derrota en un conflicto. Caza furtiva: riesgo de dificultades y conflictos con personas influyentes.

CAZADOR:

Verlo: debes ser más desconfiado con tus relaciones. Ciertas personas pueden perjudicarte.

CEBADA:

Acrecentamiento de las posesiones y bienes. Desahogo financiero, prosperidad y fortuna. Es un excelente sueño de abundancia y prosperidad que debe interpretarse en la misma forma que los sueños sobre el trigo.

CEBAR:

Promesa de ganancias, próximo éxito en tus actividades profesionales, mejora de tus recursos económicos en un futuro próximo, algunos sacrificios.

CEBO PARA PESCAR:

Utilizarlo: éxito financiero en las empresas, provecho. Usado por otras personas: decepciones, fracaso.

CEBOLLA:

Comer cebollas es señal de contrariedades sin mucha importancia.

C

CEBRA:

Soñar con una cebra presagia enemistades y querellas por cuestión de intereses, y si la soñamos corriendo o en manada, incluso nuestros amores y sentimientos pueden verse implicados en el problema.

CEDRO:

Cuentas con la amistad devota, sincera, profunda de tus amigos. El cedro indica protección, ayuda y apoyo.

CEGUERA:

Salud deficiente. Calumnias, rumores malévolos, perfidias. Tendrás que hacer frente a dificultades económicas. Tal vez, incluso problemas legales. Puede ser también una premonición de problemas en la vista.

CEJAS:

Soñar con cejas tupidas es un buen augurio, en especial para las mujeres. Cuando se sueña con unas cejas despobladas, es anuncio de inactividad y escasez, y en algunos casos, de muerte de una persona cercana.

CÉLEBRE:

Soñar que eres una persona muy célebre significa que tu situación se va a deteriorar.

CEMENTERIO:

Ver un cementerio o encontrarse en él indica tristeza y pena, fallecimiento de una persona amada. Cavar una tumba: enfermedad larga y grave, fin trágico. Rezar en él: inquietudes por un enfermo.

CEMENTO:

Suelto o en sacos: dispondrás de los medios necesarios para preparar tu futuro en las condiciones que deseas; esfuerzos indispensables pero prometedores de éxito.

CENA:

Compartir una cena en compañía de algunas personas es anuncio de próxima alegría y bienestar. Si es uno mismo quien cena solo, será señal de situaciones difíciles.

CENA DE NOCHEBUENA:

Esta fiesta dichosa, con la familia y amigos, marcará en un sueño el fin de un período. Indica horas nostálgicas de balance, antes de emprender nuevos caminos en la vida.

CENIZAS:

Peleas familiares, contrariedades, incomprensión. En general es un sueño de mal augurio.

CENTENO:

Buen augurio, éxito, abundancia, prosperidad.

CÉNTIMOS:

Verlos, contarlos: deben tomarse precauciones. Riesgo de privaciones y de algunos problemas de dinero.

CENTINELA:

En su puesto y atento a su cometido: la defensa de tus intereses estará asegurada de manera eficaz. Si está indiferente o negligente con respecto a su tarea: dentro de poco tendrás que tomar precauciones en relación con tu situación financiera.

CEPILLAR:

Fin de ciertas molestias y trastornos.

CERA:

Es un sueño que aconseja mucha precaución en asuntos de dinero.

CERBATANA:

Ataques solapados y de bajo nivel en tu contra. No bajes la guardia.

CERCADO:

Sospechas injustificadas, búsqueda de protección, necesidad de amistad fiel y devota.

CERDO:

Suerte cercana, prosperidad en los negocios, éxito social, desahogo en el hogar (especialmente si se trata de una hembra amamantando a los lechones). No obstante, es conveniente cuidar la reputación.

CEREALES:

En general los cereales indican prosperidad y éxito económico. Si están enmohecidos o estropeados, lo contrario.

CEREBRO:

Soñar con el propio cerebro: dificultades de salud, agotamiento, nerviosismo, estado depresivo debido a contrariedades, a problemas importantes que no tienen solución inmediata.

CEREZAS:

Las cerezas siempre auguran buena suerte, tanto verlas como comerlas. Éxito económico y prosperidad, salvo que se hallasen en mal estado, en cuyo caso el significado sería justo al contrario.

CEREZO:

Promesa de felicidad y alegrías afectivas. Suerte y éxito.

CERILLAS:

Usarlas: circunstancias favorables que conviene aprovechar. No lograr encenderlas: fracaso, dificultades, preocupaciones, querellas, malas intenciones con respecto a ti.

CERRADURA:

Si la abres con facilidad o la usas para asegurar tus pertenencias, es un buen augurio. Si, por el contrario, es una cerradura con la que sufres porque es difícil de abrir, indica obstáculos que complicarán y contrariarán la evolución de tus negocios. En ciertas ocasiones puede ser también un aviso de peligro por robo.

CERRAJERO:

Recibirás ayuda y apoyo para resolver problemas complejos y fastidiosos. Consuelo, protección, comprensión.

CERROJO:

Representa la voluntad de fijar y de concluir un tema. Es imprescindible que cerremos todos los tratos que tengamos en marcha en este momento, ya que postergar las operaciones nos perjudicaría gravemente.

CERVECERÍA:

Entrar en ella y consumir: período propicio a la reflexión para contemplar nuevas posibilidades. Necesidad de distracción o de reposo, aislamiento necesario.

CERVEZA:

Beber cerveza en sueños presagia que realizaremos un trabajo pesado que no será rentable.

CÉSPED:

Con hierba gruesa, verde, bien cortada: gestiones fructíferas, negocios saludables y provechosos, ganancias. Seca, amarillenta, en mal estado: mala suerte, fracaso en las actividades, pérdida de dinero, deudas, problemas de salud. Que renace o vuelve a brotar: nuevas perspectivas, oportunidades de éxito, promesa de ganancias, curación.

CESTA, CESTO:

Se trata de un buen sueño que implica seguridad material cuando está lleno, mientras que cuando se encuentra vacío será todo lo contrario. Así, soñar con un cesto lleno de flores nos anuncia escarceos amorosos; de frutos, placeres variados; de manjares, seguridad material; bonito, buenas noticias; feo, es una advertencia para que tengamos cuidado con lo que vamos a hacer.

CHABOLA:

Perspectivas de pobreza y miseria, momentos de dolor.

CHACAL:

Personas de mala reputación tratan de perjudicarte. Riesgo de pérdida de dinero, celos, envidia.

CHAL:

Consuelo afectivo. Algunas personas apoyarán tus esfuerzos y tus gestiones.

CHALECO:

Debes procurar evitar despilfarros de dinero. Llevar un chaleco puede indicar prestigio y autoridad. Si está ajado, sucio o agujereado, indica que tienes una imagen demasiado elevada de ti mismo.

CHALECO SALVAVIDAS:

Deberás tomar precauciones y observar prudencia.

CHALUPA:

Riesgo. Puede que te resulte muy difícil resguardar tus intereses.

CHAMPÁN:

Soñar con champán indica que no debes despilfarrar el dinero, pues corres el riesgo de perder lo que tienes.

CHAMPIÑÓN:

Problemas y complicaciones en perspectiva, pequeñas penas sentimentales, desavenencias conyugales, engaño femenino.

CHANTAJE:

Hacerlo o sufrirlo: malas noticias. Serás víctima de relaciones dudosas, debido a la falta de lucidez de tus decisiones irreflexivas.

CHAPOTEAR:

Asuntos embrollados, una situación compleja, contrariedades en la evolución de tus proyectos, apremios económicos, deficiente estado de salud, desilusiones y pesadumbre.

CHARCOS (de agua, de lodo):

Decepción de las amistades; tus actividades serán poco provechosas.

CHARLATÁN:

No te dejes engañar y toma toda clase de precauciones antes de decidir. Verlo y oírlo en una plaza pública significa que habremos de tener prudencia en compras y transacciones futuras.

CHEQUE:

Recibirlo: transacción favorable, dinero recobrado. Darlo: noticias desagradables, apremios de dinero, pérdidas e inquietud moral.

CHICLE:

Soñar que es uno mismo quien lo masca, augurio de habladurías y maledicencias. Ver a otra persona mascarlo, pérdida de dinero.

CHIMENEA:

Con el fuego encendido: vida familiar feliz, seguridad financiera. Alegría y placer. Con el fuego apagado: anuncio de contrariedades, de preocupaciones, de problemas diversos, riesgo de enfermedad. Con humo, hollín o cenizas: mal presagio, dificultades económicas, pobreza, tristeza y penas, desavenencias afectivas, posible duelo. Demolerla: pérdidas económicas, desaparición de bienes. De una fábrica: éxito en el negocio, prosperidad material.

CHINCHE:

Disputas, peleas, palabras humillantes en tu contra, discusiones por dinero, vergüenza.

CHINO:

Soñar con un solo chino, señal de un próximo y agradable viaje. Si haces negocios con él, aumento de prestigio y de ganancias. Si son varios los chinos con quienes sueñas, ese mismo negocio puede fracasar.

CHISPA:

Ver chispas en sueños puede ser augurio de un incendio. Pero si estás pasando por un período de escasez y contrariedades, éstas pronto se solucionarán y tu situación mejorará sensiblemente. Pueden también indicar alegrías pasajeras y felicidad superficial.

CHISTE:

Contarlo: se avecinan momentos de felicidad, de alegría y de placer. Oírlo: tristeza y soledad moral.

CHIVO:

Simboliza la fuerza y la brutalidad. Ganancias económicas, dinero imprevisto. Si el animal se muestra rebelde y hostil: presagio de choques, de violencias, de intrigas. Si vemos una manada de chivos, puede ser que pronto muera un familiar.

CHOCAR:

Si caminando por la calle o conduciendo, chocas contra otra persona o vehículo, es indicio de problemas en el trabajo. Deberás esforzarte por ser ecuánime y templar los nervios.

CHOCOLATE:

Placeres familiares, alegría y distensión, felices promesas para el futuro cercano.

CHÓFER:

Si eres tú el chófer, señal de penas y contrariedades. Si es otra persona quien conduce, pequeña aventurilla amorosa.

CHOPO:

El chopo simboliza el pasado y el recuerdo, por lo cual si bien su aparición en los sueños no es propiamente un mal augurio, es un indicativo de añoranza y melancolía.

CHORIZO:

Soñar que comes chorizo indica ganancias económicas.

CHORRO DE AGUA:

Serenidad, alegría en el corazón, paz en el alma, goce del espíritu.

CHOZA:

Hallarse solo en una choza indica descanso y tranquilidad. Si se encuentran en ella también otras personas, pronto entablarás una buena amistad. Si la choza está abandonada, sufrirás la pérdida de uno de tus mejores amigos.

CICATRICES:

Celos, maldad, envidia de quienes te rodean. En general las cicatrices simbolizan sufrimientos pasados ocultos y disimulados.

CICLISTA:

Próximas nuevas, cambios en tu manera de vivir, aspectos económicos diferentes.

CICLOMOTOR:

Se avecinan problemas. La incomprensión y el menosprecio desestabilizarán tus actividades y harán peligrar tu futuro.

CIEGO:

En general es un mal presagio. Ciertas relaciones de tu entorno buscan perjudicarte. Se te impondrán obligaciones. Engaño y traición. Sin embargo, soñar que ayudamos a un ciego de aspecto honesto indica que nos ocurrirá algo agradable.

CIELO:

Claro y soleado: período de suerte y felicidad, alegrías y placeres. Realización de tus proyectos, satisfacción de tus deseos. Nublado: anuncia dificultades próximas, problemas, preocupaciones, inconvenientes de todo tipo. Tormentoso: acontecimientos desastrosos, dificultades económicas, pérdida de dinero, situación comprometida o perdida, gestiones infructuosas, problemas afectivos. Estrellado: paz y serenidad en el corazón y el espíritu.

CIÉNAGA:

Son sueños penosos que indican que nos hemos dejado arrastrar a una vida demasiado relajada, por no decir degradante, y que de seguir así quedaremos atrapados en ella y sin posibilidades de superación, tanto moral como material. Así pues, se trata de una advertencia y de una conminación para que cambiemos radicalmente de vida.

CIENO:

Si el cieno es sucio y maloliente, satisfacciones económicas. Recuperación de dinero en un juicio o por herencia. Si es barro normal, sería más bien indicación de problemas y un aviso de que observemos nuestra vida y seamos muy prudentes.

CIERVA:

Ternura, afecto, dulzura de vivir. Te amenaza la soledad.

CIERVO:

Buen presagio. Verlo: éxito profesional, situación acomodada, suerte y éxito, alegría familiar. Perseguirlo y matarlo: victoria sobre tus enemigos, honores y distinciones, ganancias económicas interesantes, tal vez por herencia. Oírlo bramar: noticias importantes. Algunos consideran que es de mal augurio verlo correr o comer su carne.

CIFRAS:

Tienen muy poco significado en particular. Puede ser, sin embargo, interesante anotarlas, pues es posible que puedan tener valor para los juegos de azar.

CIGARRA:

Dificultades de dinero, negocios desfallecientes, gestiones infructuosas, indiferencia de quienes te rodean. No cuentas más que contigo mismo. En general este pequeño animal es un mal augurio en todo lo que se refiere a temas económicos.

CIGARRO:

Si está encendido, denota amistad. Estando apagado, contrariedades. Ver las colillas, pequeñas molestias e inconvenientes.

CIGÜEÑA:

A pesar de que las cigüeñas han simbolizado siempre la piedad filial y los viajes, en sueños sólo representan matrimonio o aumento de familia cuando las vemos volar en parejas; si vuelan solas y se dirigen hacia nosotros, es que nos advierten contra los ladrones que, con seguridad, andan merodeando.

CIMA – CÚSPIDE:

Alcanzar la cúspide de un edificio público, de una colina o de una montaña indica condiciones favorables para la realización de tus proyectos, promesa de un futuro diferente, alegrías próximas. Verla es también un buen augurio, aunque el éxito está un poco más lejano.

CÍMBALO:

Gran dicha afectiva y familiar, reunión feliz entre amigos.

CIMIENTOS:

Construirlos: recomenzarás sobre bases nuevas y diferentes, nuevas perspectivas para tu futuro, promesa de logros y éxitos. Verlos derrumbarse: fracaso de tus proyectos, desgracias.

CINCEL:

Preocupación por la perfección y el detalle.

CINE:

Ir al cine o incluso aparecer en una película no es un buen augurio. En el primer caso, dificultades e incomodidades en varios campos. En el segundo, maledicencia y exposición de tus asuntos íntimos.

CINTURÓN:

Protección y apoyo de una persona amada. Puede ser símbolo de una unión feliz. Perderlo: separación, engaños; una persona influyente te abandonará. Responsabilidad menoscabada. Un cinturón de oro y piedras preciosas: matrimonio feliz, riqueza y provecho.

CIPRÉS:

Es símbolo de melancolía. Si lo ves en un cementerio, muestra fidelidad más allá de la muerte.

CIRCO:

Con audacia y voluntad llegarás a realizar tus ambiciones y a resolver problemas aparentemente insolubles.

CIRCULACIÓN DE VEHÍCULOS:

Fácil, fluida, agradable: facilidades, ningún inconveniente en tus gestiones. Lenta, bloqueada: apremios, obstáculos, molestias, la evolución de tus negocios se verá perturbada y te dará algunas preocupaciones.

CIRIO:

Encenderlo: se presentarán circunstancias más favorables. Esperanza de felicidad y alegría. Verlo consumirse con una llama humeante y temblorosa: enfermedad grave. Verlo apagarse: duelo familiar.

CIRUELAS:

Esta fruta tiene una clara relación con nuestra vida sexual. Tendremos experiencias gozosas cuando aparezcan maduras, mientras que si están verdes indican que debemos esperar, puesto que la otra persona no se halla preparada. Si las vemos verdes también predicen desilusiones. Recién cosechadas: placeres íntimos, satisfacción, contento, alegría de vivir.

CIRUGÍA:

Sufrir una operación quirúrgica: pruebas crueles y dolorosas. Las circunstancias serán adversas. Personas sinceras y devotas aportarán el consuelo y la ayuda necesaria para resolver esta situación. Problemas graves de salud. Esperanza de curación. Asistir a una intervención: grave conflicto familiar, afrenta, humillación, prejuicios morales y económicos.

CIRUJANO:

Soñar con un cirujano presagia una enfermedad o accidente, pero si lo soñamos en plena operación, indica que en nosotros existe algo que debe ser extirpado, generalmente desde un punto de vista moral, y el nombre del órgano extirpado nos dará la clave de lo que debemos eliminar o corregir.

CISNE:

Blanco, satisfacciones y salud; negro, disgustos familiares. Oírlo cantar es presagio de separación, ruptura, duelo o muerte de algún amigo.

CISTERNA:

Presagio favorable si la cisterna está llena, en cuyo caso, hay esperanzas de ganancias y provechos venideros.

Caer en ella o verla vacía: desgracia. Hacer uso de ella: se imponen decisiones a fin de reconsiderar tu posición de cara a los ataques de los que eres objeto.

CITA:

Concertar una cita y cumplirla presagia nuevas orientaciones para tus proyectos y el principio de un cambio favorable de tus condiciones. Suerte y éxito. Si la cita que sueñas es amorosa, señal de placeres, aunque con muchos peligros.

CÍTARA:

Penas del corazón. Esperanzas y lágrimas.

CIUDAD:

Activa, animada, con calles concurridas: cambios en tu vida, actividades interesantes y apasionantes. Si es oscura, triste, sucia o maloliente: tus proyectos están llamados al fracaso. Deberás renunciar a perseguir objetivos desproporcionados, alejados de tus posibilidades reales.

CLARIDAD:

Indiferentemente de lo que presagie un sueño, siempre debemos tener en cuenta su grado de claridad, ya que a mayor claridad, mayor será la seguridad en el presagio, y a menor claridad, menor será la confianza que debemos depositar en la premonición que representa. No obstante, no hay que confundir la claridad y el detalle con que se percibe un sueño con la cantidad de luz que reciben los objetos soñados, pues en este último caso los sueños iluminados por la luz del sol suelen ser más benéficos que aquellos otros en que la acción transcurre en la noche, en la penumbra o a oscuras, cuyo presagio suele ser de escasa realización.

CLARÍN:

Tocar o escuchar un clarín significa que recibirás una grata noticia que no esperabas.

CLASIFICAR:

Preocupación por aclarar ciertos asuntos.

CLAUSTRO:

Necesidad de aislamiento y quietud, reflexiones sobre el pasado, búsqueda de una vida nueva, posible cambio de actividad.

CLAVECÍN:

Alegría de los felices encuentros y de los placeres refinados.

CLAVEL:

Delicadeza de sentimientos sinceros y profundos; tu amor es valorado, tu amistad necesaria. El clavel es una flor que en sueños simboliza amor y pasión, cuya calidad dependerá de su color; así, por ejemplo, si los claveles son rojos, se tratará de un amor apasionado; si son blancos, podremos confiar en el amor que prometen, y si son amarillos, es un amor que vendrá acompañado de celos.

CLAVO:

Es un mal augurio, sobre todo en el terreno económico, ya que predice el fracaso en los negocios y pérdidas económicas de gran importancia. En el terreno afectivo seremos víctimas de la desconsideración de los demás.

CLÍNICA:

Encontrarse en ella significa que superarás las dificultades. Próxima mejora, ayuda efectiva, comprensión de los tuyos.

CLORO:

Desavenencia conyugal, disputas familiares, peleas, aislamiento afectivo, mala suerte.

CLOROFORMO:

Riesgo de heridas por accidente o conflictos con personas.

COAGULACIÓN:

Se acaba un período problemático. Las penas y las preocupaciones se desvanecerán y surgirá la esperanza de una vida mejor.

COARTADA:

Noticia o visita inesperada, contrariedades en relación con las autoridades legales, obstáculos.

COBARDÍA:

Tu situación no es de las más claras y te encontrarás con actitudes hostiles.

COBRAR:

Deben preverse decepciones. Corres el riesgo de sufrir pérdidas de dinero. Algunos conocidos abusarán de tu confianza.

COBRE:

La situación está mejorando, desahogo financiero, serenidad familiar, vida apacible.

COCAÍNA:

Malos negocios, relaciones peligrosas, riesgos desmesurados.

COCER:

Alimentos: promesa de dinero, salud excelente.

COCHE:

El coche suele representar al cuerpo físico. El estado en que se encuentre el coche soñado indicará aquellas partes o circunstancias del cuerpo que deben ser tratadas o cuidadas. En caso de no tener conciencia de ningún problema físico, sería bueno realizarse un chequeo o un examen médico.

COCHE CAMA:

Circunstancias felices que aportarán alegría y consuelo, felicidad y descanso, después de penosas pruebas.

COCHE DE CABALLOS:

Verlo enganchado: promesa de cambio en las condiciones de vida, próxima mejora. Subir a él: fin de las preocupaciones, logros, éxitos. Bajar de él: fracaso, infortunio. Si está inservible: demoras, contrariedades y decepción.

COCHE FÚNEBRE:

Una de tus amistades estrechas enfermará gravemente; posibles reveses de fortuna.

COCHECITO DE NIÑO:

En uso, empujado por una mujer: nuevas circunstancias en tu vida, alegría y felicidad, perspectiva de sucesos dichosos —nacimiento, boda, afecto recíproco, reconciliación—. Si está abandonado o deteriorado: inquietudes, enfermedad, pena. Con un bebé: alegría y felicidad, circunstancias afectivas dichosas, promesa de nueva vida, nacimiento, encuentro amoroso o reconciliación, vínculos perdurables y profundos.

COCINA (la habitación):

Limpia y alegre: armonía familiar, dicha y placeres afectivos, bienestar, felicidad en el hogar. Sucia o desordenada: discusiones, disputas, incomprensión, tristeza.

COCINAR:

Si nos vemos cocinando en un local que está limpio, ordenado y bien provisto, es buen augurio, pues indica que nuestros asuntos van viento en popa y que, además, se avecinan cambios ventajosos. Si vemos a otra persona cocinando, indica que nuestro ambiente familiar se va a ver muy beneficiado por acontecimientos imprevistos. En general, éste es un sueño positivo, pues sólo predice cosas buenas en todos los aspectos, salvo en el caso de que la cocina esté muy sucia o la actividad de cocinar resulte especialmente desagradable.

COCODRILO:

Malas intenciones con respecto a ti; uno de tus conocidos busca perjudicarte. Actividades engañosas de las que serás víctima.

CÓCTEL:

Riesgo de ser engañado, amarguras e inconvenientes.

CODORNICES:

En el simbolismo tradicional de los sueños, la codorniz representa el ardor amoroso, impulsivo e inconstante. Suele anunciar infidelidades y traiciones en el campo sentimental. También podemos esperar pérdida de amistades.

CODOS:

Heridos o doloridos: contrariedades próximas, obstáculos.

COFRE – CAJA DE CAUDALES:

Verlo lleno de riquezas y bienes preciosos: desahogo financiero, comodidad y bienestar. Vacío: dificultades, pérdida de dinero, negocios desafortunados.

COHETE:

Soñar con este objeto indica que próximamente vamos a recibir noticias o se van a producir acontecimientos felices, aunque serán de poca duración y no tendrán grandes consecuencias.

COJEAR:

No es un buen sueño. Indica preocupaciones afectivas o económicas, penas, contrariedades familiares, pérdidas de dinero, mala salud.

COJÍN:

Riesgo de habladurías en tu contra.

COJO:

Generalmente indica que existen causas que no nos permitirán alcanzar nuestros objetivos. Tendremos que poner todo nuestro empeño para que las cosas se vayan resolviendo y vuelva a reinar la paz a nuestro alrededor.

COL:

Tratarás negocios con una persona de condición inferior y maneras poco recomendables; posibles pérdidas económicas, aunque nada serio.

COLA:

Soñar con la cola de un animal es indicio de que la persona a quien acabas de conocer no es de fiar. No obstante, si la cola es desmesuradamente larga, esa amistad te será beneficiosa.

COLADA:

Hacerla: fin de las disputas, reconciliación renovadora de los vínculos afectivos o amistosos. Extenderla para que se seque: habladurías perjudiciales para la estabilidad de tus relaciones familiares, celos.

COLCHÓN:

De buena calidad, limpio y agradable: desahogo en el hogar, comodidad familiar. Rasgado, sucio o maloliente: contrariedades diversas, cansancio, desesperación.

CÓLERA (el sentimiento):

Soportarla: problemas provocados por tus allegados. Vivirás una situación delicada y embrollada por celos y mezquindades. Clima pasional, venganza, odio. Deberás ser cuidadoso en tus decisiones. Estar uno mismo colérico: un asunto delicado se arreglará de manera satisfactoria.

CÓLERA (enfermedad):

Presagio de un accidente o de una grave enfermedad para una persona allegada.

COLGAR:

Ropa: deseo profundo de modificar las condiciones de la vida. Molestias de salud y ruptura de una amistad. Anuncio de un próximo cambio que favorece las intenciones de quien sueña. Objetos que no suelen colgarse: trastornos diversos, fracaso, mala suerte. Colgar un cuadro es indicio de traición.

COLIBRÍ:

La mujer soltera que sueñe con esta linda avecilla y tenga novio conocerá a otro hombre que habrá de ser su amor verdadero. Si ya está casada, sus relaciones conyugales mejorarán notablemente. Si es un hombre quien lo sueña, indica aviso de una próxima aventura amorosa.

CÓLICO:

Contrariedades con el entorno que tendrán consecuencias en tus relaciones afectivas. Serán necesarias algunas privaciones para restablecerse de fracasos económicos.

COLINA:

Subir a ella: mejora de tus condiciones económicas, progreso en la situación, negocios fructíferos, éxito prometedor en la medida en que el ascenso haya sido fácil. Llegar hasta la cima: ambiciones realizadas, esperanzas satisfechas, suerte en los negocios y en la vida íntima y familiar. Descender: esperanzas comprometidas, proyectos retrasados o inapropiados, decepción. Una colina que se hunde indica contrariedades.

COLLAR:

En sueños el collar significa un lazo, una dependencia entre quien lo lleva y quien se lo da o coloca; por ello, los sueños en los que se coloca un collar nos previenen para que vigilemos nuestra libertad e independencia. Si en el sueño reconocemos a quien nos coloca o regala el collar, el peligro vendrá de dicha persona; otras veces provendrá de nosotros mismos, de nuestra vanidad o sensualidad. Cuando somos nosotros quienes colocamos o regalamos el collar, el sueño nos revela un deseo hacia esa persona.

COLMENA:

La actividad en la colmena indica riqueza y prosperidad. Si está abandonada, es indicio de enfermedad.

COLMILLO:

Si pierdes tus propios colmillos por accidente o intervención del dentista, indica pérdida de parientes cercanos. Si el colmillo perdido es el de arriba, tradicionalmente se ha considerado que es indicio de muerte del padre o de pérdida de trabajo. También puede ser simplemente un aviso de que vayas al dentista. Si sueñas con colmillos de elefante, es símbolo de prosperidad.

COLUMNA:

Simboliza un apoyo del que nos estamos beneficiando. Cuando la vemos derrumbarse, significa que estamos perdiendo el equilibrio emocional, ya sea por enfermedad o porque nuestras ilusiones no se han visto realizadas. También corremos peligro de perder ciertas amistades a causa de malentendidos.

COLUMPIO:

Verlo inmóvil indica pequeñas preocupaciones de corta duración. Recuperarás la alegría de vivir en un breve plazo de tiempo. Usarlo predice felicidad familiar, alegría, ternura y comprensión.

COMA:

Circunstancias difíciles decidirán la situación. Posibles problemas de salud.

COMADRONA:

Recibirás buenas noticias: nacimiento, bautismo, noviazgo o una próxima boda, según sea tu situación y la de tu círculo familiar.

COMBATE:

Discusiones, disputas, peleas con los tuyos o con tus conocidos. Te encontrarás con preocupaciones y dificultades. El presagio es peor si sales perdedor del combate.

COMBINACIÓN:

Prenda interior femenina: seducción y ternura, momentos de felicidad íntima, alegría afectiva. Combinación de trabajo: tus actividades serán beneficiosas. Tus proyectos se desenvolverán del modo que deseas. Esperanza de éxito.

COMEDIA:

Noticias enojosas. Peligro de traición.

COMEDOR – SALA DE ESTAR:

Próximas reuniones familiares, reencuentros, una reconciliación importante, amistades que se reconstruyen, se renuevan, promesas de un futuro dichoso, felicidad familiar, alegría afectiva.

COMER:

Básicamente se relaciona con el sentimiento de hambre, y puede referirse a alimentos o a cualquier otro tipo de carencia. Si soñamos que comemos en abundancia, es señal de que estamos faltos de cariño y que alimentándonos nos satisfacemos y suplimos esta carencia. También indica que nos sentimos infravalorados socialmente. Cuando comemos cosas que no nos gustan, significa que estamos en abierta crisis con la situación que nos rodea y que por más que hagan los otros para que nos sintamos valorados, de poco va a servir. Si comemos con los dedos o de malas maneras, debemos tener cuidado con las críticas de los demás.

COMERCIANTE – COMERCIAR:

Negocios fructíferos, abundancia de ganancias, satisfacción, contento.

COMETA:

Verla elevarse: perspectiva de futuro prometedor pero de corta duración. Verla descender: una situación compleja deberá ser resuelta rápidamente.

COMETA (astro):

Es un mal augurio, puede predecir angustias, dificultades importantes y conflictos familiares o profesionales.

COMEZÓN:

Contrariedades, trastornos sin importancia, relaciones con los demás delicadas o sospechosas, inquietudes, preocupaciones.

COMIDA:

Estar comiendo en una mesa llena de ricas viandas es anuncio de satisfacciones íntimas. Si los platos que se comen son los que se sirven en un hogar humilde, será signo de adversidades. Comer solo uno mismo indica pérdida de prestigio; pero si te hallas acompañado de familiares y amigos, te esperan agasajos y honores.

CÓMODA:

Llena: seguridad en los negocios. Recibirás buenos consejos y el apoyo de tus amigos.

COMPAÑERO:

Una persona o un animal doméstico indican que recibirás el apoyo afectivo de un pariente o de un amigo sincero. Esta ayuda te será muy útil para poder vencer los obstáculos.

COMPÁS:

Es un buen presagio, anuncia una vida feliz, sana y ordenada.

COMPASIÓN:

Sentirla por alguien denota interés y devoción de algunos de tus amigos en una situación delicada.

COMPETICIÓN:

Participar en ella presagia que tus rivales te impondrán exigencias. La conclusión de las acciones emprendidas será definida por el resultado de la competición.

CÓMPLICE:

Presagia una situación delicada en la que ciertas personas de tu círculo tendrán una actitud ambigua, poco favorable para tus intereses. Deberás ser prudente.

COMPOSITOR:

Verse en sueños como compositor de música presagia un malentendido con tus amigos, problemas, privaciones y, tal vez, soledad.

COMPRAR:

Comprar nuevos objetos señala un período beneficioso en la medida en que tengan una utilidad real y práctica. Comprar objetos que ya se poseen presagia riesgo de dificultades económicas y de pérdidas importantes. También puede ser señal de egoísmo, de ambición desmesurada que te hace descuidar tu consideración hacia los demás. Comprar ropa es necesidad de seguridad, de comodidad, de protección y de ayuda.

COMPROMISO MATRIMONIAL:

Comprometerse con una persona conocida presagia alegría y felicidad, próximo matrimonio, adquisición de bienes, acrecentamiento de la fortuna. Estar comprometido con una persona desconocida presagia trastornos, amenaza de un grave peligro por accidente o enfermedad y, tal vez, pruebas difíciles.

COMUNIÓN:

Recibirla señala la próxima realización de tus deseos.

CONCHA:

En general aparece como símbolo de la mujer. Cuando el que sueña es un hombre, tiene claras connotaciones eróticas. En general es un sueño de buen augurio.

CONCIERTO:

Soñar que escucha un concierto es señal de bondad y sentimientos delicados. Vaticina grata convalecencia para los enfermos y salud inalterable para las personas sanas.

CONCURSO:

Intervenir y ganar en un concurso presagia que deberás franquear numerosos obstáculos para alcanzar el objetivo fijado. No contarás con ninguna ayuda pero tu perseverancia y coraje serán recompensados.

CONDENAR:

Ser condenado indica que sufrirás las consecuencias de una situación que esperabas te fuera favorable. Posible amenaza en la paz conyugal. Condenar a alguien te dice que lograrás que un rival se vuelva inofensivo. Una situación difícil se resolverá favorablemente.

CONDUCIR (un vehículo):

Muchas veces el vehículo que conducimos representa el cuerpo físico de la persona que sueña. El significado de este sueño dependerá de las circunstancias, del estado y del comportamiento del coche y del conductor.

CONEJERA:

Comadreos, actitudes maliciosas hacia ti, malas intenciones.

CONEJILLO DE INDIAS:

Mezquindades, burlas, maldades en tu entorno inmediato o profesional.

CONEJO:

Promesas de éxito en los proyectos y negocios, ganancias económicas, suerte, alegría y felicidad. Matarlo indica incertidumbre en los negocios, decisiones desacertadas, malos consejos. Comerlo: contrariedades y problemas económicos. Un conejo blanco: signo de suerte y de éxito; negro: contrariedades, fracaso; gris: felices relaciones afectivas; pelirrojo: perfidia, traición.

CONFERENCIA:

Temor por no poder imponerse en sociedad y por ver rechazadas las propias ideas. Decepción, posibles contrariedades.

CONFESAR:

Confesarse: confidencias a personas desconocidas provocarán críticas perjudiciales. Si eres tú quien confiesa a una persona, te resultará útil poseer cierta información para resolver una situación delicada.

CONFESIONARIO:

Tu actitud hacia los demás no es todo lo correcta que debería.

CONFIDENTE – CONFIDENCIA:

Se te revelarán secretos cuyo uso puede resultarte perjudicial, según el empleo que les des o la manera en que los utilices. Mensaje de prudencia, anunciador de dificultades próximas.

CONGELAR UN ALIMENTO:

Tendrás que afrontar problemas, relaciones familiares comprometidas, pequeños pesares.

CONGRESO:

Asistir a un congreso te dará la oportunidad de ampliar el círculo de tus relaciones y de aumentar tus conocimientos.

CONOCIMIENTO – CONOCIDO:

Se te revelará un secreto cuya importancia será valiosa para la conducción de tus negocios.

CONSEJOS:

Dar o recibir consejos en sueños es un mal presagio, pues anuncia discusiones e incluso rupturas con las amistades; en cambio, si soñamos que pedimos, o nos piden, consejo, presagia el éxito en lo que estemos haciendo y nuevos amigos muy valiosos.

CONSERVAS:

Se avecina un período de privaciones y rigores. Tendrás que ser paciente y tolerante. Ten prudencia y procura acumular alguna pequeña reserva económica para los tiempos difíciles.

CONSPIRACIÓN – CONSPIRAR:

Si sueñas que eres víctima de una conspiración, es señal de que en la vida real tendrás una gran aceptación y un gran éxito social. Si eres tú quien conspira junto con otros, deberás ser prudente, pues estás a punto de crearte dificultades a causa de tus actos irreflexivos.

CONSTRUIR:

El significado de este sueño dependerá de las características de lo que construyas, pero en general es un sueño positivo. Señala que se van a producir acontecimientos favorables. Tus proyectos recobrarán vida y tus esperanzas se materializarán.

CONSUELO:

Si en sueños recibes consuelo de alguien, indica que contarás con ayuda y apoyo en circunstancias penosas y dolorosas. Si eres tú quien consuela a otro, será un presagio de tristezas y circunstancias penosas.

CONSULTA:

Si sueñas que consultas con un abogado, cuida de tu dinero; si es con un médico, de tu salud.

CONTABILIDAD:

Los sueños de contabilidad siempre anuncian problemas financieros o fiscales.

CONTAR:

Verse contando una anécdota o una historia presagia momentos de distracción en un contexto turbado por sucesos penosos o deprimentes. Contar dinero —sin tener una clara conciencia de que ese dinero es tuyo— presagia un aumento de los beneficios, pero si lo que cuentas es otra cosa, indicaría que estás cargando con un fardo de obligaciones excesivo e injusto.

CONTRABANDO:

Hallarse envuelto en líos relacionados con una operación de contrabando augura inesperadas ganancias; pero si son otras personas las que intervienen en él, deberás estar prevenido. Te hallas ante peligros que ignoras.

CONTRATAR:

A una persona indica que necesitarás ayuda y apoyo para realizar tus proyectos. Ser contratado señala que pronto se abrirán ante ti nuevos horizontes, tanto en el campo laboral como en el personal.

CONTRATO:

Si es para alquilar o comprar una casa, motivo de alegría y prontas noticias de satisfacciones. En general es un augurio de prosperidad.

CONTUSIONES:

Se anuncian problemas, reproches y disputas.

CONVALECENCIA:

Mejores perspectivas económicas. Vas a entrar en un período más sereno que te permitirá realizar tus ilusiones. Si en la vida real entrar en la convalecencia equivale a una mejoría, en sueños el presagio todavía es mejor, pues anuncia el fin de las preocupaciones y el inicio de una nueva etapa en la que las posibilidades de éxito serán mayores. Según el contexto del sueño y las condiciones del soñador, también puede pronosticar un buen matrimonio o una herencia.

CONVENTO:

Soñar con un convento indica alegría, felicidad y contento.

CONVIDADOS:

Estar en una fiesta rodeado de invitados, que nos miman y adulan, recomienda prudencia con respecto a aquellos que, en sueños, podamos reconocer.

COPA:

Llena de vino o champán indica alegrías familiares, placeres de la amistad. Vacía o rota predice desolación y tristeza.

COPIAR:

Si sueñas que copias algo, tu vida pronto entrará en un período de mejora. Asuntos pendientes se resolverán.

CORAL:

Riesgos de contrariedades y preocupaciones inminentes. El coral rojo te previene en contra de arrebatos irreflexivos que luego puedes lamentar.

CORAZÓN:

Es augurio de dolencias y enfermedades. Si es persona enamorada la que sueña con él, habrá de ser traicionado por aquel a quien ama. Soñar que se sufre del corazón indica decepción, contrariedades, ofensas y humillaciones. Tal vez soledad y problemas de salud. Si se trata del corazón de una fruta: los excesos en la vida implicarán riesgos cuyas consecuencias podrías llegar a lamentar.

CORBATA:

Soñar que nos estamos poniendo una corbata puede ser una señal de que debemos estar atentos al riesgo de contraer gripe o dolencias de la garganta.

CORCHO:

No podrás dominar ciertos acontecimientos, pero de un modo u otro saldrás adelante e incluso sacarás a tu familia de situaciones difíciles.

CORDEL:

Soñar con un cordel de buena calidad, nuevo y ovillado adecuadamente indica que tienes seguridad, ayuda y apoyo. Dispones de todos los ingredientes necesarios para lograr el éxito. Si el cordel está usado o enredado, será un indicio de que algún asunto de los que te ocupan está especialmente complicado o enredado. Cortarlo: decepciones, disputas y mala suerte. Utilizarlo para atar un paquete: acontecimiento sorprendente y grato.

CORDERO:

Soñar con un rebaño de corderos lustrosos o paciendo tranquilamente presagia que llegaremos a gozar de considerables fortunas y posesiones. Coger a un cordero equivale a obtener un beneficio inmediato, pero si además lo llevamos encima de los hombros, el éxito será muy importante. Oír el balar de los corderos augura que podremos contar con protección y ayudas eficaces. Soñar que un rebaño viene hacia nosotros y los corderos se nos meten entre las piernas indica que antes de conseguir el éxito deberemos enfrentarnos a numerosas dificultades y obstáculos. Soñar con corderos muertos presagia malas noticias, y ver a un cordero perdido, dudas e incertidumbre acerca de cómo debemos encauzar nuestros asuntos. Otras veces, los corderos indican felicidad debida, sobre todo, a los hijos. Son un signo de ternura, de comprensión y de satisfacción.

CORDÓN DE ZAPATOS:

Los cordones de los zapatos representan nuestras relaciones con los demás. El sueño deberá interpretarse según las circunstancias y los detalles de lo soñado.

CORNEJA:

Indicación funesta, grave enfermedad o muerte de una persona próxima, dolor, tristeza.

CORNISA:

Amenaza de próximo peligro, riesgo de una situación compleja y desfavorable.

CORO:

Placer del corazón y del espíritu, alegría familiar, momentos felices vividos en amistad.

COROLA DE FLORES:

Ternura y felicidad, dicha afectiva.

CORONA:

Soñar con una corona de flores indica dicha íntima y profunda, bienestar familiar, serenidad en el hogar. De oro o de piedras preciosas: tu deseo de alcanzar una posición social elevada será satisfecho. De espinas: penas y sufrimientos, dolor moral, soledad. De laureles: inteligencia, casamiento y fecundidad. Llevar una corona de plástico indica que amigos muy influyentes te beneficiarán.

CORONEL:

Soñar con un coronel es augurio de mejora. Amigos importantes te ayudarán.

CORPULENCIA:

Ser corpulento indica un acrecentamiento de los bienes, desahogo financiero, buena salud.

CORRAL:

Comodidad y bienestar en el hogar. Serenidad y dulzura en la vida. Después de haber pasado por momentos duros, tendrás todas tus necesidades cubiertas.

CORREA:

Atar a un animal con la correa indica que lograrás dominar a tus adversarios.

CORREDOR (agente de ventas):

Si sueñas con un corredor de cualquier tipo, es un aviso de que, al menos en un mes, deberás evitar todo tipo de negocios de género especulativo.

CORREDOR – PASILLO:

Si es claro y de aspecto agradable, indica éxito en tus proyectos. En caso contrario, numerosas dificultades antes de alcanzar los resultados esperados.

CORRER:

Correr en sueños indica que te gustaría escapar de una situación o de una obligación determinada. Si sueñas que quieres correr y no lo consigues, es indicio de falta de confianza en ti mismo. Trata de afirmarte y de aumentar tu autoestima. Los resultados te sorprenderán.

CORRESPONDENCIA:

La interpretación de este sueño dependerá del contenido de la correspondencia en cuestión. En general, recibir correspondencia es señal de noticias interesantes relacionadas con tus actividades y con tus sentimientos. Extraviarla indica desacuerdos y malas sorpresas.

CORSÉ:

Verlo usado por un hombre: exigencias que te son impuestas, inconvenientes diversos. Verlo usado por una mujer: riesgo de disputas conyugales, infidelidad.

CORTAR (un objeto):

Indica serios problemas en perspectiva, mala suerte, fracaso; las privaciones serán inevitables, deudas de dinero, preocupaciones afectivas. La acción de cortar va íntimamente ligada a miedos emocionales, al deseo de poner fin a alguna situación que se hace insostenible para el que sueña, en especial si nos cortamos a nosotros mismos. Cortar a otra persona significa el deseo de romper la amistad o los lazos que nos unen con ella.

CORTEJO:

Si se trata de un cortejo nupcial, indica feliz acontecimiento familiar, ceremonia, festividad y encuentros agradables.

CORTEZA:

De pan: deben preverse algunas dificultades, preocupaciones financieras, privaciones momentáneas, desavenencias y tristeza. De queso: la abundancia te ha perjudicado. Imprevisión y excesos. De árbol: protección delicada y frágil contra las preocupaciones y los riesgos impuestos por el destino. Afecto sincero y profundo. Corteza pelada o arrancada: pérdida de un apoyo valioso, soledad.

CORTINA:

Si las cortinas son lujosas, significan una vida sin preocupaciones; pero si están raídas, señalarán miseria. Si sueñas que están entreabiertas, sabrás de algún secreto que saldrá a relucir, aunque éste no será de mucha importancia ni trascendencia. Si las cortinas están cerradas, deberás procurar no divulgarlo, ya que podría tener graves consecuencias.

CORZO:

Verlo: alegría profunda, felicidad, vida afectiva, éxito. Matarlo: dolor cruel, tristeza y penas. Preparar carne de corzo para cocinar: riqueza y prosperidad.

COSECHAR (frutos, flores):

Si es uno mismo quien los cosecha: ventajas de dinero, felicidad en el hogar, prosperidad. Ver a otra persona hacerlo: preocupaciones, tus bienes se verán afectados, litigios, cuestionamientos, celos.

COSER:

Presagio de prosperidad y éxito; se te ofrecerán nuevas posibilidades. Sin embargo, soñar con una persona que está cosiendo es indicio de avaricia.

COSQUILLAS:

Recibirás una modesta suma de dinero que habías prestado o perdido.

COSTAL:

Un costal lleno de dinero es señal de difícil situación monetaria. Si el costal estuviera vacío, recibirás dinero inesperado que mejorará tu situación.

COSTILLAS:

Verlas fracturadas indica disputas matrimoniales. En buen estado, felicidad conyugal y ganancias.

COSTURERO:

Con elementos de costura: se te ofrecerán nuevas posibilidades para mejorar tu situación profesional.

COTORRAS:

Intenciones malévolas, actos solapados y pérfidos, que te perjudicarán y actuarán en detrimento de tu posición social.

COYOTE:

Relaciones malévolas cuyas intenciones o acciones perjudicarán tus intereses, problemas económicos dañinos.

CRÁNEO:

Mal presagio, miserias inminentes, graves preocupaciones de orden afectivo, profesional o financiero; en general, penas y tristeza.

CRECER:

Verse de un tamaño excepcional: mejora en la situación; las circunstancias te ayudarán. Ver crecer a una persona: según la fisonomía, amable o amenazante, de la figura vista en el sueño, recibirás apoyo u oposición a tus negocios. En general, cuando vemos crecer desmesuradamente cosas o animales, indica que el símbolo que éstos representen en el sueño se verá ampliado. Cuando vemos crecer a otras personas, la interpretación dependerá de la asociación que hagamos con ello; puede ser un sueño de buen o mal augurio, ya que si la situación es amenazante, nos indica que seremos objeto de oposición por parte de quienes crecen, mientras que si la asociación es agradable, significa que nos apoyarán.

CREDENCIALES:

Noticias poco agradables que te pondrán en una situación delicada.

CRÉDITO:

Signo de próximas dificultades económicas; te esperan restricciones y privaciones: perderás fuertes sumas de dinero, robo y abuso de confianza.

CREMA:

Gran alegría, suerte con el dinero.

CREPES:

Feliz circunstancia familiar, invitaciones, comidas, reencuentros con parientes o allegados, felicidad afectiva.

CREPÚSCULO:

Se va a producir un cambio en la vida. El crepúsculo marca el fin de una etapa, es el preludio de un nuevo período, diferente del precedente.

CRIADA:

Soñar con alguna criada o persona que esté a tu servicio simboliza desavenencias y privaciones.

CRIMEN:

Si en sueños nos vemos como criminales o cometiendo un crimen, significa que en la vida real nos sentimos culpables de haber cometido alguna falta, de haber infringido los derechos de los demás. Si quien comete el crimen es otra persona, suele ser presagio de escándalos y discusiones que siempre constituyen una amenaza para la honra del que sueña.

CRINES DE CABALLO:

Independencia y soledad, búsqueda de un nuevo horizonte, posible cambio de vida.

CRISANTEMOS:

Penas del corazón: compromisos rotos, postergación de una boda, enfermedad de una persona amada, pérdida de un ser querido.

CRISTAL:

Se recomienda ser muy precavidos, ya que estamos rodeados por personas que nos son desleales. Tendremos problemas con los subordinados, que nos harán pasar momentos muy desagradables, aunque se solucionarán con mucha facilidad. Si se trata del cristal de un escaparate, el sueño deberá interpretarse según sea su estado. Si es limpio y transparente, felicidad y facilidades en tus proyectos. Si estuviera sucio o roto, todo lo contrario.

CRISTO:

Señal de alegría y felicidad, paz en el corazón y en el alma. Verlo sobre la cruz: tristeza y sufrimientos.

CROAR:

Habladurías y maledicencia.

CRUASÁN:

Abundancia de bienes, riquezas, provechos.

CRÓNICA:

Próximas noticias.

CRONÓMETRO:

La intervención sobre uno de tus negocios exigirá presteza y vigilancia, si deseas llevarlo a buen término.

CRUCIFIJO:

Presagio de sacrificios y abnegación, desaparición de una persona amada.

CRUCIGRAMA:

Placeres y distensión, ingenio para encontrar soluciones justas y precisas, así como para tomar decisiones meditadas, construidas y calculadas. No poder terminar una línea: tendrás que enfrentarte con adversarios astutos y pertinaces.

CRUJIDOS:

Contrariedades próximas, relaciones afectivas comprometidas, preocupaciones familiares.

CRUPIER:

Apremios económicos, previsibles deudas.

CRUSTÁCEOS:

Decepción, perfidia de una persona de tu círculo; se abusará de su confianza; engaños, infidelidad y penas.

CRUZ:

Para los enfermos el símbolo de la cruz es grato anuncio de mejoría en la enfermedad. Si la sueña un joven, aviso de próximo matrimonio; si la sueña un anciano, indica vejez tranquila.

CRUZAR:

Señala que vamos a acceder a situaciones diferentes de las que ahora vivimos y que pueden resultar beneficiosas; sin embargo, para acceder a ellas deberemos sortear algún tipo de obstáculo.

CUADERNO:

Recibirás noticias. Posibles contrariedades de orden familiar.

CUADRADO:

Símbolo de la casa y de los bienes. Significa la estabilidad y la seguridad.

CUADRO:

Un cuadro cuya representación es fácilmente identificable, de colores brillantes y trazo de calidad, digno de un artista de renombre, indica logros y éxito. Tus ambiciones se concretarán. Porvenir feliz y promisorio. En la interpretación de este sueño se habrá de tener en cuenta siempre la escena representada en el cuadro. En general, un cuadro cualquiera, sin valor artístico, en el que la escena representada es vaga y sin carácter, indica fracaso y mala suerte. Desgarrado o roto es un signo de mal agüero. Si representa temas tristes y dolientes, presagia infidelidad.

CUARESMA:

Deberás renunciar durante algún tiempo a los gastos innecesarios.

CUARTO DE HOTEL:

Período transitorio, esperanza de un cambio beneficioso que facilite nuevas posibilidades, relaciones diferentes, contactos y amistades reales.

CUBA:

Si está llena de vino, indica abundancia, éxito en los negocios, ganancias económicas y suerte. Llena de agua pura: vida serena, seguridad en el hogar, desaparición de los obstáculos. Llena de agua corrompida: preocupaciones y dificultades, entendimiento familiar comprometido, disputas, cólera, amenazas. Vacía: desamparo, miseria, soledad afectiva. Perforada: desgracia, peligro cercano.

CUBIERTOS DE MESA:

Usarlos: nuevas relaciones o amistades, cuya compañía será beneficiosa para tus actividades. De plata: suerte y éxito, logro financiero. De metal ordinario: no sufrirás necesidades, dinero seguro. De aspecto dudoso: problemas afectivos o económicos, preocupaciones familiares. Retirarlos: enfermedad familiar, separación afectiva, problemas y penas.

CUBITOS DE HIELO:

Destinados a la bebida: suerte, pequeños ingresos de dinero, satisfacción, alegría.

CUBO – CUBETA:

Soñar con un cubo es un buen presagio, especialmente si lo soñamos lleno de agua limpia, pues anuncia felicidad familiar. Si el cubo soñado está lleno de agua sucia lo que presagia son problemas y disgustos familiares, generalmente de orden emocional.

CUBO DE LA BASURA:

Ver un cubo de basura indica que algunas preocupaciones de poca monta amenazan con perturbar tus condiciones de vida actuales. Verte hurgando en él: sucesos negativos te causarán decepción y penas.

CUBRIRSE:

Se avecina un período de preocupaciones y apremios.

CUCARACHAS:

Malas intenciones hacia ti: calumnias, intrigas, sospechas. Pequeñas contrariedades de salud. Atraparlas o matarlas: vencerás a tus adversarios.

CUCHARA:

Soñar con cucharas es augurio de felicidad hogareña. Si son de hierro o de lata, señal de tristeza. De madera, símbolo de pobreza.

CUCHICHEOS:

Maledicencia, denigración, ingratitud de personas que te son cercanas.

CUCHILLA:

Usada contra ti indica conflictos pasionales, intenciones malévolas y peleas violentas, celos, venganza, soledad moral, desamparo. Si la utilizas tú contra alguien: defenderás tus derechos. Una cuchilla en mal estado, mellada, torcida u oxidada indicará dificultades en la evolución de tus asuntos y mala suerte en general.

CUCHILLO:

Peligro cercano y amenazante, peleas, discusiones, resentimientos graves, odio y celos.

CUCO O CUCLILLO:

El cuclillo simboliza la envidia, la pereza y el parasitismo, significados que se derivan de su costumbre de poner los huevos en el nido de otros pájaros para que se los incuben. Su canto anuncia la primavera. Por ello, oír cantar en sueños al cuclillo anuncia riqueza, la llegada de una época mejor; pero si lo vemos se convierte en presagio de infortunio conyugal. Un reloj de cuco anuncia la llegada de etapas mejores que las que estamos pasando en el momento presente.

CUELLO:

Un cuello sólido y fuerte indica seguridad en uno mismo, confianza, importantes responsabilidades, poder y éxito. Corto y delgado: debilidad de carácter, soledad, angustia y fracaso. Decapitado: pérdida de posición, quiebra, miseria, pobreza.

CUENTAGOTAS:

Usar un cuentagotas indica que tendrás que hacer gala de tolerancia y paciencia para hacer frente a numerosas dificultades.

CUENTO:

Momentos apacibles de felicidad en familia, quietud y reposo.

CUERDA:

Si soñamos que estamos agarrados a una cuerda, significa que vamos a ascender en la escala social y que también vamos a tener éxito en nuestros negocios. Es un símbolo de transición entre un estado menos favorecido y otro de superiores características. Si soñamos con una cuerda rota o vieja, es un anuncio de que nos vamos a ver enfrentados con obstáculos de difícil solución. Verse atado significa graves perjuicios económicos y temporadas de depresión.

CUERNO:

Los cuernos son anuncio de inesperadas ganancias, siempre que se trate de cuernos de animales. Si es uno mismo quien sueña que los lleva en la frente, es símbolo que indica peligro e infidelidades. Sin embargo, llevarlos en la mano es un excelente presagio de bienestar.

CUERNO DE CAZA:

Hacerlo sonar: penas afectivas, riesgo de separación. Oírlo: noticias felices y tranquilizadoras.

CUERO:

Ganancias económicas, suerte y prosperidad; serás bien considerado por los demás.

CUERPO:

Tener un cuerpo armonioso, equilibrado y en perfecta salud indica éxito financiero, seguridad y felicidad familiar. Tener un cuerpo más fuerte y más grande de lo normal: mejora financiera, ampliación del círculo familiar. Más pequeño, menos desarrollado: restricciones económicas, enfermedad, preocupaciones familiares. Herido o amputado: pérdidas económicas o de posición. Roído por los animales salvajes o los parásitos: desamparo afectivo y moral, preocupaciones familiares y económicas. En descomposición: enfermedad grave, peligro cercano. Desnudo: humillación y vergüenza.

CUERVO:

Es un signo de mal agüero. Indica dolor y penas, enfermedad, duelo, gran soledad moral. Oírlo graznar presagia la llegada de malas noticias.

CUIDADO – CUIDAR:

Es un buen sueño, ya que tanto si cuidamos a otra persona como si somos nosotros quienes recibimos los cuidados, este sueño presagia el fin de enemistades y querellas.

CULATA (de un arma):

Verla: se avecinan problemas cuyas consecuencias te resultarán perjudiciales. Tenerla: dispondrás de los argumentos necesarios para defender tu autoridad e intereses.

CULEBRA:

Es símbolo de pérdidas que podemos padecer en nuestros bienes materiales o en el campo afectivo. Si matamos la culebra, es señal de que hemos vencido a todos nuestros adversarios y de que vamos a recuperar parte de las pérdidas que hayamos sufrido.

CULPABLE:

Serlo: noticias particularmente desagradables, tristeza, trastornos y molestias diversas.

CUMBRE:

Soñar con la cumbre de algún monte es signo de distinciones y honores en el trabajo. También puede ser buena señal de consecución de riquezas.

CUMPLEAÑOS:

Festejar nuestro cumpleaños o el de personas queridas presagia circunstancias beneficiosas, negocios fructíferos, ganancia de dinero, éxito.

CUMPLIDOS:

Hacerlos: falta de lealtad. Actúas ante los demás con mentiras e intrigas. Recibirlos es una señal precursora de problemas: deberás usar toda la prudencia necesaria para no fracasar en tus actividades.

CUNA:

Al contrario de lo que pueda parecer, es de mal agüero para la estabilidad familiar, ya que predice problemas y malquerencias. La estructura familiar va a sufrir un proceso de cambios que, por lo general, no serán buenos.

CUNETA:

Caminar por ella: comienza un período penoso. Los acontecimientos te serán adversos; obstáculos, retrasos, pequeños problemas económicos.

CUÑADA:

Conflictos familiares, disputas, separación. La estructura familiar se modificará.

CUÑADO:

Peleas y desavenencias próximas concernientes a intereses familiares, con riesgo de provocar un largo conflicto.

CÚPULA:

Verla: gozarás de apoyo y protección para resolver asuntos difíciles.

CURACIÓN:

Lograrla: apaciguamiento y consuelo, cordura y rectitud. Un asunto difícil se resolverá honorablemente.

CURIOSOS:

Te tienen envidia. La curiosidad de que se te hace objeto podría ser negativa para tus intereses. Habladurías perjudiciales.

DACTILÓGRAFA:

Recibirás noticias oficiales que te perturbarán.

DADOS:

Los dados son un símbolo del azar, de la fatalidad ante la cual la voluntad se cree impotente. Suelen indicar riesgos financieros, proyectos que pueden retrasarse y también riesgos de salud.

DAGA:

Además del significado que le corresponde a la daga como arma blanca, que es el de separaciones y rupturas, se la considera un arma traicionera, ya que siempre se lleva oculta; por eso simboliza cortes o rupturas violentas ocasionadas por traiciones inesperadas que nos harán sufrir mucho. Si aparece en manos de una mujer, podemos decir que vamos a ser víctimas de chismorreos y calumnias.

DALIAS:

Próximas alegrías, noticias agradables, bonanza económica, pero también celos y envidias.

DALTONISMO:

Una mala percepción de los acontecimientos podrá llevarte a cometer errores lamentables. Deberás reflexionar antes de tomar cualquier decisión.

DAMA:

Si la dama con quien sueñas es un dechado de elegancia, augura relaciones engañosas. Ver a varias damas reunidas presagia riesgo de murmuraciones.

DAMA DE HONOR:

Decepción afectiva, dificultades sentimentales, demora en un proyecto.

DAMAS:

El juego de las damas en sueños es señal de malos negocios.

DANZA Y CANTO:

Cuando se baila dentro de la propia casa estando presentes sólo los familiares y los allegados, es símbolo de felicidad y es positivo. También es de buen augurio ver bailar al cónyuge y a los hijos. Para aquellos que estén presos significa que pronto van a ser liberados y a las personas inmersas en situaciones conflictivas les augura que poco a poco van a salir de las dificultades.

DARDO:

Ver un dardo en sueños indica riesgo de situación conflictiva. Dificultades económicas.

DÁTIL:

Es un símbolo de alegría y de buena salud.

DEBATE:

Discusiones de las que no extraerás ninguna ventaja en particular. Tus adversarios conocerán bien tus intenciones y sabrán utilizarlas en su provecho.

DECAPITAR:

Ser decapitado en sueños presagia una noticia cruel, angustia, enfermedad grave o duelo por un familiar. Sin embargo, asistir a una decapitación es indicio de que triunfarás sobre tus enemigos. Si tienes algún proceso en marcha, saldrás ganando.

DEDAL:

Soñar con un dedal, llevándolo tú puesto, anuncia bienestar familiar, posible herencia.

DEDICATORIA:

Serás apreciado y estimado. Lograrás tus propósitos.

DEDOS:

Ver todos tus dedos sanos y sin defectos, bien formados: éxito, consideración, logros; nos veremos rodeados del respeto de los demás. Si uno o más dedos aparecen enfermos o doloridos, podemos esperar que se avecine una enfermedad familiar o problemas con una persona allegada. Cuando los vemos sucios, quiere decir que estamos siendo criticados por nuestros allegados y que éstos no aprecian nuestros valores. Cuando están cortados o heridos, indican que se avecinan grandes conflictos familiares y si son amputados, auguran pérdidas económicas de cierta importancia. Cuando aparecen manos con más dedos de lo normal es un buen augurio, ya que predice éxito en los negocios y alegrías familiares. Si aparece alguien acusándonos con un dedo, quiere decir que no estamos satisfechos con nuestra propia conducta porque no hemos actuado con la ética que sería de esperar.

DEFECAR:

Especialmente si uno se ensucia con los excrementos, es señal de próxima llegada de dinero. La cantidad será proporcional al grado de suciedad.

DEFORME:

Todo objeto o persona con formas extrañas o anormales es presagio de sentimientos de hipocresía, de maldad, de odio o de venganza, de los cuales tú serás víctima.

DEGOLLAR:

Si en sueños le cortas el cuello a un semejante, indica que en la vida real le harás un gran favor a la persona a quien degüellas. Si, en cambio, sueñas que alguien te degüella a ti, esa misma persona será quien te ayudará a resolver tus problemas.

DEHESA:

Si es de hermosa apariencia, con hierba verde y espesa, indica prosperidad, fortuna, desahogo, suerte y éxito. Si es montañosa señala que tendrás que superar obstáculos y dificultades antes de obtener algún provecho. Si está seca predice inconvenientes económicos y mala suerte.

DEJAR – ABANDONAR:

Si en sueños abandonas a una persona, es un indicio de que un próximo reencuentro en circunstancias imprevistas desembocará en una reconciliación permanente.

DELANTAL:

Si está limpio es de signo positivo y si lo soñamos sucio representa problemas de índole laboral. Algunos autores piensan que este sueño es presagio de penas y de preocupaciones, por lo que tal vez habrá que hacer algunos sacrificios para que los problemas que tenemos se resuelvan.

DELFÍN:

Verlo nadar indica amigos sinceros y fieles, ayuda y protección. Verlo fuera del agua señala la pérdida de una amistad, tal vez incluso posible fallecimiento de un amigo.

DELGADEZ:

Siempre que soñamos con alguien o con nosotros mismos mucho más delgado de como se es en realidad es una advertencia sobre el mal estado de la salud.

DELINCUENTE:

Momentos difíciles. Tus pertenencias se verán comprometidas por los actos de tus rivales. Preocupaciones por dinero, pérdidas, angustia y decepción.

DELIRAR:

Soñar que tú mismo estás delirando indica que estás reprimiendo ideas o sentimientos que necesitas expresar. Procura encontrar a alguien que te pueda escuchar y hazle partícipe de tus preocupaciones. Si en sueños ves a otras personas delirando, es indicio de que pronto recibirás ayuda de una fuente inesperada.

DEMANDA JUDICIAL:

Preocupaciones de tipo laboral sin mucha gravedad.

DEMENCIA:

Estar demente en sueños indica éxito financiero inesperado, soluciones imprevistas para problemas insuperables, alegría y felicidad.

DEMOLER – DEMOLICIÓN:

Penas, preocupaciones y maledicencias, críticas, oposición a tu conducta y tus acciones.

DENTISTA:

Ser atendido por un dentista indica dificultades sentimentales, penas afectivas, deslealtad de una persona, perturbaciones tempestuosas en tus relaciones; sin embargo, serás asistido y contarás con apoyo entre tantas penas.

DENUNCIAR:

Denunciar a una persona indica noticias desagradables, rivalidades, competencias, sinsabores financieros, choques afectivos o familiares. Ser denunciado: lograrás vencer a tus detractores y restablecer la confianza entre tus conocidos.

DERIVA:

Soñar que uno está a la deriva indica problemas serios e inconvenientes graves. Si consigues volver a la costa, pronto saldrás del período de dificultades.

DERRAMAR:

Soñar que derramas vino es símbolo de alegría. Otros líquidos, tropiezos en el trabajo o negocio.

DERRIBAR – DERRUMBAR:

Lo que se derrumba o es derribado en sueños es algo que desaparece de nuestra vida, por lo que este sueño es una amenaza a nuestra salud y posesiones si lo desmoronado es nuestro. La cosa derribada nos informará de cuál es nuestra pérdida. Derribar en sueños una pared es un presagio de buena suerte. Tu determinación se impondrá sobre la adversidad.

DERRUMBAMIENTO (de una casa):

Augurio funesto. Desaparición de una persona amada después de una larga y penosa enfermedad. Tristeza y dolor, preocupaciones económicas, pérdidas de dinero o deudas.

DESAFIAR:

Desafiar en sueños a una persona indica dificultades cercanas, riesgo de querellas, oposición, desacuerdos familiares o profesionales.

DESALOJAR:

Sacar a un animal de un lugar predice elementos favorables para el progreso de tus negocios. Esperanza de éxito.

DESAPARICIÓN:

Percibir en sueños la desaparición mágica de uno mismo, de otras personas o de algún objeto indica que te sentirás desorientado y perplejo ante algún problema, pero el asunto será de poca importancia y se solucionará sin gran contratiempo.

DESARMAR:

Desarmar en sueños a una persona indica obstáculos superados, dificultades allanadas, soluciones felices y triunfo sobre los adversarios. Estar desarmado: fracaso, mala suerte y pérdida de dinero.

DESASTRE:

Soñar que se participa en un desastre o que se es testigo de uno indica una clara mejora en la situación actual.

DESATAR:

Desatar a un animal doméstico indica que recibirás apoyos para tus empresas. A una persona, clima afectivo favorable, comprensión y reconocimiento. Serás apreciado y estimado.

DESAYUNO:

Si sueñas que estás tomando el desayuno solo, es indicio de inquietudes y preocupaciones. Con otras personas, alegría y facilidad en los asuntos de trabajo. En este tipo de sueño habrá que analizar siempre los detalles de lo que se está tomando, del lugar y de las personas que a uno lo acompañan.

DESAZÓN:

Alegría repentina e inesperada.

DESCARGAR (objetos):

En tu casa: situación financiera confortable, ganancias de dinero, éxito social. En casa de otros: llevarás ayuda y consuelo a personas de tu círculo.

DESCARRILAMIENTO:

Ver un descarrilamiento indica próximas preocupaciones de dinero, desavenencias y riesgo de accidente.

DESCENDER:

Bajar por una escalera es mal indicio. Cabe esperar que la situación económica y personal empeorará. Descender de un caballo o de un automóvil: cambio desfavorable para tus intereses. De una montaña: fracaso, aspiraciones frustradas, mala suerte.

DESCIFRAR:

Descifrar un mensaje indica que recibirás noticias cuyo significado te parecerá oscuro o extraño y que, de algún modo, trastornarán algunas costumbres de tu vida.

DESCOLGAR:

Descolgar un cuadro presagia ingratitud, incomprensión y mezquindad en las personas que te rodean.

DESCONCERTAR:

Estar desconcertado en sueños indica pequeñas contrariedades de las que pronto saldrás victorioso.

DESCONOCIDO:

Ver en sueños a una persona desconocida es indicio de feliz éxito en el trabajo o negocio.

DESCORTESÍA:

Las relaciones difíciles con los demás serán la causa de malentendidos y conflictos.

DESCOSER:

Decepción, amargura, contrariedades, iniciativas desdichadas, proyectos mal definidos. Deberás ser más precavido y menos confiado.

DESCUARTIZAMIENTO:

Esto siempre simboliza una fuerte contradicción en el que sueña. Soñar con descuartizamiento propio o de los demás indica que nos hallamos frente a un gravísimo conflicto de intereses que nos impide tomar decisiones cuando se enfrentan conceptos morales, económicos o afectivos. No sabemos cómo obrar y esto nos produce una sensación de angustia difícil de superar.

DESCUBRIR (un objeto):

Feliz noticia, sorpresa por un suceso favorable para tus intereses, éxito inesperado.

DESEAR:

Desear un objeto en sueños indica que no lograrás realizar lo que deseas; predice obstáculos para tus proyectos, envidias, celos, incapacidad para materializar tus ideas y hacer valer tus esfuerzos.

DESECHAR:

Desechar objetos en sueños presagia contrariedades y pérdida de dinero.

DESEMBALAR:

Soñar que estamos desembalando algún objeto presagia preocupaciones y problemas que se resolverán de acuerdo a la naturaleza del objeto desembalado y de las circunstancias y el ambiente del sueño.

DESEMBARAZARSE:

Mejores condiciones traerán alivio a tu forma de vivir. Te liberarás de ciertas ataduras.

DESEMBARCAR:

Este sueño simboliza el final de una prueba, de una dolencia, de un trabajo, de un negocio, de cualquier cosa que estemos realizando; es, por así decir, el final de una etapa de nuestra vida, final que, según sea la tónica general del sueño, será feliz o desgraciado.

DESEMBOCADURA:

El significado de soñar con la desembocadura de un río vendrá marcado por la importancia de éste, el perfil de sus riberas, la calma majestuosa de sus oleadas y la belleza del paisaje. Todos éstos serán indicios valiosos para definir mejor el sueño. En general indica ambiciones realizadas, proyectos cumplidos, satisfacción por el éxito logrado.

DESEMPLEO:

Estar desempleado presagia el fracaso de un proyecto que te interesaba particularmente. Sacrificios inútiles, conflicto profesional, situación desventajosa o comprometida.

DESEMPOLVAR:

Las preocupaciones se resolverán. Deseos de escapar a ciertas pruebas.

DESENFRENO:

Decepción, noticia desagradable, esperanzas afectivas o profesionales defraudadas.

DESENMASCARAR:

Desenmascararse uno mismo indica que se te infligirá vergüenza y humillación. Desenmascarar a una persona: terminarás con adversarios dañinos.

DESENTERRAR:

Si soñamos que desenterramos a una persona, quiere decir que padeceremos un alejamiento importante de algún ser querido. Si lo que desenterramos es un objeto, este sueño nos anuncia un acontecimiento que puede ser muy favorable.

DESERTAR:

Cansancio, exigencias muy pesadas que debemos soportar, necesidad de cambio, consecuencias perjudiciales para quien sueña.

DESESPERACIÓN:

Estar desesperado en sueños es presagio de buenos ingresos, suerte y prosperidad.

DESFIGURAR:

Verse desfigurado puede presagiar soledad y sentimientos de desamparo, a los cuales deberás vencer.

DESFILADERO:

Este sueño indica que la persona se halla ante retos o problemas de muy difícil solución. Deberás esforzarte al máximo para salir adelante evitando cualquier imprudencia.

DESFILE:

Un desfile de soldados o de personas en general es signo de armonía y amistad.

DESGARRAR:

Tal como lo interpretan diversas religiones, si desgarramos nuestras propias vestiduras, es símbolo de un gran sufrimiento interior y de duelo. Si nos las rasgan otros, indica que vamos a ser víctimas de humillaciones y mofas. Cuando lo que desgarramos son papeles o documentos, este sueño augura el olvido, el perdón de faltas cometidas.

DESGRACIA:

Soñar que se ha caído en desgracia indica todo lo contrario: éxito social y excelente acogida por parte de los amigos y del entorno.

DESGRANAR:

Posibles habladurías sobre tu vida privada, celos, envidia, burlas.

DESHEREDAR:

Ser desheredado en sueños puede indicar justo lo contrario, pero también es posible que anuncie una decepción afectiva.

DESHIELO:

Anuncia un cambio favorable en tu situación, esperanza de próximo éxito, amistades recuperadas, comprensión afectiva y familiar.

DESHOLLINADOR:

Agotamiento ante las adversidades de la vida. Deberás esforzarte para superar la situación.

DESHONESTIDAD:

Soñar que uno se comporta en forma deshonesta puede indicar remordimientos por algunas acciones de las que no estamos demasiado orgullosos. Es posible que tengas que afrontar pequeñas discordias y humillaciones.

DESIERTO:

Hallarse en el desierto predice apatía, soledad y desapego. Es necesario esforzarse para remontar dicha situación y hallar un nuevo sentido a la vida.

DESINFECTAR:

Necesitarás la ayuda de tus amigos para sanear tus negocios y aclarar una situación ambigua.

DESLUMBRAMIENTO:

Debes ser prudente e incluso desconfiar. Es posible que no todo sea tal y como te lo quieren presentar.

DESMAYO:

Desmayarse uno mismo indica pequeñas contrariedades y preocupaciones. Si es otra persona la que se desmaya, predice una próxima desgracia en tu medio familiar o afectivo.

DESNUDEZ:

Si la desnudez soñada nos resulta embarazosa o incómoda, refleja el desamparo, la impotencia que experimentamos social o profesionalmente. Soledad afectiva. También puede representar insatisfacción por nuestra apariencia física, que nos avergonzamos de nuestro propio cuerpo. Si en el sueño vemos desnudas a otras personas, o las desnudamos, también puede tratarse de un sueño de apetitos sexuales, o simplemente del deseo de conocer las intenciones y pensamientos de los demás respecto a nosotros. No hay que olvidar que muchas veces soñarse desnudo únicamente indica que estamos pasando frío.

DESOBEDECER:

Desacuerdos familiares, rivalidades profesionales, inquietud por tu situación, riesgo de irritación, maledicencia.

DESODORANTE:

Artificios para enmascarar la verdad ante los demás, engaños e hipocresía.

DESORDEN:

Complicaciones de negocios o familiares por falta de tacto y diplomacia, molestias provocadas por una persona agresiva, poco escrupulosa, celos, venganza, peleas por intereses.

DESPACHO:

Se trata de un mal presagio, ya sea un mueble (escritorio) o una oficina: recibirás noticias que podrían ser desagradables. Deberás afrontar problemas familiares o de otro tipo, riesgo de oposición, conflictos, decepción, negocios comprometidos.

DESPEDAZAR:

Ver cómo se despedaza a un animal o a una cosa, o bien hacerlo uno mismo en sueños indica riesgo de dificultades económicas.

DESPEDIDA:

Soñar con una despedida suele ser indicio de contrariedades y situaciones desagradables.

DESPEGUE:

Ver despegar a un avión indica perspectivas felices,
mejora de la situación actual, suerte y éxito.

DESPEINARSE:

Presagia una situación compleja y embrollada, incertidumbre en las decisiones, fracaso, soledad afectiva o
amistosa.

DESPERDICIOS:

Molestias y pequeñas contrariedades. Si los barres, las
cosas se solucionarán para bien.

DESPERFECTOS:

Soñar con desperfectos en la propia vivienda indica
preocupaciones de dinero y dificultades de diversa
índole.

DESPERTAR:

Soñar que uno se despierta indica suerte y éxito,
posibilidades inesperadas que te permitirán una mejora notable, nuevas perspectivas favorables, propuestas
constructivas y promisorias, esperanza y felicidad.
Despertar a una persona: conflictos y oposiciones en
tus relaciones.

DESPIDO:

Soñar que somos despedidos es una advertencia de que
existe un peligro grave que nos acecha, sobre todo referente al trabajo o a los negocios. Tendremos desacuerdos con nuestros superiores o con nuestros clientes que
nos llevarán a situaciones muy complicadas. Si el despido

afecta a otros, quiere decir que no tenemos confianza en las personas que se prestan a ayudarnos en nuestros negocios y que vamos a prescindir de su ayuda.

DESPILFARRO:

Gastos imprevistos, costes inesperados, contrariedades diversas.

DESTEÑIR:

Los esfuerzos desplegados y los medios utilizados para ocultar la realidad de tus sentimientos o ciertos hechos particulares no causarán ningún efecto. Mala suerte.

DESTIERRO:

Hallarse en el destierro es augurio feliz.

DESTILERÍA DE ALCOHOL:

Promesas de dinero, de recursos financieros importantes.

DESTORNILLADOR:

El uso de esta herramienta para atornillar o desatornillar cualquier objeto tiende a favorecer el fortalecimiento de los vínculos afectivos o amistosos. Promesa de felicidad.

DESVÁN:

Representa al inconsciente, donde vamos guardando todo aquello que no nos atrevemos a sacar a la luz. En este caso se refiere generalmente a rencores que nos llevarán a disputas. Debemos recapacitar y ordenar nuestras ideas, pues pasamos por una época de gran confusión que no nos permite tomar decisiones con toda la frialdad que sería de desear. Si actuamos sin premeditación, tendremos graves perjuicios.

DESVÍO:

Circunstancias imprevistas modificarán de manera previsible la evolución de tus proyectos. Contratiempos enojosos.

DETECTIVE:

Sospechas, inquietudes cercanas, desacuerdos y algunas privaciones. Tus actos y tus gestos son observados.

DETENIDO:

Estar detenido: circunstancias desfavorables y preocupaciones. Te encontrarás imposibilitado para intervenir en la evolución de un asunto. Soledad afectiva y amistosa, desamparo moral. Ver detenida a otra persona: conseguirás neutralizar a tus rivales.

DETONACIÓN:

Noticias imprevistas te aportarán preocupación.

DEUDA:

Tener deudas en sueños presagia que pronto recibirás grandes beneficios.

DEVORAR:

Verse devorado por un animal salvaje es presagio de angustias. Sufrirás penas y molestias.

DÍA:

Soñar con un día claro y sereno, anuncio de alegría y de satisfacciones durante toda la jornada. Al contrario, si el día es gris o lluvioso, tu ánimo amanecerá pesimista y tal estado no es precisamente señal de emprender trabajos o negocios.

DIABLO:

Representa nuestros más ocultos temores. Es una indicación de que no hemos superado los conflictos internos que venimos arrastrando desde la infancia. Simboliza todo lo oscuro y oculto, aquello que es malo y con lo que no podemos luchar, sobre todo por nuestra propia incapacidad para afrontarlo. En todos los casos soñar con el diablo es de mal augurio y sólo en el caso de que nos enfrentemos con él y logremos que huya conseguiremos el triunfo en nuestros proyectos y salir airosos de situaciones difíciles. Mención especial merecen los sueños en los que aparece el diablo y que generan en la persona que sueña una viva sensación de realidad, que llega a perturbar mucho y a permanecer clara durante mucho tiempo. Estos sueños pueden ser indicio de una evolución espiritual de la persona, de un despertar a cierto nivel.

DIADEMA:

Presagia un cambio de situación, un progreso, una promoción. Recibirás distinciones y honores. Si la diadema cubre los ojos, señala preocupaciones en perspectiva.

DIAGNÓSTICO:

No deberás tomar decisiones apresuradas ni atolondradas. Se te aconseja prudencia.

DIALECTO:

Oír hablar un dialecto indica que ciertos hechos y circunstancias te desorientarán y no sabrás, a primera vista, cómo afrontarlas. Si eres tú quien lo habla, es presagio de que conseguirás tus fines de una manera discreta y sin llamar la atención.

DIAMANTE:

El diamante es la más preciada de las piedras preciosas y simboliza la soberanía, la incorruptibilidad, la realidad absoluta, el valor ante la adversidad y la integridad de carácter. Si eres tú quien lo lleva, anuncia preocupaciones y problemas. Si lo llevan otras personas, es señal de paz y tranquilidad. Encontrarlo significa inquietudes; perderlo, ganancias y regalos.

DIARREA:

Sufrir uno mismo la diarrea es indicio de que un dinero te llegará inesperadamente. Si es otra persona quien está aquejada de este mal, indica que a ésta le tocará la lotería o recibirá una suma considerable con la que no contaba.

DIBUJAR – DIBUJOS:

Anuncio de modificaciones esenciales en la conducción de tu vida. Las características del dibujo, los colores utilizados, los símbolos, personajes y objetos representados serán indicadores útiles para la comprensión del mensaje y el valor de la premonición.

DICCIONARIO:

Siempre que en nuestros sueños aparezca un diccionario o cualquier otro libro de estudio o consulta, es una advertencia de que necesitamos ampliar nuestros conocimientos antes de llevar a la práctica algún proyecto.

DIENTE DE LEÓN:

Gozo y felicidad en las relaciones afectivas o amistosas.

DIENTES:

Ante cualquier sueño relacionado con los dientes, lo primero que debemos hacer es visitar al dentista, pues el sueño puede ser la anticipación de un daño real (caries), cuyo dolor, todavía muy leve y reprimido inconscientemente durante el día, aflora a la conciencia a través del sueño. En general, tener dientes sanos indica riqueza, fortuna, salud, mejora en tu situación y desahogo económico; un porvenir asegurado y confortable. Tener los dientes en mal estado, deteriorados, cariados: preocupaciones, pérdida de dinero o bienes, salud delicada o enfermedad. La pérdida de dientes, especialmente si son de la mandíbula superior, suele ser un presagio negativo, pudiendo indicar una pérdida de trabajo. Otros lo interpretan como muerte del padre.

DIFUNTO:

Al contrario de lo que podría pensarse, ver un difunto en sueños suele ser un buen augurio. Ciertas circunstancias difíciles de resolver quedarán aliviadas. Recibirás el apoyo afectivo indispensable para lograr el resultado esperado.

DILIGENCIA:

Tomar una diligencia presagia noticias agradables, ternura afectiva, consuelo y una mejora en tu situación general.

DILUVIO:

Siempre es presagio de contrariedades y desgracias familiares. A veces, también pérdidas en los negocios.

DIMISIÓN:

Rechazo de las circunstancias presentes, necesidad de una nueva vida, cansancio moral, esperanza de cambio.

DIMITIR:

Soñar que dimites de un empleo o cargo es señal de bienestar y aumento de ingresos.

DINAMITA:

Utilizar dinamita indica que gozarás de la estima de tus relaciones profesionales. Los riesgos enfrentados estarán en relación con el resultado obtenido.

DINERO:

En general soñar que se gana mucho dinero, ya sea con el trabajo, en la lotería o por cualquier otro medio, es un mal presagio. Indica todo lo contrario: dificultades económicas en puertas. Es aconsejable actuar con mucha prudencia.

DINTEL:

Si es nuevo o de buen aspecto, indica que se producirán cambios favorables que te permitirán hacer mejoras en tu vivienda. Por el contrario, si estuviera en mal estado, señalaría dificultades económicas y de otra índole.

DIOS:

Soñar que oramos a Dios puede ser indicio de un notable complejo de culpabilidad.

DIOSA:

Ver una diosa suele indicar futuras contrariedades.

DIPLOMA:

Recibir un diploma indica distinciones y recompensas en tu trabajo, un futuro prometedor y posible promoción. No conseguirlo: fracaso y mala suerte, por lo que deberás modificar tus planes en consecuencia.

DIPLOMÁTICO:

Tendrás que tratar asuntos delicados; una intervención protectora puede ayudarte a encontrar una solución.

DIPUTADO:

Si sueñas que eres diputado: próximas ingratitudes y penalidades. Ver a los diputados, encontrarse con ellos: esperanzas que no podrán realizarse, decepción y fracaso.

DIQUE:

Construirlo: recibirás ayuda y apoyo en tus gestiones y protección en tus actividades. La constancia en tus esfuerzos te asegurará el éxito. Destruirlo: desolación, tristeza, preocupaciones económicas, relaciones familiares comprometidas.

DIRECCIÓN:

Escribir la dirección de una persona querida presagia noticias agradables, próxima cita o reencuentro. Una dirección de negocios: buena suerte, éxito profesional. Ver una dirección en sueños significa que pronto recibiremos noticias o la visita de un amigo, seguramente de aquel cuya dirección hemos soñado. En cambio, dar nuestra dirección nos advierte de que hemos cometido una imprudencia.

DISCOS:

Soñar con una determinada música o melodía será favorable o no según sea la letra de la canción oída. Cuando tan sólo se percibe la melodía, será necesario averiguar la letra de la canción, a fin de descubrir en ella el mensaje del sueño. Esto es especialmente válido cuando nos despertamos con cierta melodía o canción en la mente.

DISCURSO:

Si te ves en sueños pronunciando un discurso, es indicio de que tus deseos no se realizarán. Fracasarás en un negocio en el que habías puesto todas tus esperanzas. Oírlo: lo que escuches te indicará el sentido favorable o desfavorable del sueño.

DISCUSIONES:

Si discutes en sueños con una persona de cierto nivel, es presagio de que lograrás tus objetivos. Sin embargo, no es buen indicio cuando la discusión tiene lugar con alguien de baja calidad moral o personal.

DISECAR:

Ver en sueños a un animal disecado indica riesgos de ser objeto de un engaño.

DISFRAZ:

Verse disfrazado en una fiesta es señal de momentánea alegría. También indicio de conquistas amorosas.

DISGUSTO:

Estar disgustado en sueños es indicio de próximas alegrías y de logro de nuestros objetivos.

DISLOCAR:

Dislocarse una articulación en sueños significa una próxima pérdida de dinero.

DISMINUCIÓN:

Si soñamos que las cosas disminuyen de tamaño, nos amenaza un descenso de posición social o profesional. Si somos nosotros los que nos vemos disminuir, especialmente si retornamos a la infancia, el sueño revela una necesidad de afecto, de sentirnos cuidados amorosamente.

DISPARAR:

Disparar en sueños con un arma de fuego indica que dentro de poco sucederán hechos conflictivos en los que te verás involucrado. No obstante, hay que ser cuidadoso a la hora de interpretar este sueño, pues posiblemente tan sólo sea un reflejo de la película que viste la noche anterior.

DISPUTA:

Alegría y relaciones armoniosas con las personas que te rodean.

DIVÁN:

Usarlo en condiciones agradables y felices presagia una situación familiar serena, placeres en el hogar, satisfacciones, plenitud. Acostarse en él: descuido o enfermedad, dificultades en la vida familiar. Verlo deteriorado o roto: peleas familiares, pérdida de dinero, preocupaciones afectivas.

DIVERSIÓN:

La diversión en sueños suele ser siempre indicio de todo lo contrario: tristezas, discusiones y disgustos.

DIVISAS:

Soñar con moneda extranjera es un aviso o de posibles pérdidas. Evita las operaciones especulativas.

DIVORCIO:

Ver tu divorcio en sueños puede anunciar el robustecimiento de vínculos con tu pareja, un amor perdurable y fidelidad en los sentimientos o las relaciones.

DOBLAR LAS CAMPANAS:

Oír doblar las campanas suele ser indicio de noticias tristes.

DOLORES:

Sentir dolores durante un sueño puede indicar soledad moral y afectiva, desamparo y angustia.

DOMADOR:

Soñar con un domador o serlo uno mismo presagia éxito y triunfo, pero de poca duración y siempre que en la doma no ocurra ningún accidente, en cuyo caso auguraría un fracaso proporcional a la gravedad del accidente sufrido por el domador. Suele ser bastante frecuente en la infancia y adolescencia, y en estos casos refleja la natural inquietud y afán de aventuras de dicha edad. Cuando el sueño se produce en momentos difíciles de la vida del soñador, puede tratarse de un reflejo de la tensión anterior, de la necesidad de dominar pasiones internas de carácter contradictorio.

DOMESTICAR:

Tiene un significado muy parecido al anterior, pero el éxito que asegura es más duradero.

DOMINÓ:

Es un sueño de placeres inocentes, pero si se pone excesiva pasión en el juego y éste se pierde, predice indiscreciones, mientras que si se gana revela el deseo de ser adulado.

DON JUAN:

Soñar con este personaje indica que tus asuntos sentimentales están bastante mal.

DONACIÓN:

Soñar que recibes dinero en donación indica lo contrario: escasez y problemas económicos. Si eres tú quien la realiza, será indicio de que quieren abusar y aprovecharse de ti.

DORADOS:

Indican falsedad e hipocresía en tu entorno. No te fíes de las apariencias engañosas.

DORMIR:

Cuando aparecemos en un sueño dormidos o a punto de dormirnos, es augurio de que debemos prestar atención a nuestros asuntos, ya que los tenemos abandonados. Puede ser un síntoma de agotamiento con el que debemos tener especial cuidado, pues puede desembocar en una enfermedad. Dormir en tu cama con sentimiento de bienestar indica serenidad y plenitud. Hacerlo con impresión de desagrado o de no poder dormir, sentirse enfermo o indispuesto: fracaso en los negocios, apremios de dinero y preocupaciones financieras. Dormir con la persona que amas: dicha, felicidad conyugal, sentimientos sinceros y profundos. Con una persona desconocida del sexo opuesto: éxito en el amor, relación nueva e imprevista. Con una mujer de baja condición, vieja o fea: quiebra, ruina o enfermedad. Con una persona de tu mismo sexo: fracaso, mala suerte, vergüenza y humillación. En una cama desconocida: sucesos desagradables, demoras en la evolución de tus negocios, devolución de asuntos importantes, oposición.

DORMITORIO:

Este sueño tiene relación con asuntos de familia o del corazón. Si la habitación aparece apropiadamente amueblada, con buen aspecto, los asuntos marcharán según tus deseos. En caso contrario, surgirán complicaciones, disputas y discusiones.

DOSEL:

Estar debajo de él indica que gozarás de protecciones influyentes, que te serán útiles para tus negocios.

DROGA:

Placeres fáciles pero cargados de consecuencias frustrantes, posible abandono, soledad.

DROMEDARIO:

Al igual que el camello, ver en sueños estos animales presagia éxito en tus actividades. Tus esfuerzos serán recompensados.

DUCHA:

Si tomas una ducha en sueños y sientes el agua agradable, es augurio de próximo triunfo, mostrando además que tus condiciones físicas y morales son apropiadas. Si, por el contrario, el agua está demasiado caliente o demasiado fría, será indicio de dificultades y sobresaltos.

DUELO:

Batirse en duelo con otra persona presagia conflictos y rivalidad, desunión y peleas. Si el resultado del duelo te es favorable, llevarás la ventaja en las discordias en que actualmente estás inmerso. Salir herido es mal augurio. Si en el sueño eres simplemente un espectador del duelo, son otras personas cercanas a ti las que se verán envueltas en discordias.

DUENDE:

Ver a un duende en sueños suele siempre indicar éxito sentimental, nueva relación o reconciliación. Sentimientos compartidos, ternura y comprensión, alegría y felicidad.

DULCE:

Comer dulces en sueños es signo de amarguras.

DUNAS:

Verlas y caminar por ellas presagia dificultades próximas, situación penosa y delicada que habrás de resolver con reflexión y coraje. Hacer un hoyo y acostarse en las dunas indica fuertes pérdidas de dinero y, tal vez, enfermedad.

DÚO:

Cantar a dúo indica alegría y felicidad, dicha afectiva, buena marcha de los asuntos sentimentales.

DUPLICADO:

Desconfianzas, sensación de inseguridad con respecto a quienes te rodean. Deberás tomar precauciones en las transacciones que realices.

DUQUE:

Soñar con una persona que ostenta el título de duque es símbolo de protección eficaz. En cambio, si se trata de una duquesa, es posible que te enamores de alguien que sólo te aportará humillaciones. Recibir el título de duque presagia apoyo para tus negocios y asuntos. Gozarás de la protección de personas influyentes.

EBANISTA:

Vas a tomar decisiones que van a influir felizmente en tu vida. Un cambio importante en tus condiciones favorecerá tus recursos financieros. Alegría afectiva, felicidad en el hogar.

EMBRIAGUEZ:

Si te ves ebrio en sueños, significa desaliento y soledad moral. No alcanzas a superar las dificultades actuales y cedes ante los ataques rivales. Penas, pesares, desilusiones. Se mofarán de ti y te calumniarán. Pérdida de estima. Ver a una mujer en estado de ebriedad es síntoma de dolor profundo y remordimientos. Serás responsable de una acción cometida en detrimento de uno de tus allegados.

ECLIPSE:

Soñar con un eclipse indica que encontramos obstáculos para cumplir nuestros deseos. Sólo la espera nos pondrá en situación de resolver conflictos y alcanzar nuestros fines. No podemos hacer nada para adelantar acontecimientos, por lo que se sugiere mucha paciencia. Este sueño también está asociado con la tristeza.

ECO:

Te dejas llevar por la inercia y tienes una clara falta de iniciativa. Puedes interpretarlo como un mensaje de prudencia y para darle otras interpretaciones deberás ver qué papel desempeña en el contexto del sueño.

ECONOMÍA:

Tu propia experiencia en la vida te llevará a temer privaciones futuras. Soñar con ahorrar hace pensar en eventuales precauciones para protegerse de sucesos desdichados. Es un sabio consejo que deberías poner en práctica.

EDAD:

Soñar con una persona anciana indica ternura. Si confiesas tu edad, esto es anuncio de una nueva y buena amistad. Por el contrario, si la ocultas, perderás uno de tus mejores afectos.

EDELWEISS (flor alpina):

La suerte y la felicidad están de tu parte.

EDIFICAR:

Se trata de un sueño de buen agüero, ya que significa construcción, creación y progreso, factores que son altamente beneficiosos. Nos encontramos en un momento muy productivo que deberemos aprovechar al máximo.

EDIFICIO:

Este sueño significa que debes procurar cumplir con tus compromisos.

EDITOR:

Augurio de nuevos proyectos y una feliz evolución de tu situación. Tu futuro cercano te ofrecerá perspectivas interesantes.

EDREDÓN:

Es sinónimo de comodidad, seguridad en el hogar, serenidad.

EJECUCIÓN:

El significado de este sueño varía dependiendo de si nos hallamos en la situación de la víctima o en la del verdugo. En el primer caso quiere decir que somos presa de la culpabilidad y en el segundo, que estamos en rebeldía contra las imposiciones de la vida. Cuando nos vemos ejecutar, es símbolo de mala suerte y desgracia en general, que nos acarreará pérdidas de índole material y problemas de afectividad. También debemos tener cuidado con la salud, pues podemos ser víctimas de una enfermedad. Ser testigo de una ejecución augura éxito en nuestros negocios e indica que recobraremos nuestros derechos y que saldremos vencedores en los litigios que nos queden pendientes. Tendremos algunos gastos inesperados de dinero, pero no nos causarán graves perjuicios.

EJÉRCITO:

Este sueño simboliza una agresión que estamos padeciendo y cuyos efectos queremos paliar apoyándonos en los demás. Cuando vemos un ejército en campaña anuncia discordias y separaciones, y también que se avecina un período de tristeza que nos será muy difícil remontar. Cuando vemos al ejército en época de paz, augura que recibiremos comprensión por parte de los demás y que alcanzaremos la tranquilidad tanto tiempo anhelada. En los negocios nos augura el éxito siempre y cuando hagamos caso de las opiniones de los que nos aconsejan.

ELÁSTICOS:

Ver o manipular elásticos de cualquier tipo anuncia un período feliz y reconfortante. Hallarás suerte y éxito.

ELECTRICIDAD:

Vas a ser víctima de una relación pasional que te causará muchas adversidades. Ten cuidado.

ELEFANTE:

El elefante siempre ha sido un claro símbolo de la fuerza, la prosperidad, la longevidad y la memoria. Soñar que nos montamos en él asegura el éxito en los negocios, mientras que si lo vemos en un circo, predice situaciones desagradables. Es muy buen presagio ver a un elefante con su cría. No tiene especial incidencia en nuestra vida afectiva.

EMBADURNAR:

Has de cuidar tu reputación, se han emprendido malas acciones a fin de perjudicarte.

EMBAJADOR:

Hallarás serios obstáculos en tu actividad profesional. Corres el riesgo de tener que renunciar a tu posición.

EMBALAR:

Si son tus pertenencias lo que embalas, hay probabilidades de que sufras un acontecimiento desfavorable de origen familiar, inseguridad en tu trabajo o disputas sobre tus posesiones. Si las pertenencias son de otra persona, es signo de cólera, riesgo de intenciones malévolas y engaños. Si ves a una persona embalar, es posible que seas víctima de un robo.

EMBALSAMAR:

Es anuncio de una enfermedad larga para uno de tus parientes cercanos. Duelo cruel, período de dolores y pesares.

EMBARAZO:

Este sueño se produce con frecuencia en las personas que quieren ser padres, lo que indica que es su subconsciente el que lo dirige. Nos sugiere que tengamos paciencia con nuestros planes, ya que precisan de maduración para su cumplimiento. Tiene distintos significados según la situación del que lo sueña: para las mujeres en general augura el cumplimiento de sus sueños; para los hombres la desgracia y para las mujeres mayores, decepción. En la actualidad tiene un significado muy positivo para todos los temas relacionados con la economía, porque favorece los negocios y hace que nuestras inversiones sean muy productivas. En el aspecto laboral alcanzaremos el éxito.

EMBARCACIÓN:

Es augurio de que próximamente se va a producir un cambio favorable para nosotros, bien en el terreno afectivo o bien en el campo de los negocios. Si navegamos en aguas tranquilas, quiere decir que también tendremos tranquilidad y es buen augurio para los proyectos; si, por el contrario, navegamos en aguas tumultuosas, el sueño indica que nos vamos a encontrar con problemas y dificultades, aunque siempre vamos a ser capaces de superarlos y llegar a buen puerto, y sólo fracasaremos en el caso de que veamos que la embarcación encalla o se hunde. Soñar con embarcar supone un cambio de situación que en la mayoría de los casos, y a pesar de los problemas, será favorable.

EMBARGO:

El anuncio de un embargo en sueños, el tener que sufrir sus efectos, indica problemas graves relacionados con ciertas autoridades legales. Carecerás de los argumentos indispensables para tu defensa. Impotencia y desconcierto, pérdida de dinero. Tienes que plantearte seriamente tus proyectos.

EMBAUCADOR:

Las ganancias esperadas se traducirán en pérdidas. Tus métodos, al margen de los principios aceptados, te resultarán perjudiciales.

EMBOSCADA:

Si sueñas que caes en una emboscada, deberás mirar más por tus bienes.

EMBRUJO:

Si sueñas que estás embrujado, significa que en la vida real sufrirás influencias nefastas de las que te costará desprenderte. Si eres tú quien embruja a otra persona, tu poder sobre los demás es notable y te permite vencer gran número de obstáculos.

EMBUDO:

Vigila tu negocio o intereses, ya que estás expuesto a que uno de tus empleados o servidores te roben.

EMBUTIDO:

Como muchas otras cosas pequeñas sin significado propio, lo que debemos tener en cuenta es su color. Así, un embutido blanquecino indica alegría; si es negro, penas; rojizo, pasión, etc.

EMIGRAR:

Posiblemente vayas a cambiar de empleo o de responsabilidades dentro de él. Se te propondrán nuevas condiciones de vida. Tu vida hogareña se verá afectada y tendrás que adaptarte. Posibles ganancias.

EMPEÑO:

Si por tu situación acudes a una casa de empeños con alguna de tus pertenencias, procura rectificar tu modo de ser y obrar, ya que este sueño demuestra que no eres persona juiciosa y previsora, y a la larga acabarás en la miseria.

EMPERADOR:

Soñar con un emperador o hablar con él señala preocupaciones y contrariedades.

EMPERATRIZ:

Es signo de pérdida de empleo, reputación y dinero.

EMPLEO:

Cuando soñamos que buscamos un empleo, es signo de que vamos a pasar por cambios favorables que nos llevarán al triunfo de nuestros proyectos. Cuando es otra persona la que está buscando empleo, quiere decir que estamos ayudando a alguien a conseguir sus logros, pero que nosotros nos hallamos en situación de desamparo.

EMPRESARIO:

El manejo de tus intereses por parte de otra persona puede justificarse a causa de tus actividades y tus preocupaciones, pero debes mantenerte alerta en relación con los resultados que deseas obtener. Puede que tus esperanzas no se materialicen. Fracaso en las búsquedas emprendidas, decepción y tristeza.

EMPUJAR:

Soñar que alguien te empuja es una advertencia de que un amigo trata de perjudicarte. Si eres tú quien empuja a otra persona, procura rectificar tu carácter o habrás de arrepentirte.

ENANO:

Este sueño generalmente significa que estamos actuando con mucho cuidado, lo que nos favorecerá, aunque también tiene un significado negativo, que se refiere a la ignorancia que podemos tener sobre temas que son importantes para nuestros negocios. Obtendremos buenos resultados en los negocios, pero inferiores a lo que esperábamos.

ENCADENAR:

Te encuentras en una situación difícil. Tienes pocos amigos a tu alrededor y graves preocupaciones que amenazan con comprometer tu situación.

ENCAJE:

Ver o poseer encajes señala prontas y felices realizaciones de tus proyectos amorosos y una mejora de tu posición.

ENCALLAR:

Después de una época de desdichas, se te impondrán nuevas condiciones de existencia. La mejora de tu situación estará ligada a tu voluntad de triunfar.

ENCARCELAMIENTO:

Verte encarcelado en sueños implica graves dificultades ocasionadas por tu medio familiar o profesional: las gestiones importantes, los encuentros con gente influyente y su apoyo te resultarán negativos.

ENCENDEDOR:

Estás a punto de iniciar una historia de amor que te causará algunas contrariedades. Ten cuidado.

ENCENDER:

Encender la luz en sueños indica la llegada de una noticia agradable. Perspectivas de felicidad en el hogar, cambios favorables. Encender un fuego doméstico es presagio de felicidad conyugal, de éxito en tus actividades profesionales, de serenidad. Si se trata de encender un fuego malintencionado, te verás inmerso en dificultades graves, obligaciones, retrasos, problemas financieros. Si lo que enciendes es una vela, es sinónimo de amenaza de enfermedad para uno de tus allegados.

ENCERADO:

Augura problemas, humillaciones y peleas con quienes te rodean.

ENCERRAR:

Estar encerrado en sueños vaticina obstáculos imprevistos, apremios, inconvenientes. Tu entorno se comporta de manera hipócrita, desleal, mezquina. Si eres tú quien encierra a otra persona, significa que encontrarás los medios indispensables para neutralizar a tus adversarios.

ENCÍAS:

Si están en buen estado, significará suerte y éxito en tus empresas. En mal estado, circunstancias difíciles, problemas de dinero, deudas, preocupaciones financieras, inestabilidad afectiva, inquietud por la familia, riesgo de salud frágil, posible enfermedad.

ENCINA:

Ver una encina en sueños nos promete una gran protección y éxito en nuestras empresas, felicidad y fortuna, pero siempre a condición de que la encina luzca todo su follaje, pues si la vemos perderlo, la protección prometida puede verse comprometida, e incluso no llegar a convertirse en realidad.

ENCOLAR (carteles):

Tendrás contrariedades en los negocios, decepciones, malentendidos, mentiras.

ENCORVARSE:

Verse encorvado en sueños augura decepción y humillación.

ENCRUCIJADA:

Nos encontramos ante la perspectiva de un cambio de situación que si queremos que sea favorable, deberemos asumir con total responsabilidad. En estos momentos son muy importantes las decisiones que tomemos porque van a influir en el resto de nuestra vida.

ENCUADERNACIÓN:

Será necesario que adoptes una actitud rigurosa en la manera de abordar y resolver tus dificultades. Te prodigarán consejos experimentados.

ENCUESTA:

Ser objeto de una encuesta significa que has despertado las sospechas de tus rivales. Desconfiarán de tus decisiones y ejercerán un control riguroso de tus actos, señales precursoras de dificultades importantes cuyas consecuencias podrían ser destructivas.

ENDIBIAS:

Soledad, amargura en el olvido.

ENEBRO:

Calumnias, maledicencia en tu entorno; los negocios pueden resultarte desfavorables.

ENEMIGO:

Los sueños en que aparecen nuestros enemigos son los más fáciles de interpretar, pues su traducción es literal. Así, por ejemplo, soñar que los vencemos significa que realmente estamos decididos a vencerlos en la vida real; hablar con ellos, el deseo de solucionar pacíficamente nuestras diferencias, y así en todos los demás casos.

ENFERMEDAD:

Soñar con cualquier tipo de enfermedad les sucede a aquellas personas que tienen algún problema psicológico que todavía no han advertido. Este sueño supone en todo caso conflictos o falta de seguridad. Conlleva siempre sinsabores y pesares. Se esperan conflictos familiares y la gravedad de la enfermedad indicará la importancia de los conflictos.

ENFERMERA:

En los sueños de enfermedad, muchas veces aparece un enfermero o enfermera, lo que nos pronostica la próxima presencia de una persona de la que recibiremos consejos, afecto e incluso amor, que a su vez presupone que en la vida real también tenemos problemas afectivos, es decir, que no existe un perfecto entendimiento con el cónyuge, o al menos que en estos días han existido roces y discusiones matrimoniales.

ENGORDAR:

Cuando en sueños nos vemos engordar o mucho más gordos de lo que somos en la realidad, es presagio de un incremento de bienes y de salud.

ENGRANAJES:

Soñar con un sistema mecánico que utiliza engranajes en perfecto estado de funcionamiento es augurio de excelentes condiciones para llevar a buen término tus empresas. Dispondrás de los medios necesarios para alcanzar el éxito. Descompuestos, deteriorados o rotos son símbolo de decadencia de tus negocios, pérdida de dinero, deudas, mala suerte.

ENHEBRAR:

Si en sueños enhebras una aguja, es signo de esperanza de reconciliación, promesa de felicidad.

ENJAMBRE DE ABEJAS:

Presagio de prosperidad, de éxito en tus actividades gracias a la laboriosidad y el tesón. Obtendrás ventajas y consideración: bellas promesas para el porvenir. Un enjambre de abejas desunido, amenazante, preparado para lanzarse al ataque tendría un significado negativo.

ENREDADERA:

Si la enredadera está en tu casa, significa relaciones amorosas. Si estuviera seca, señal de pena a causa de una noticia que te afectará íntimamente. Si sueñas que la arrancas, discusiones conyugales.

ENSALADA:

Se trata de un sueño de mal agüero, porque avisa de que las relaciones con los demás van a sufrir por motivos de intereses. Problemas financieros seguidos de pérdidas, vida familiar y afectiva turbulenta. Nos sentiremos víctimas de la incomprensión.

ENTERRADOR:

Soñar con uno o varios enterradores que en aquel momento no se estén ocupando de un entierro casi siempre presagia la muerte de algún pariente lejano o amigo que nos legará sus bienes; es decir, nos promete una herencia inesperada, tanto mayor como más enterradores soñemos.

ENTIERRO:

Si soñamos que asistimos a nuestro propio entierro, es señal de que pronto vamos a salir de una situación en la que no nos encontrábamos a gusto y que nos liberaremos de nuestra tristeza y de nuestras miserias. Se avecinan períodos de felicidad y de estabilidad. Si asistimos a un entierro, ya sea de personas conocidas o desconocidas, anuncia problemas profesionales y económicos con grandes pérdidas de dinero. Si estamos pensando en un nuevo negocio, debemos posponerlo, ya que no es el momento indicado para iniciar actividad alguna. Cuando lo que soñamos es que nos están enterrando vivos o que ya lo han hecho, es una señal de muy mal augurio, por lo que deberemos estar prevenidos ante todo, ya que estamos en una situación malísima en la que nada se desarrollará de acuerdo con nuestras expectativas, tanto en el terreno de los negocios como en lo sentimental y afectivo.

ENTRADA (a una vivienda):

Si la entrada es abierta, soleada, acogedora, este sueño es símbolo de hermosas promesas para el futuro, riqueza y prosperidad, éxito y felicidad. Si es sombría, oscura o de aspecto desagradable, significará obstáculos, dificultades, impedimentos, oposiciones a tu progreso.

ENTRAÑAS:

Tanto si vemos nuestras propias entrañas como si las vemos devoradas por los animales, es un mal augurio. Anuncia que en el terreno de los negocios tendremos mala suerte y cualquier tarea que emprendamos tendrá resultados insatisfactorios. Surgirán además problemas con los socios y los compañeros de trabajo. Nuestras relaciones familiares y afectivas serán muy complicadas. A toda esta situación deberemos añadir un estado de angustia e inquietud que nos tendrá muy preocupados y que, por otro lado, nos impedirá ver las cosas con claridad; esto hará aún más difícil tomar las decisiones oportunas para salir de este nefasto estado que, en algunos casos, se puede prolongar indefinidamente.

ENTRELAZAR:

Indica que estamos deseosos de entablar nuevas relaciones o estrechar las existentes en todos los campos, tanto en el de los negocios o profesional como en el de la vida afectiva. También sugiere que estamos deseosos de estrechar relaciones sexuales con alguna persona.

ENTREMESES:

Si éstos son apetecibles, es indicación de un período feliz, cuyos efectos conocerás dentro de muy poco. Si son de aspecto dudoso, indica que sufrirás indeseables preocupaciones.

ENTUMECIMIENTO:

Tienes dificultad para superar tus problemas. Las soluciones aplicadas no han dado resultado. Tus esperanzas disminuyen, tus esfuerzos parecen inútiles. Reacciona usando métodos nuevos, más eficaces.

ENVENENAR:

Si soñamos que envenenamos a alguien, quiere decir que estamos pasando por una temporada de conflictos con alguna persona y que los proyectos que tengamos en mente se verán frustrados. Por el contrario, si somos envenenados augura situaciones favorables en todos los campos y en el caso de hallarnos en una situación desfavorable nos ayudará a salir de ella mucho mejor y más rápido de lo que esperábamos.

ENVIDIAR:

Si envidias a una persona en sueños, es símbolo de frustración en la realización de tus proyectos. Ser envidiado, sin embargo, es una indicación favorable. Este comportamiento favorece un juicio positivo sobre los resultados obtenidos en la evolución de tu situación.

ENVOLVER:

Este sueño representa la represión. Es el deseo que tenemos de tapar u ocultar algo. Según sea la envoltura, corresponderá al grado de nuestras represiones.

EPIDEMIA:

Las pésimas circunstancias que afectan a los tuyos amenazan con alcanzarte y comprometerte.

EPÍGRAFE:

Personas a quienes habías olvidado se presentan ante ti probablemente para resucitar hechos desagradables del pasado.

EPITAFIO:

Recibirás malas noticias, como el anuncio de una enfermedad o de un fallecimiento. Asuntos en suspenso relacionados con una sucesión o una herencia.

EQUIPAJE:

Es un símbolo de cambio. Cuando lo vemos quiere decir que vamos a recibir noticias que harán que modifiquemos nuestra vida afectiva y profesional. Si el equipaje está lleno, disfrutaremos de cambios felices, tristes si está vacío. También implica el deseo que tenemos de dar un nuevo rumbo a nuestra vida, ya que no estamos contentos con la que ahora tenemos. Es sinónimo de cambios en la vida familiar de los que seremos responsables y que pueden ser causados por un nuevo matrimonio o divorcio.

EQUITACIÓN:

Es sinónimo de actividades placenteras, aunque sin gran rendimiento lucrativo. Serenidad en el corazón y el espíritu. Esta actividad parecerá superficial en comparación con las dificultades reales de las que te empeñas en huir.

ERA:

Si la era soñada está vacía, pronostica problemas y dificultades, y a veces penuria. Pero si contiene paja o grano, o ambas cosas a la vez, augura bienestar y provecho, tanto mayor como más repleta se halle. Cuando las circunstancias personales del que sueña lo permitan, puede anunciar el cobro de una herencia que ya se esperaba.

ERIZO:

Es sinónimo de luchas y enfrentamientos. Deberemos tener especial cuidado con quienes nos rodean, ya que seremos víctimas de un trato denigrante por su parte. Nuestros enemigos tendrán éxito si soñamos que nos pinchamos con un erizo.

ERMITA:

Inesperada traición de una persona a quien considerábamos uno de nuestros mejores amigos.

ERMITAÑO:

Soñar son un ermitaño tiene diferentes significados. Si el entorno en que se encuentra es claro, soleado y tranquilo, simboliza calma, sosiego, paciente trabajo, relaciones personales muy apacibles. Si, por el contrario, se halla el ermitaño en un ambiente tenebroso, nublado o frío, esto anuncia que la labor que estamos ejecutando se va a volver cada vez más pesada y aburrida, y que nos será muy difícil llevarla a buen término. Cuando somos nosotros los que nos vemos como ermitaños, el sueño sugiere cansancio ante todas las situaciones en que nos encontremos, pues se verán pobladas de obstáculos y problemas. Perderemos a amigos o a parientes que nos profesaban cariño pero que en este momento se están alejando de nosotros.

ERUPCIÓN:

Si se trata de una erupción volcánica, significa que se producirán importantes movimientos familiares o profesionales, un período de agitación intensa. Clima pasional violento e incontrolable. Sufrirás algunas pérdidas financieras, litigios, proceso. Si se trata de una erupción cutánea, es sinónimo de temores, inquietudes y problemas penosos de soportar. Tu salud será delicada y demandará cuidados.

ESCAFANDRA:

Deberás tomar iniciativas determinantes en la conducción de tus negocios, ante las intrigas y los ataques de tus enemigos. Riesgo de apremios. La victoria dependerá de tu manera de actuar.

ESCALAR:

Este sueño representa el esfuerzo que estamos haciendo para conseguir nuestras metas. Cuando escalamos logramos conseguir todo aquello por lo que estamos luchando, pero sólo saldrán bien las cosas si aparte de escalar bajamos bien. También significa que por muchos obstáculos que nos encontremos en el camino, seremos capaces de saltar por encima de ellos y conseguir nuestros fines, aunque a veces pagando un alto precio por ello. Cuando soñamos que caemos durante una escalada, advierte que debemos llevar un especial cuidado en los avances, ya que una caída en estos momentos puede significar un grave desequilibrio y sus consecuencias pueden ser muy graves para nuestra economía.

ESCALERA:

Son muy variadas las interpretaciones que se dan al soñar con una escalera, ya que ésta puede ser de diversas formas y materiales. También serán de gran importancia sus dimensiones y colores, así como el lugar en que se hallen ubicadas. Si soñamos que estamos subiendo una, quiere decir que gracias a nuestro propio esfuerzo conseguiremos el triunfo en los proyectos profesionales y en las gestiones de negocios; también alcanzaremos éxito en nuestras relaciones con la familia. Subir nos ofrece unas muy buenas perspectivas para el futuro, augurando el éxito en todos nuestros negocios, y también significa prosperidad económica.

ESCALINATA:

Augura cambios importantes en tu existencia. Ciertas condiciones se van a modificar. Asuntos delicados se solucionarán de la mejor forma para tus intereses, después de algunas preocupaciones transitorias.

ESCAMAS:

Las escamas representan irracionalidad y tendencias pasionales. Si son de reptil, seremos víctimas de relaciones hipócritas, de traición y de calumnias. Nos encontraremos inmersos en situaciones de peligro de poca importancia.

ESCAPAR:

Tanto en los sueños como en la vida real, escapar de un peligro siempre es una suerte, una indicación favorable. La clase de peligro del que escapamos ya viene implícita en el sueño.

ESCAPARATE:

La vida nos ofrece diversas alternativas y nosotros seremos los responsables de escoger las más adecuadas para que se cumplan nuestros deseos. No podremos hacer responsable de lo que nos ocurra a nadie.

ESCAPE DE AGUA:

Sufrirás problemas de dinero, trastornos financieros, rivalidades familiares o profesionales. Te harán padecer privaciones durante algún tiempo. Retraso en la evolución de tus negocios.

ESCARABAJO:

Soñar con escarabajos es siempre un buen presagio, ya que augura éxito en los negocios y avisa de que tendremos tiempos de intensa felicidad que no esperábamos. Es un buen momento para iniciar empresas de cualquier tipo, ya que se verán coronadas por el éxito.

ESCARCHA:

Pequeñas contrariedades en la amistad y en las relaciones amorosas, problemas económicos.

ESCENARIO:

Muy a tu pesar, serás puesto en evidencia. Influencias que aportarán modificaciones en tus proyectos permiten esperar perspectivas más halagüeñas. Decepción, amargura, dificultades financieras, asociadas a fallos en tu salud. Sentimientos falsos e hipócritas.

ESCLAVO:

Si se sueña que uno mismo es un esclavo, deberás considerarlo feliz anuncio de próximas y valiosas relaciones con personas que habrán de ayudarte.

ESCLUSA:

El significado de este sueño es muy fácil de descifrar, ya que el agua se refiere a los sentimientos y la esclusa sirve para regular o detener su salida. Así pues, este sueño nos advierte que debemos controlar nuestras emociones y sentimientos, pues de lo contrario nos esperan muchos disgustos.

ESCOBA:

Se trata de un sueño de muy buen agüero. Generalmente representa la necesidad que tenemos de suprimir todas aquellas cosas que nos molestan. Predice éxito y anuncia que recibiremos buenas noticias. Nuestra vida cambiará mejorando de situación. Si nos vemos barriendo el interior de una casa, significa felicidad familiar y si es el exterior, nos dice que tendremos ingresos económicos inesperados.

ESCOLLERA:

Verla o encontrarse en ella augura decepción en los negocios, proyectos retrasados, recursos financieros disminuidos, amistades que se pierden. Afortunadamente, se presentarán otras posibilidades que aportarán la solución deseada.

ESCONDER:

Si escondes en sueños un objeto, significa que en tus relaciones interviene la desconfianza y la deslealtad. Con tu actitud sólo conseguirás reprimendas y hostilidad. Tus negocios no hacen gala de honestidad. Si eres tú quien se esconde, cometerás errores y torpezas. La incertidumbre te impide aportar la solución conveniente para tus problemas. Soledad moral, temor de adoptar decisiones inapropiadas, posibilidad de gastos imprevistos.

ESCORPIÓN:

La traición de una persona que está cerca de tus sentimientos te sorprenderá. Consecuencias graves sobre tu manera de vivir, desgracia. Matarlo sería sumamente beneficioso para ti.

ESCRIBIR:

Si te ves escribiendo, significa la llegada de noticias agradables, importantes. Deberás tomar una decisión que te llevará en una dirección diferente. Ver escribir a una persona implica malas noticias por las que tu existencia puede llegar a modificarse: cambio de situación, pérdida de ventajas.

ESCRITOR:

Este sueño es un presagio feliz. Tus ideas serán apreciadas, tus iniciativas acertadas y originales. Un futuro prometedor te está reservado.

ESCUCHAR:

Si eres escuchado en sueños, significa que no tienes que engañarte por la actitud que la gente muestra hacia ti ni por el interés que parecen demostrarte. Si escuchas a otras personas, quiere decir que los consejos que te han dado, y de los que te acuerdas, pueden representar presagios.

ESCUDO:

Dentro de un clima pasional de agresividad y conflictos, recibirás una protección amistosa.

ESCUELA:

Debemos estar dispuestos a adquirir nuevos conocimientos y a pasar cualquier prueba, ya que siempre sacaremos algo positivo de ello. Se avecina una nueva etapa que favorecerá nuestros proyectos. Es el momento de hacer uso de la experiencia.

ESCULTURA:

Este sueño indica que tenemos una necesidad de cambio, que queremos remodelar nuestra propia existencia porque no nos agrada la vida que llevamos. Según el estado en que se encuentre la obra, veremos hasta qué punto hemos sido capaces de realizar ese cambio y la dirección nueva que estamos tomando. Todo lo anterior se puede aplicar al mundo de los negocios.

ESCUPIR:

El acto de escupir augura pobreza y contrariedades. Si en el sueño escupes a otra persona, desprecio de amigos.

ESGRIMA:

Es signo de disputas, pendencias con una persona de tu círculo. Si las consecuencias no son graves, si la lucha termina sin heridas físicas o de amor propio, te verás favorecido por las circunstancias.

ESMERALDA:

Cuando esta piedra preciosa de bonito color verde aparece en nuestros sueños, indica que somos capaces de observar todo lo que sucede a nuestro alrededor y sacar conclusiones positivas que nos favorecerán. Predice también cambios importantes y que seremos felices. Cuando soñamos que perdemos una esmeralda, quiere decir que la persona amada nos va a abandonar a consecuencia de algún mal comportamiento que hemos tenido con ella.

ESMOQUIN:

Buenas noticias o decisiones importantes te harán participar en festejos o ceremonias en tu honor, certeza de un futuro mejor.

ESPADA:

Empuñar una espada es señal de éxito y prosperidad en tus negocios. Soñar simplemente con ella significa que te sobrevendrá un gran disgusto. Si otra persona te hiere con una espada, indica conflictos morales.

ESPALDA:

La espalda simboliza la fuerza física y la resistencia, y según como la sintamos en el sueño, fuerte o débil, nos pronosticará salud o enfermedad.

ESPANTAPÁJAROS:

Sufres algunos miedos que podrías fácilmente evitar. Aprende a dominar tus sentimientos y a controlar mejor tus reacciones.

ESPÁRRAGOS:

Son un buen presagio de éxito, curación o liberación, de acuerdo con las circunstancias del que sueña o el contexto del sueño.

ESPECIAS:

Es sinónimo de alegría en el hogar, felicidad, abundancia de dinero y bienes.

ESPEJISMO:

Augura promesas engañosas, anhelos inaccesibles, ilusiones perdidas por falta de madurez.

ESPEJO:

Soñar con espejos ha sido siempre objeto de múltiples controversias. Los antiguos pensaban que en los espejos se reflejaba el alma y según el estado en que se encontrara aquél así seríamos nosotros por dentro; es decir, soñar con espejos rotos o deteriorados significaba que la persona se hallaba en muy mal estado y que era capaz de cualquier cosa, sin la mínima moral, para conseguir sus fines. Los autores modernos, sobre todo Freud, han llegado a la conclusión de que soñar con espejos es observarnos a nosotros mismos y según veamos nuestra imagen reflejada en ellos, así será el augurio del sueño. Si observamos una imagen bella, fuerte y sana, quiere decir que nuestros deseos se van a cumplir y que estamos satisfechos con nosotros mismos; si, por el contrario, la imagen que refleja es deforme o fea, significa que nos vemos a nosotros mismos frustrados y sin ánimo para lograr nuestros sueños. Para otros autores, los espejos significan traición y desconfianza, por lo que se aconseja mucha prudencia.

ESPERANZA:

Tener esperanzas, durante un sueño, en relación con una circunstancia particular, indica una próxima desilusión al respecto.

ESPERAR:

Si en sueños te ves esperando a una persona, esto significa que encontrarás obstáculos en tus proyectos, decepciones con tus amistades, pérdida de estima y contrariedades. Si esa persona llega, tendrás éxito en tus planes y la promesa de un porvenir mejor.

ESPÍA:

Te mezclarás en una situación compleja, delicada, susceptible de provocar cambios importantes en tu ambiente. Conocerás información confidencial relativa a tu actividad profesional. Serás víctima de acciones pérfidas y poco delicadas.

ESPIGAS:

Simbolizan la máxima riqueza cuando están llenas y maduras, o la máxima pobreza cuando se encuentran secas y vacías. Y cuanto acontezca a las espigas de nuestro sueño les ocurrirá también a nuestros bienes y riquezas en la vida real.

ESPINACAS:

Este sueño tiene que ver con nuestras capacidades físicas. Indica que nos encontramos en un momento muy satisfactorio y que gozamos del vigor suficiente para hacer frente a cualquier situación que se nos presente.

ESPINAS:

Soñar con espinas es uno de los sueños más desagradables. Augura habladurías que pueden perjudicarnos. Al mismo tiempo, son amenaza de pérdida de nuestro empleo, de nuestra salud y de nuestros negocios. No obstante, deberás revestirte de voluntad y de fortaleza, para tratar de salir airoso y triunfante en estas predicciones.

ESPINO:

Los momentos tristes y difíciles de la vida no han disminuido la fidelidad y la constancia con que se te ama. Dicha afectiva, armonía conyugal.

ESPIRAL:

A fuerza de paciencia irás progresivamente alcanzando la realización de aquello que más te interesa.

ESPLIEGO:

Siempre que en sueños vemos espliego, o sentimos su aroma, es una promesa de una unión económicamente ventajosa. También nos advierte de que tenemos que ser desconfiados y prudentes.

ESPONJA:

Si sueñas con esponjas, deberás rectificar tu proceder actual en lo que se refiere a tu avaricia, ya que puede acarrearte funestas consecuencias.

ESPOSA:

Para un marido, soñar con su esposa es signo precursor de alegría y felicidad.

ESPOSAS (de prisionero):

Si llevas en sueños unas esposas puestas, sufrirás las consecuencias de una situación en la que no han sido respetadas las precauciones habituales. Tus adversarios se reservarán el derecho de elección de los procedimientos que respondan a sus intereses. Si ves que las lleva otra persona, recibirás malas noticias.

ESPUELA:

Soñar con espuelas nos avisa de que hemos de procurar no ser tan negligentes en nuestros asuntos, ya que esto será motivo de muchas dificultades.

ESPUMA:

Este sueño indica que, con tu constancia y esfuerzo, lograrás que tus anhelos y deseos se cristalicen y obtendrás el ansiado «sí» de la persona a quien amas.

ESQUELETO:

Este sueño augura desgracias. Es presagio de circunstancias difíciles en todos los aspectos, tanto económicos como afectivos. Éste será un momento inadecuado para emprender nuevos proyectos y con los que tenemos en marcha debemos ser muy cuidadosos, ya que diversas circunstancias que se escapan de nuestro control darán la vuelta y se volverán desfavorables. También augura un próximo fallecimiento de la persona que sueña o de algún conocido muy cercano y todo tipo de desgracias.

ESQUÍ:

Encontrarás soluciones rápidas y eficaces a tus problemas, pero tu temeridad puede sobrepasar tus posibilidades actuales.

ESTABLO:

Si está lleno de animales, indica desahogo financiero, riqueza, confianza en el porvenir, seguridad en el hogar, alegría y felicidad. Si está vacío o con animales enfermos, es signo de pérdida de dinero.

ESTACA:

Personas influyentes te prodigarán consejos útiles.

ESTACIÓN:

En cualquiera de los casos en que aparezca una estación en nuestros sueños tiene algo que ver con viajes, ya sean de signo positivo o negativo, lo que se determinará por las circunstancias que rodean a dicho viaje. También augura que recibiremos noticias que de alguna manera afectarán a nuestro entorno profesional y familiar.

ESTADOS UNIDOS:

Prepararse para viajar a Estados Unidos o para estar allí indica un cambio de situación y una mejora notable en tus condiciones de vida, sobre bases diferentes de las que has conocido hasta ahora.

ESTAFA:

Algunas amistades o conocidos embrollarán tus negocios, con riesgo de inconvenientes o procedimientos judiciales. Esto implicará una pérdida de dinero.

ESTALLIDO:

Una imprevista noticia inoportuna. Deberás enfrentarte a los acontecimientos y sufrir contrariedades desfavorables para tus intereses.

ESTANDARTE:

Llevarlo es indicio de ganancias y honores.

ESTANQUE:

Como en todos los sueños en que se vea agua, si ésta es clara recibirás agasajos de buenos amigos. En cambio, si es turbia, desengaños y contrariedades.

ESTANTE:

Si soñamos con un estante repleto, indica que vamos a tener grandes oportunidades para conseguir nuestras metas. Si se encuentra vacío representa desilusiones y frustraciones.

ESTATUA:

Si soñamos que este objeto reúne buenas condiciones, está cuidado e instalado en el sitio adecuado, es un buen augurio. En el caso de que la estatua se halle deteriorada, rota o instalada en un lugar inadecuado, augura que sufriremos grandes decepciones por parte de las personas a las que queremos.

ESTEPA:

Este sueño augura un período de soledad moral y de incomprensión de los acontecimientos que te afectan.

ESTERA:

Indica pobreza y mala suerte. El fracaso de tus gestiones te obligará a buscar condiciones diferentes.

ESTIÉRCOL:

En general es de muy buen agüero, pues sólo nos anuncia cosas positivas, como felicidad y prosperidad económica.

ESTÓMAGO:

En general indica que debemos tomar las cosas con calma. Cuando soñamos con un dolor de estómago, es un mal augurio, porque anuncia pesares y pérdidas financieras. Nuestras relaciones amorosas funcionarán con regularidad en el caso de que el estómago esté sano.

ESTORNUDAR:

Este sueño representa la aparición de algo inesperado que puede ser bueno o malo. Si estornudamos con facilidad, anuncia éxito y suerte, mientas que si lo hacemos con dificultad, augura pena y decepción.

ESTRADO:

Verse sobre un estrado es símbolo de preocupación por las apariencias, ambición desmesurada en relación con la realidad, perspectivas futuras modestas.

ESTRAGOS:

Sufrir estragos en sueños anuncia grandes dificultades en el campo financiero, como consecuencia de acciones de tus compañeros. Gastos de dinero. Los intereses financieros se ven comprometidos. Deudas, riesgo de enfermedad.

ESTRANGULAR:

Si eres tú quien estrangula, significa que sufrirás vergüenza y desgracia, causarás graves perjuicios morales y financieros a una persona conocida. Si eres tú el estrangulado, mala suerte, desgracia, circunstancias dolorosas. Tus fondos financieros, tus bienes sufrirán algunas pérdidas. Deudas, ruptura definitiva con relaciones privilegiadas.

ESTRECHEZ:

Si sueñas que los vestidos, los sombreros o el calzado te vienen estrechos, significa que sufrirás carencia de medios y de dinero. Pero nunca debes desanimarte, pues con el trabajo y el buen comportamiento, seguramente mejorarás tu estado actual.

ESTRELLAS:

Ver resplandecer las estrellas en el firmamento es indicio de felicidad, de prosperidad, de amor, de salud y de cuanto bueno y hermoso pueda desear el hombre.

ESTREÑIMIENTO:

Hermosas perspectivas para el futuro de tu situación profesional o financiera.

ESTRIBOS:

Soñar con ellos indica noticias buenas y placenteras.

ESTUDIANTE:

Si sueñas con estudiantes, recibirás una mala noticia de un ser querido.

ESTUDIOS:

Si en el sueño te ves estudiando, significa que recibirás nuevas posibilidades en tu carrera. Perspectivas diferentes de las que has vivido hasta ahora. Tu situación se modificará ventajosa y provechosamente.

ESTUFA:

Debes prepararte para desembolsar dinero de gastos inesperados.

EUROPA:

Prepararse para viajar a Europa o para visitar un país de este continente significa que tu situación conocerá algunas mejoras, tendrás encuentros con personas influyentes que te aportarán ayuda y apoyo en gestiones importantes. Dicha íntima y profunda.

EVANGELIO:

En los momentos difíciles, buscarás el consuelo del alma y de la paz de espíritu para practicar la reflexión y la meditación. Vas a saber apreciar la comprensión y la generosidad de las personas sabias y desinteresadas. Vida interior rica e intensa.

EVAPORAR:

Si sueñas que se evapora un líquido, vas a tener sorpresas desagradables e imprevisibles. No podrás dominar la situación y reaccionar con eficacia.

EVASIÓN:

Si soñamos que somos nosotros los que nos evadimos, es signo de que vamos a abandonar las circunstancias que nos son adversas en la vida. Siempre es un cambio favorable que redundará en beneficio de nuestros negocios y símbolo de que nuestra vida afectiva va a mejorar sensiblemente.

EXAMEN:

Indica la incertidumbre que sentimos ante las circunstancias que atravesamos, por lo que debemos adquirir seguridad en nosotros mismos y así evitar épocas de angustia que nos harán sufrir mucho. Cuando nos vemos preparando un examen, indica que tenemos nuevos proyectos a la vista y que, además, vamos a sufrir cambios favorables, aunque requieran ciertos sacrificios. Si nos vemos fracasar en uno, sugiere que los proyectos deberán ser revisados atentamente para evitar así que se vayan al traste. Se avecina un período de espera y de sacrificios.

EXCREMENTO:

En la interpretación de los sueños, por regla general, aunque parezca increíble, todo cuanto significa maldad, fealdad, porquería, desaliño, dificultades y mortificaciones es augurio de acontecimientos, sucesos y casos de gratas premoniciones, y este caso concreto de soñar con excrementos indica prosperidad, éxitos, dinero, honores, dulces amoríos, firmes amistades y todo cuanto de bueno pueda desear y apetecer el hombre.

EXCURSIÓN:

Próximamente se te brindarán nuevas perspectivas más felices. Las circunstancias serán más o menos favorables en la medida en que reconozcas la facilidad con que te has desenvuelto durante la excursión.

EXCUSAS:

Trata de rectificar tu conducta para evitar que la gente que te rodea esté tramando engaños contra ti y tus allegados.

EXEQUIAS:

Señal de fortuna que nos llegará por herencia o por un matrimonio ventajoso.

EXILIO:

Cuando somos nosotros los que lo sufrimos, augura un cambio muy profundo provocado por cuestiones económicas o afectivas; en cualquier caso, en adelante no vamos a funcionar como lo hacíamos hasta ahora. Los cambios serán positivos si somos nosotros mismos los que hemos decidido dar la vuelta a nuestra existencia, pero en el caso de que nos sean impuestos por distintas circunstancias, serán negativos. Debemos ser fuertes pues, según la manera en que los afrontemos, los resultados finales pueden ser muy distintos.

ÉXODO:

Augura un período de mala suerte. Las circunstancias serán contrarias a tus intenciones. Debes renunciar a hacer esfuerzos inútiles y vanos contra la adversidad. Penas y soledad. Deberás hacer sacrificios y pasar privaciones.

EXPEDICIÓN (a un país lejano):

Prepararla y participar en ella en sueños es presagio de cambios que trastornarán tu vida afectiva y que pueden igualmente tener influencia sobre tus actividades. Preocupaciones, trastornos, inquietudes o angustias estarán presentes en tu vida.

EXPLOSIÓN:

Acontecimientos repentinos e inesperados, posibles cambios, circunstancias imprevistas que te serán más penosas si la explosión provoca estragos.

EXPOSICIÓN:

Si es de obras de arte, infundirá alegría en nuestro corazón. Otras exposiciones menos gratas, augurio de muerte para algún familiar o amigo.

EXPULSIÓN:

Verse expulsado es síntoma de desgracia y soledad. Las oposiciones familiares o profesionales prevalecerán sobre tu tenacidad y tus derechos. Pérdida de dinero, cambio importante en tus condiciones de vida.

EXTRANJERO:

Si vemos uno, indica que vamos a sufrir cambios en nuestra situación familiar o laboral. Si nos vemos a nosotros mismos como extranjeros, indica que nos sentimos víctimas de la incomprensión. Esto también se puede aplicar al campo sentimental.

EXTRAVIAR:

Si extravías un objeto en sueños, significa que tus esfuerzos se revelarán inútiles y costosos. Si eres tú quien está extraviado, predice que tu situación actual va a tomar un cariz preocupante. Si es otra persona, es posible que alguien busque tu apoyo y consuelo en una situación difícil.

FÁBRICA:

Si soñamos con una fábrica en pleno rendimiento, significa que se nos avecinan tiempos de prosperidad en el plano económico y laboral. Sin embargo, si se encuentra en estado de abandono, debemos tener cuidado, ya que augura la pérdida del empleo o el fracaso de nuestros negocios.

FÁBULA:

Nos augura alegres momentos de intimidad. Si la fábula, en el sueño, tuviese moraleja, le debes prestar mucha atención. Se debe, también, ser prudente en los negocios.

FACHADA:

Soñar con una fachada bonita de una casa o edificio implica el cumplimiento de tus deseos. Si es de una iglesia o similar, quiere decir que la salud de algún familiar o amigo que estuviese enfermo ha mejorado.

FACTURA:

Este sueño advierte de que se nos avecinan cambios económicos desfavorables. Tendrás discusiones o pleitos por la propiedad de tus bienes que, probablemente, pierdas.

FAISÁN:

Este animal simboliza a la mujer oriental y, por extensión, a toda mujer extranjera o desconocida. Sin embargo, también es presagio de grandes preocupaciones de diverso tipo.

FAJA:

Si sueñas que la llevas puesta, habrás de tener cuidado con los cotilleos y las envidias.

FALDA:

Normalmente simboliza las relaciones entre el hombre y la mujer. Si un hombre sueña con una falda, significa que está interesado por una mujer conocida, mientras que a una fémina la advierte de un importante encuentro sentimental. Las faldas largas son sinónimo de buena conducta, y las cortas y estrechas, de mala. Si lo que aparece es un hombre con una falda regional, significa vergüenza y desgracia.

FALSIFICACIÓN:

El hecho de falsificar documentos oficiales en sueños advierte de problemas de muy difícil solución, de pérdidas financieras, desprecio o abandono.

FAMILIA:

Cuando lo que se nos presenta en sueños es nuestra propia familia de forma sonriente, tranquila o agradable, vaticina tiempos felices. Si por el contrario aparece en malas condiciones, esto implica contrariedades y peleas.

FANGO:

El fango simboliza cosas impuras. Si en el sueño tienes miedo de mancharte con él, significa que temes que se descubra algún pequeño secreto tuyo. Si lo que ocurre es que no puedes andar sobre él y temes quedarte atrapado, implica que posiblemente tengas problemas en tu promoción profesional debido a tu excesiva timidez.

FANTASMA:

Contrariamente a lo que podría parecer, soñar con un fantasma en su modo más clásico, es decir, envuelto en una sábana blanca, nos promete salud, bienestar y felicidad. Si, por el contrario, aparece vestido de negro, representa dudas, temores y también que se puede producir una muerte en nuestra familia. Se dice que las personas que sueñen con este último tipo de fantasmas deben recibir ayuda psicológica si no quieren caer en depresión.

FAQUIR:

Se trata de un claro presagio de una realidad engañosa, por lo que debemos saber distinguir entre la realidad y la fantasía.

FARDO:

Significa que estás sometido a muchas presiones o que tendrás que realizar un esfuerzo por el que no te verás recompensado.

FARMACIA:

Soñar con farmacias implica que estás inmerso en una situación difícil pero que pronto vas a salir de ella gracias a la ayuda de la familia o de personas conocidas.

FARO:

Esto implica que recibirás ayuda para resolver tus problemas pero que, aun así, has de tener mucho cuidado con la negociación de tus asuntos pendientes si no quieres verte en dificultades.

FAROL:

Una persona muy cercana a ti te puede ayudar a mejorar tu situación siempre y cuando estés dispuesto a luchar para cambiarla. Si la luz del farol es blanca, augura éxitos. Si, por el contrario, es roja, recibirás algún disgusto.

FAROLA:

Una farola encendida implica que una amistad puede ayudarte en los negocios. Si está apagada significa soledad y mala suerte.

FAROLILLOS:

En un futuro próximo tendrás reuniones alegres que te harán cambiar positivamente.

FATIGA:

Si sueñas que estás fatigado, implica que realmente lo estás. Sin embargo, alguien ya se ha dado cuenta de tu esfuerzo y serás recompensado por ello.

FAVOR:

Soñar que se pide un favor a una persona rica o de éxito implica sentirse un fracasado. Si se solicita a alguien del sexo opuesto, esa persona puede llegar a despreciarte en un futuro.

FEALDAD:

Si te ves feo, significa que has sido víctima de algo cuyas consecuencias sufres todavía. Si ves feos a los demás, hay personas en tu contra con malas intenciones.

FECHA:

Si se te aparece en sueños alguna fecha en concreto, toma nota de ella, puesto que será un día importante para ti.

FERIA:

Estar en una feria es síntoma de grandes esperanzas en algún proyecto pero augurio de necesidades, desazones y problemas familiares.

FERRETERÍA:

Tendrás más posibilidades de afrontar y resolver trastornos generados por tus adversarios.

FERROCARRIL:

Si sueñas que viajas en un ferrocarril, indica que vas a lograr algo que deseabas. Si choca o descarrila, perderás dinero con algún negocio.

FESTÍN:

Igual que la feria, implica gestiones infructuosas o pruebas difíciles.

FETO:

Soñar con un feto es muy mal presagio. Se acerca una enfermedad, una ruptura afectiva o el luto por un familiar.

FIANZA:

Si tú la concedes, van a surgir desavenencias con un amigo.

FICHA:

Si se trata de fichas de juegos de mesa o azar, significa que tú y tu familia estaréis expuestos a chismes y habladurías.

FIDEOS:

Si sueñas que los comes, quiere decir que harás un viaje en breve.

FIEBRE:

Esto quiere decir que se avecinan graves inconvenientes en la gestión de tus negocios y que, por lo tanto, tienes que estar alerta y ser muy prudente si no quieres llevarte un disgusto.

FIERAS:

Verse acorralado por animales salvajes implica un peligro próximo, una amenaza para tu vida afectiva, tu hogar o tus bienes.

FIESTA:

Si eres tú el que acude a una fiesta familiar o de amigos, quiere decir que las penurias que actualmente estés pasando son pasajeras y que se arreglarán si realmente lo deseas. Si eres tú el que organiza la fiesta, es símbolo de habladurías y desagradecimiento.

FIGURAS:

A las figuras que se te aparezcan en sueños, ya sean dibujadas o esculpidas, se les ha de dar la interpretación de aquello que representen.

FILA DE ESPERA:

Verse en una fila de espera implica retrasos o contratiempos en el cumplimiento de tus proyectos, obstáculos que sería preferible evitar.

FINCA:

Divisar una finca en perfecto estado y en actividad representa que hay perspectivas de un futuro feliz.

FIRMA:

Cualquier cosa que se firme en sueños es indicación de que gozará de una gran prosperidad y que es algo seguro. Una firma que no sea la tuya indica lealtad a largo plazo de los amigos o socios.

FIRMAMENTO:

Un firmamento luminoso, plagado de estrellas, es un presagio de felicidad y serenidad después de algunos momentos complicados.

FÍSTULA:

Si sueñas con que tienes una fístula, no tardarás en recibir visitas desagradables, a las que tendrás que atender.

FLACO:

Si te ves flaco, habrá penas, peleas, celos y envidia a tu alrededor, quizá alguna enfermedad. Si ves delgada a otra persona, el éxito estará de tu lado, en detrimento de personas conocidas.

FLAGELACIÓN:

Tenemos que poner remedio a todas aquellas situaciones en las que hayamos perjudicado a los demás y recuperar el respeto del prójimo. Debemos analizar fríamente el origen de esta situación e intentar poner remedio lo antes posible.

FLAN:

Si sueñas con que preparas o comes un flan, es símbolo de docilidad, flexibilidad de espíritu, pero también de un carácter inconstante.

FLAUTA:

Es señal de disputas, decepciones, tristeza o fracaso en pleitos.

FLECHA:

Cuando soñamos con ellas, es presagio de que nuestros intereses se verán afectados por diversas dificultades. Si somos heridos por ellas, es señal de fracaso, de que nuestros negocios se verán perjudicados por dificultades y que tendremos graves pérdidas de dinero. Cuando somos nosotros los que lanzamos flechas, augura éxito en los negocios y, sin embargo, nuestras relaciones personales se verán afectadas.

FLIRTEAR:

Implica momentos agradables de los que después, posiblemente, se haga burla.

FLORES:

Soñar con flores es señal de próximos amores. Si están marchitas, desengaños por amores frustrados. Si son de papel, plástico o cera, la decepción amorosa será mucho más desagradable. Cortadas, indicio de triunfos sentimentales que te proporcionarán gran felicidad, y, si las hueles, será anuncio de próximas noticias.

FLORISTA:

Si eres tú el florista, alguien trata de desprestigiarte. Si es otra persona, es símbolo de pena y dolor.

FLOTADOR:

Contarás con una ayuda en los momentos difíciles. Si lo que flota es una boya, hay peligros que amenazan tu futuro si no atiendes los consejos que te dan.

FLUJO:

Si es un flujo de sangre, están por venir nuevas riquezas. Si resulta que es de vientre, tendrás dificultades en tu trabajo.

FOCA:

La foca es un símbolo de soledad afectiva, de soltería o virginidad no deseadas a causa de una educación muy estricta o de prejuicios religiosos. Si se le pone remedio, será bastante beneficioso para ti.

FOGÓN:

Significa la seguridad que nos otorga el entorno familiar y la necesidad de retomar esas relaciones si últimamente están algo dañadas.

FOLLAJE:

Un follaje tupido augura la realización y el éxito de tus próximos proyectos.

FONTANERO:

Alguien de tu entorno va a prestarte ayuda, ya sea moral o económica.

FORRAJE:

Magnífico sueño que implica amistad y riqueza.

FORRO:

Si lo pones o está en tu ropa, es símbolo de un desahogo económico que traerá envidias. Si el forro se quita o está roto, habrá problemas financieros. Si se trata del forro de un libro, eres víctima de alguna mentira.

FORTALEZA:

Soñar con una fortaleza nos avisa de que tendremos que ser fuertes pero que lograremos salvar cualquier obstáculo.

FORTUNA:

Soñar con que la poseemos predice graves problemas económicos. Sin embargo, si soñamos que carecemos de ella, el sueño augura un futuro lleno de éxitos profesionales, con la consecuente llegada de dinero a nuestros bolsillos.

FOSA/O:

Si soñamos con un foso, se nos avecinan grandes dificultades. Si saltamos el foso sin problemas, tendremos éxito en lo que emprendamos. Si caemos dentro de él, fracasaremos en nuestra empresa.

FOTOGRAFÍAS:

Si somos nosotros los que las contemplamos con nostalgia, todavía nos atan fuertes lazos a nuestro pasado, tan fuertes que no nos dejan disfrutar el presente ni pensar en el futuro. Si somos quienes hacemos la foto, refleja una dependencia de algo o alguien tal que no nos deja disfrutar de la vida. Si las fotografías son de desconocidos, predicen nuevas relaciones. Se dice que si son en blanco y negro, implican mal augurio y lo contrario si son a color.

FRAC:

Lo que eres y lo que deseas aparentar son cosas muy diferentes. Trata de unir ambos conceptos si no quieres sufrir grandes decepciones.

FRACTURA:

Si tú la provocas, significa que no estás jugando limpio en algo y eso te va a pasar factura. Ser el que se fractura quiere decir que llega un momento en que perderás dinero, ya sea robado, estafado o perdido en un proceso.

FRAMBUESA:

Soñar con frambuesas es símbolo de buena suerte, salvo cuando te las comes verdes, signo de pesares.

FRASCO:

Se trata de un sueño que te advierte de que has de beber con moderación, si no quieres dar un espectáculo, en una fiesta a la que has sido invitado recientemente.

FRAUDE:

Si cometen fraude contra ti, pronto tendrás pérdidas económicas.

FREÍR:

Unas relaciones amistosas, sinceras y desinteresadas se interrumpirán por falta de conveniencia o por cansancio. Período de soledad y angustia.

FRENAR:

El hecho de frenar en sueños indica ciertos temores o desconfianza en alguna materia que no llegas a dominar, indicando que debes ser prudente en tus decisiones.

FRENTE:

La frente, en sueños, puede reflejar el carácter de una persona. Si vemos a una persona con la frente más grande de lo que le correspondería, significa que pensamos que es alguien inteligente, agradable y en quien se puede confiar. Si, por el contrario, la persona se nos aparece con una frente pequeña, esto indica que tiene segundas intenciones y es un hipócrita.

FRESAS:

Es símbolo de un amor tierno y duradero. Si las comes en un sueño, implica que deseas tener una relación íntima.

FRIGIDEZ:

Impotencia ante una situación que se escapa a tu control.

FRÍO:

Pronostica una época de dificultades. Sin embargo, si soñamos que nos resguardamos de él en un refugio acogedor y caliente, indica que pronto saldremos de ellas, a pesar de que nos costará muchísimo esfuerzo, ya que se nos propondrán facilidades y apoyos. Sentir físicamente frío: las dificultades en tu vida van a perturbar tu salud; estado deficiente, fatiga moral. Debes tomar precauciones. Ver un paisaje invernal: te verás en condiciones muy duras durante la gestión de tus intereses.

FRONTERA:

Se avecina en tu vida un momento de cambio donde los deseos que hayas tenido hasta ahora se verán modificados.

FRUTA:

Cada fruta tiene una simbología particular. Sin embargo, por regla general, soñar con frutas en buen estado y apetecibles es un presagio de circunstancias dichosas tanto en el trabajo como en la amistad y lo contrario si son frutas podridas o amargas.

FUCSIA:

Este color es signo de traición.

FUEGO:

Si se trata del fuego del hogar, esto implica bienestar y felicidad. Si te quemas con él, vendrán contrariedades en los negocios. Cuando soñamos que estamos encendiendo un fuego, quiere decir que pronto vamos a recibir gratas noticias; en cambio, si apagamos un fuego, será señal de fracaso y frustración. Si atizamos el fuego, tenemos algún deseo sexual latente. Cuando avanzamos firmemente entre las llamas, es símbolo de determinación y valentía.

FUEGO FATUO:

Estás en una época de tu vida en la que tus sentimientos son muy volubles y tus decisiones te acarrean muchas dudas.

FUEGOS ARTIFICIALES:

Advierten de que algún proyecto en el que vas a invertir tiempo o dinero es prácticamente irrealizable.

FUELLE:

Ten cuidado con las calumnias, pues pueden hacerte mucho mal.

FUENTE:

Si la fuente es de agua cristalina, esto es señal de felicidad y alegría. Si el agua es turbia o la fuente se ha secado, todo lo contrario.

FUGITIVO:

Si eres tú el fugitivo, quiere decir que estás abrumado por los problemas y desbordado por los acontecimientos y que eres incapaz de poner remedio a esa situación. También puede significar que alguien tiene algo en tu contra y que está a punto de hacerte daño de alguna forma. Si sueñas que ayudas a un fugitivo, ten cuidado con tus negocios.

FUMAR:

Si fumas un cigarrillo, es señal de peligro. Si fumas un cigarro puro, vas a reconciliarte con un amigo. Si fumas en pipa, está próxima una convalecencia.

FUNCIONARIO:

Cuando en tus sueños se te aparece un funcionario, implica que se avecinan desavenencias, discusiones, conflictos judiciales, preocupaciones de dinero o deudas financieras.

FUNDICIÓN:

Simboliza que, con algo de esfuerzo, verás cómo tus negocios prosperan.

FUNERALES:

Después de una época difícil en tu vida vas a saber reaccionar a tiempo y vas a comenzar a ser feliz. Los negocios te marcharán bien y obtendrás beneficios. Serás apreciado profesionalmente y tus enemigos reconocerán tus méritos, por lo que no te harán difíciles las cosas.

FUNICULAR:

Alguien inesperado te va a ayudar en ese problema que tanto te martiriza.

FUSIL:

Soñar que lo disparas implica próximos disgustos.

FUSILAMIENTO:

Tanto si ves fusilar a alguien como si te fusilan a ti, esto quiere decir que pronto llegará a tus oídos una mala noticia.

FUSTA:

Si eres tú quien usa la fusta, te estás comportando de forma desdeñosa con alguien. Si la usan contra ti, es signo de vergüenza y humillación.

GACELA:

Este animal representa la felicidad en pareja. Es símbolo de buenos augurios en todos los campos, pero especialmente en todo lo relacionado con los sentimientos.

GACHAS:

Tu felicidad puede que esté en la apreciación de las pequeñas cosas. Disfrutar de los momentos de tranquilidad y sosiego te deparará un gran cambio positivo en tu estado de ánimo.

GAFAS:

Si normalmente no usamos gafas pero en el sueño las llevamos puestas, quiere decir que posiblemente estemos viendo ciertas cosas desde un punto de vista equivocado. Si quienes las llevan son los otros, te sientes observado o controlado por alguien, lo que te acarreará una gran inquietud.

GAITA:

Cuando sueñas que tocas la gaita, significa que te van a dar una mala noticia dentro de poco que, sin embargo, más tarde redundará en inesperados beneficios.

GALANTERÍA:

Ser galante en sueños es sinónimo de temer comprometerte con tu pareja.

GALERÍA:

Si se trata de la galería de una mina, tendrás que hacer grandes esfuerzos pero, al final, se verán recompensados con logros financieros. Si es una galería de cuadros, significa que tus aspiraciones posiblemente estén por encima de tus posibilidades. Si, por el contrario, la galería es comercial, la ganancia de dinero está asegurada.

GALGO:

Determina rapidez de decisión y de acción pero inconstancia en los sentimientos.

GALLETA:

Pronostica salud y buena fortuna.

GALLINA:

Su significado atiende a cuestiones superficiales que no afectan a nuestra vida. Cuando vemos un gallinero lleno, es símbolo de cuchicheos y comadreos. Si está vacío, implicará penurias económicas. Si vemos a una gallina poner un huevo blanco, nos augura un pequeño beneficio, mientras que si es moreno, nos encontraremos ante un pequeño inconveniente.

GALLO:

Oír cantar a un gallo pronostica triunfos. Si soñamos que nos lo comemos, no tardaremos en salir de nuestros problemas. Pero si nos ataca o lo vemos pelear, presagia disputas domésticas debidas a infidelidad o celos.

GALÓN MILITAR:

Recibirás cierta información que te será de gran ayuda.

GALOPAR:

Si galopas sobre un caballo blanco, recibirás satisfacciones. Si el caballo es negro, solventarás positivamente una situación desfavorable.

GAMO:

La visión de un gamo es signo de éxito y vida apacible.

GAMUZA:

Tienes interés en ascender en la escala social, a lo que te podrían ayudar ciertas amistades.

GANADO:

Es sinónimo de riqueza y abundancia. Si el rebaño es grande y los animales están en perfectas condiciones, la ganancia va a ser abundante. Si, por el contrario, es pequeño o los animales están enfermos o escuálidos, habrá también ganancia pero será menor.

GANANCIAS:

Si son ganancias conseguidas en los negocios, tendrás actividades beneficiosas. Si las has conseguido en el juego, perderás dinero.

GANCHILLO:

Tener un ganchillo o hacer uso de él alude a que deberás superar algunos obstáculos.

GANGRENA:

Procura tomar medidas para evitar volver a sufrir una enfermedad que ya considerabas curada. Si es otra persona la que tiene gangrena, indica pérdida de amistades.

GANSOS:

La interpretación de los sueños con gansos depende de si son domésticos o salvajes. Si son domésticos es síntoma de desahogo económico, prosperidad, felicidad afectiva y apoyo amistoso. Sin embargo, si ves volar gansos salvajes, te están anunciando pérdidas financieras en un futuro próximo.

GARABATOS:

Indican indecisión, complejidad de espíritu.

GARAJE:

Usar un garaje en sueños es síntoma de que estás en una etapa intermedia entre dos situaciones, dos modos de vida. Salir de él augura nuevas condiciones, mejores perspectivas, proyectos, realizaciones y soluciones para tus dificultades. Entrar en él y extraviarse revela un período de espera, de reflexión, de inquietud, de preocupaciones y dificultades financieras.

GARBANZO:

Soñar con comer garbanzos te advierte de que vas a tener una pelea familiar.

GARGANTA:

Cuando en sueños nos duele la garganta y no se trata del reflejo de una dolencia real, nos advierte que vamos a ser víctimas de algún tipo de acción malévola o que tendremos problemas de dinero. Así, soñar que perdemos la voz suele presagiar el peligro de perder dinero. Si no podemos tragar, o se nos hace muy difícil, indica dificultad o imposibilidad de disponer de nuestros bienes, o bien que de algún modo no estamos convencidos de lo que se nos dice o de la forma en que actúan los demás respecto a nosotros. Engullir sin masticar indica que nos dejamos manipular fácilmente. Y si en sueños nos extirpan las amígdalas, nos augura que pronto desaparecerán nuestras dificultades económicas.

GARITA MILITAR:

Te van a vigilar de forma discreta pero eficaz. Cualquier imprudencia sería nefasta para tu reputación.

GARRA:

La garra de un ave de presa te advierte de serias amenazas para la continuidad de tus negocios, que se verán comprometidos si la garra llega a herirte.

GARRAFA:

Llena de agua significa que te llegarán placeres simples, alegrías despojadas de todo exceso. Llena de vino, felicidad y satisfacción. Si está vacía, inquietudes que anuncian privaciones desagradables. Si está rajada implica mala suerte y pesares.

GARROTE:

Es sinónimo de relaciones particularmente difíciles y chocantes con algunas personas de tu entorno. Una situación conflictiva podría prolongarse y provocar rupturas definitivas.

GAS:

Si el gas se está usando en condiciones normales, implica comodidad en el hogar, bienestar familiar y desahogo financiero. Usado con problemas de funcionamiento quiere decir decepciones y contrariedades, malas relaciones. Los errores de apreciación o de juicio tendrán consecuencias sobre tus asuntos. Un escape de gas o la posibilidad de una explosión advierte de que tus decisiones desencadenarán una reacción brusca y violenta de tus adversarios.

GASA:

Soñar con gasa indica que eres una persona modesta.

GASOLINA:

Es un sueño que trae tristezas, ya que el deseo o problema que tenemos será difícil de solucionar.

GASTOS:

Las contrariedades te harán caer en manos de personas que te van a perjudicar.

GATO:

Se trata de un sueño de mal augurio, ya que verlo, oírlo maullar o luchar contra él nos anuncia desengaños, traiciones, enfermedades y amarguras.

GAVILÁN:

Poseerlo implica desahogo financiero, matarlo atrae la mala suerte y verlo volar es indicio de que deberás cuidarte de algún enemigo que busca tu dinero y tu ruina.

GAVIOTA:

Tantas preocupaciones te están haciendo mucho mal. Necesitas salir, viajar, despejarte.

GELATINA:

Si sueñas con gelatina, deberás tener cuidado con las enfermedades pulmonares.

GEMELOS:

Soñar con tener hijos gemelos es signo de futura fortuna y abundancia.

GEMIDO:

Se avecina una época de soledad y pena.

GENERAL:

Tus aspiraciones se verán realizadas. Accederás a condiciones de vida superiores a las que conoces.

GENITALES:

Si quien sueña con ellos los tiene sanos, es señal de buena salud. Si los tiene enfermos, todo lo contrario. Si se ven más grandes de lo normal, es signo de fortaleza.

GENTE:

Vernos rodeados de gente indica que somos tan tímidos que nos dejamos manipular por los demás. Tal debilidad de carácter nos puede hacer sufrir excesivamente.

GERANIOS:

Advierte a un amigo de que va a cometer un grave error.

GERMEN:

Circunstancias beneficiosas favorecerán el desarrollo de tus negocios y la obtención de ganancias financieras.

GERMINAR:

Si ves germinar una planta en sueños, indica que se te va a cumplir un deseo dentro de poco. Te verás rodeado de circunstancias que te favorecerán en todos los campos.

GIGANTE:

Soñar con gigantes y monstruos es un signo favorable. Representa todo aquello que debemos vencer para liberarnos y expandir nuestra personalidad. Vencerás a tus adversarios y tus ambiciones podrán cumplirse.

GIMNASIA:

Practicar cualquier tipo de gimnasia es de buen augurio. Conservarás la iniciativa de tus decisiones y llegarás a dominar las circunstancias adversas de tu situación.

GINEBRA:

Beberla implica la aparición de placeres efímeros, amistades superficiales, hipocresía, envidia y celos.

GIRASOL:

Esta planta es un claro símbolo de que nos van a hacer promesas que no se verán cumplidas, por lo que no debemos poner en ellas nuestras esperanzas.

GIRO POSTAL:

Advierte de unos gastos imprevistos y desagradables, preocupaciones de dinero y contrariedades.

GITANA:

Asegura un encuentro próximo, consejos originales, una experiencia rica en sensatez y sabiduría y métodos distintos de los que tú practicas. Sin embargo, si sueñas con una gitana leyéndote la mano, cuida tu salud porque es posible que caigas enfermo.

GITANO:

Según el concepto que tengamos de ellos, el sueño tendrá uno u otro significado. Si consideramos a los gitanos gentes dispuestas a engañarnos y robarnos, será símbolo de inseguridad y miedos, mientras que si los consideramos nómadas de costumbres distintas a las nuestras, significará libertad y rebeldía. También son augurio de próximos encuentros que serán satisfactorios para nosotros, pues nos ayudarán a conseguir nuestros propósitos sean cuales sean.

GLACIAR:

Contemplar un glaciar en sueños suele significar la pérdida de algo, ya sea de dinero, de tu pareja o de un amigo.

GLADIADOR:

Si te ves en sueños vestido de gladiador, indica que tienes por delante una dura prueba que no sabes si podrás solventar.

GLADIOLO:

Soñar con gladiolos es una señal de que recibirás protección de una persona que te estima mucho.

GLOBO:

Si lo que ves es el globo terráqueo, el sueño augura proyectos de gran importancia y fuertes cambios. Cuando el globo es de cristal, vaticina que tendrás encuentros agradables e inesperados. Si es un globo de aire, tienes que ser más constante.

GLORIA:

Soñar con la gloria es síntoma de que no estás de acuerdo con tu vida actual y que deseas cambiar. Llega una época de tremendas inseguridades.

GLOTÓN:

Algo hará cambiar para mal lo que ciertas personas piensan de ti.

GNOMO:

Necesitas más estabilidad con tu pareja.

GOBERNANTA:

Deseas obtener protección y consejos sensatos.

GOBIERNO:

Verse relacionándose con representantes de un gobierno es un presagio de decepciones y fracasos en un negocio que te interesaba particularmente.

GOLF:

Vas a tener que frecuentar a gente fastidiosa. Los sucesos que has vivido hasta ahora te parecerán puras banalidades.

GOLONDRINA:

Soñar con golondrinas se considera un excelente presagio de paz y felicidad, con algo de añoranza y melancolía. El mejor presagio es cuando soñamos que las golondrinas anidan en nuestra casa, en cuyo caso la felicidad se hará extensiva a toda la familia.

GOLOSINAS:

Anuncia pequeños placeres y breves momentos felices.

GOLPES:

Los golpes representan las dificultades que encontramos en nuestro camino. Si nosotros golpeamos, estamos poniendo en apuros a los demás, mientras que si recibimos los golpes quiere decir que nos está acarreando problemas. Dependiendo del modo en que encajemos los golpes, podremos salir o no airosos de este tipo de situaciones. Si lo que se golpea es una puerta, vamos a recibir malas noticias.

GOMA DE BORRAR:

Tendencia al olvido y a la negligencia. Lo que puede resultarte útil en ciertas circunstancias, será perjudicial en otras.

GOMA DE MASCAR:

Te vas a enfadar con alguien y será muy difícil reconciliarte.

GÓNDOLA:

Puede morir alguna persona querida.

GONG:

Oír el sonido de un gong en sueños hace olvidar las penas.

GORDO:

Verse gordo es signo de desahogo financiero.

GORILA:

Vas a tener que modificar parcialmente tus hábitos si no quieres verte perjudicado.

GORJEO DE PÁJAROS:

Vaticina momentos de ternura y felicidad, alegría en el corazón y en el espíritu, distensión.

GORRIÓN:

Soñar con gorriones nos advierte de que algunas relaciones no son tan de fiar como aparentan.

GORRO:

Si lo llevas puesto gozarás de protección y apoyo. Si lo pierdes obtendrás soledad e infidelidad.

GOTAS:

Si se trata de gotas de agua, es una buena señal para el avance de tus negocios. Si hablamos de la enfermedad de la gota y eres tú quien la sufre, corres un grave peligro.

GOTERAS:

Tienes que controlar más tus emociones si no quieres correr riesgos innecesarios.

GOZOS:

Vas a recibir malas noticias.

GRANADA:

La granada es símbolo de fecundidad. Disfruta de los placeres de la vida de una forma abierta.

GRANADERO:

Indica suerte y felicidad en el amor, armonía amorosa, comprensión mutua y momentos de ternura.

GRANERO:

Trata de evitar ciertas tentaciones, pues éstas se pueden poner en tu contra.

GRANIZO:

Presagia problemas tanto en el ámbito afectivo como en el laboral. Toma medidas si no quieres verte en una situación comprometida.

GRANJA:

Si sueñas que vives en una granja activa y próspera, es símbolo de que los negocios van a funcionar y de bienestar en general. Si ves que la granja está abandonada, has de cuidar la administración de tus bienes si no quieres perderlos para siempre.

GRANJERO:

Ser granjero o dialogar con alguien que lo sea pronostica bienestar en la casa y mejoría en la salud.

GRANO:

Los granos de trigo simbolizan alegría y abundancia. Si son de arroz, magnífica salud. Si se trata de granos en la piel, evita los excesos.

GRASA:

No ambiciones riquezas que no son tuyas, pues esto puede acarrearte serios problemas.

GRAVA:

Implica trastornos y contrariedades.

GRIETA:

Ver una grieta en sueños, ya sea en la tierra o en una pared, significa que pronto encontrarás trabajo o un dinero que no te esperabas.

GRILLO:

Presagia felicidad, alegría familiar, paz, bienestar y comodidad en el hogar.

GRIPE:

Sufrir la gripe en sueños advierte de la llegada de penas y contrariedades.

GRITAR:

Cuando en el sueño oímos un grito, es un mal presagio, ya que representa preocupaciones graves y dificultades importantes. Simboliza también soledad.

GROSELLAS:

Son símbolo de estabilidad en la pareja, fidelidad y felicidad. Si son verdes denotan la llegada de contrariedades.

GRÚA:

Recibirás apoyos que no esperabas para la consecución de tus proyectos.

GRULLA:

Es posible que las deudas te hagan cuestionarte la viabilidad de algún negocio. No desesperes, pues recibirás ayuda.

GRUMO:

Descontento, decepción.

GRUÑIR:

Oír gruñir a un animal en sueños es señal de peligro inminente. Alguien va a tratar de hacerte daño.

GRUTA:

Es sinónimo de bienestar siempre que no olvides tus raíces.

GUADAÑA:

Si nos cortamos con ella, vamos a tener un problema de salud. Si aparece sola, es señal de que vamos a perder a alguien querido.

GUANTES:

La interpretación del sueño depende de la calidad de los guantes. Si son de buena calidad y no desentonan con el conjunto, son signo de encuentros felices y de situaciones muy agradables, mientras que verlos rotos indica que estamos siendo objeto de las burlas de los demás. Cuando en el sueño nos vemos quitándonoslos, significa que sentimos un fuerte deseo de cambio y de vivir una vida más de acuerdo con nuestra propia personalidad.

GUARDABOSQUES:

Alguien va a descubrir tus intenciones deshonestas.

GUARDARROPA:

Si está lleno, es signo de satisfacciones familiares. Si está vacío, indica problemas afectivos, penas y soledad.

GUARDIA:

Un guardia es alguien que vela por nosotros a la vez que nos obliga a cumplir con unas normas de convivencia y nos dice dónde podemos o no podemos ir. Por lo tanto, si este sueño se produce en la juventud, cuando todavía nuestro carácter no se halla completamente formado, revela un íntimo deseo de que alguien nos ayude a dirigir nuestra vida, que se responsabilice por nosotros e incluso que tome decisiones por nosotros.

Pero si tiene lugar en nuestra edad adulta, indica que no eres lo suficientemente maduro para obrar por tu cuenta y que necesitas un guía para resolver tus conflictos. Si te ves detenido por un guardia, quiere decir que tienes sentimientos de culpabilidad, por no cumplir bien con tus obligaciones.

GUARDIÁN NOCTURNO:

Tienes demasiadas preocupaciones, estás en una época complicada de tu vida.

GUARIDA:

Es el momento de convencer de tus posibilidades a esas personas que no creen en ti.

GUATEQUE:

Los encuentros previstos serán cancelados.

GUERRA:

Este sueño es síntoma de futuras discusiones con las personas de nuestro entorno, problemas en los negocios, dificultades para conseguir lo que queremos y fracaso en nuestros proyectos.

GUILLOTINA:

Una acción que parecía inofensiva puede traerte tremendas desgracias. Si eludes ser guillotinado, podrás solventar el problema.

GUINDILLA:

Te vas a ver sorprendido por algo o alguien en el trabajo.

GUIÑOL:

Alguien de tu entorno va a burlarse de ti. Soporta las bromas con buen humor.

GUIRNALDA:

Es símbolo de lo efímero. Algún éxito pasajero no debe hacerte olvidar que el problema persiste y que tendrás que esforzarte más si lo quieres solucionar del todo.

GUISANTES:

Si sueñas con ellos sin llegar a comértelos, es buena señal y significa que pronto llevarás a cabo una de tus más deseadas ilusiones. En cambio, soñar que los comes anuncia graves problemas.

GUISO:

Has de tener claras las ideas y exponer lo mejor que puedas tus argumentos si quieres que los demás te comprendan y confíen en ti.

GUITARRA:

Soñar con este instrumento musical significa un posible triunfo amoroso. También quiere decir que debemos ser un poco más flexibles con los demás y tener en cuenta sus opiniones, ya que si somos muy tajantes con las nuestras, corremos el riesgo de equivocarnos.

GULA:

Si eres prudente en el trabajo y no cometes más errores, pronto te verás recompensado.

GUSANO:

Si se trata de un gusano de seda, nos advierte de que todavía estamos a tiempo de cambiar nuestros defectos por virtudes; debemos tener esperanza, ya que se avecinan gratificaciones y éxito. Si es un parásito, debes temer perjuicios, sobre todo económicos. Hay que tener especial cuidado con la vida profesional.

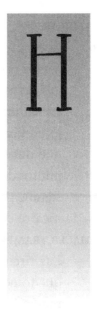

HABITACIÓN:

La habitación con la que sueñes será reflejo de tus relaciones con los demás y de las circunstancias que te rodean. Es símbolo de aislamiento si no se ven en ella puerta ni ventanas, en cuyo caso debes plantearte seriamente tu actitud hacia los demás. Tienes que ser más abierto en las relaciones y más amable en general, ya que este cambio te beneficiará enormemente.

HÁBITO:

Si vistes un hábito nuevo, significa salud; si es viejo, mejora en tu situación actual.

HABLADURÍAS:

Oír las habladurías nos augura disputas familiares, peleas, maledicencia, calumnias y traición.

HABLAR:

Si en sueños oímos hablar sin entender lo que dicen, o somos nosotros quienes hablamos —también ininteligiblemente—, el sueño refleja el temor a calumnias y habladurías. Cuando nos vemos hablando en lenguas extranjeras que en la realidad no conocemos, significa que debemos ver nuestros proyectos desde diferentes puntos de vista. Si lo que pasa es que no puedes hablar, significa que tienes una necesidad imperiosa de comunicarte con los demás.

HACER TRAMPAS:

Las circunstancias te son adversas. Será indispensable que tomes disposiciones eficaces, aunque de breve duración, para poder salir del mal paso.

HACHA:

Significa poder y fuerza. Si nos vemos amenazados por ella, indica un próximo peligro del que debemos huir y además que se producirán circunstancias imprevistas que harán fracasar nuestros proyectos. También es símbolo de discusiones y celos. Si la usamos para cortar leña, predice bienestar y comodidad que alcanzaremos gracias a nuestro coraje y a nuestras propias fuerzas. En este caso también es augurio de buena suerte.

HACIENDA:

Si te aparece en sueños una hacienda o rancho y sus tierras se ven bien cultivadas, es señal de que la suerte te favorecerá en tu trabajo. Por contra, si se halla sin cultivar y abandonada, tendrás penas y desalientos.

HADA:

Las hadas son el símbolo de la capacidad de la imaginación. Si tenemos imaginación y creatividad, se cumplirán nuestros sueños, podremos iniciar proyectos y negocios que se verán coronados por el éxito. Según el aspecto del hada, tendremos significados diferentes, ya que puede ser causa de grandes esperanzas o de grandes decepciones.

HALCÓN:

Es el símbolo de la elevación espiritual, del triunfo de lo inferior sobre lo superior. Si soñamos que lo capturamos, augura alegrías y si no lo logramos, quiere decir que hemos desaprovechado una buena ocasión para alcanzar el triunfo en nuestros proyectos. Si lo vemos volar, quiere decir que pronto recibiremos noticias. También indica que éste es un buen momento para fijarnos un objetivo, ya que tendremos muchas probabilidades de alcanzarlo.

HALLAZGO:

Supone un encuentro inesperado con algo que nos puede venir bien y que nos permitirá hacer frente a ciertos problemas que se nos han presentado.

HAMACA:

El uso de una hamaca en sueños representa el descanso y el silencio en situaciones inusuales. Si la utilizamos dentro de una vivienda, es mal augurio en todos los aspectos, mientras que si la empleamos en el exterior, predice una temporada llena de placeres en la que iniciaremos proyectos y viajes muy ventajosos.

HAMBRE:

Advierte de una carencia importante en nuestra vida. Si soñamos que la saciamos comiendo, es símbolo de que hemos logrado suplir esa carencia.

HÁMSTER:

Si sueñas con un hámster, es síntoma de que eres una persona solitaria a la que no le gustan las grandes reuniones, que prefiere la intimidad del hogar a la atmósfera de los salones.

HARAPOS:

Ir vestido con harapos es indicio de que se acaban penas y tormentos. Si ves a otra persona harapienta, significa que recibirás la ayuda de un desconocido.

HARÉN:

La interpretación de este sueño es distinta para los hombres que para las mujeres. Para un hombre significa que va a sufrir contrariedades y riesgos que no esperaba y que no ha podido prever, ya que se encuentra inmerso en entretenimientos que lo alejan de la vida real. Se le aconseja que adopte una actitud más madura para poder hacer frente a todas las circunstancias que se le presenten y así no sufrir los inconvenientes a los que hasta el momento se exponía. Para una mujer tiene un significado bien distinto, ya que representa el ansia que tiene de alcanzar una posición social a la que hasta el momento le era muy difícil acceder y también indica que quiere alcanzar una elevada posición económica, para lo que está dispuesta a renunciar a todo lo que sea necesario, incluso a su valoración personal. Este sueño, en general, augura éxito y alegría de vivir.

HARINA:

Este sueño te augura una época de abundancia y riqueza siempre que seas prudente a la hora de administrar tus bienes. Si la harina está llena de parásitos, es signo de pobreza y miseria.

HATILLO:

Vas a tener que ignorar un buen plan por falta de medios económicos.

HAYA:

Amistades sinceras y devotas te ofrecerán ayuda y protección.

HECHICERO:

Esperas demasiado de ti mismo y de los que te rodean. Es posible que hayas sobrevalorado tu capacidad para llevar a buen puerto cierto proyecto. Trata de rectificar y encontrar una solución.

HEDIONDEZ:

Tus enemigos tratarán de dañar tu reputación a causa de los celos.

HELADA:

Este sueño anuncia la llegada de enfermedades. También es símbolo de decaimiento que puede afectar a nuestra vida laboral y afectiva. Se presenta una época no muy favorable a la que sin embargo no debemos temer, pues es preludio de tiempos mejores.

HELADO:

Si sueñas que tomas helados, es presagio de una molesta enfermedad.

HELECHO:

Es el símbolo de la protección que tenemos contra las malas intenciones de los que nos rodean. Simboliza la ternura y augura un amor sincero.

HÉLICE:

Es un sueño de futuro progreso. Cuanto más rápido se mueva, mayor será tu proyección social y financiera.

HELICÓPTERO:

Se va a producir una agradable mejora en tu situación.

HELIOTROPO:

Soñar con esta delicada flor es sinónimo de gozar en un futuro de un dulce amor que alegrará tu vida.

HEMORRAGIA:

Vaticina la pérdida de energía, por lo que nos advierte para que tengamos especial cuidado en lo referente a nuestra salud y a nuestra alimentación. Esta pérdida también puede manifestarse en el trabajo, en el que rendiremos menos de lo habitual.

HENO:

Si el heno está fresco, es un signo indudable de triunfos, éxitos y dinero. Si estuviese mustio, señala la pérdida de algo que querías mucho.

HERBOLARIO:

Atiende a los consejos que vas a recibir, pues pueden ayudarte mucho con tus problemas.

HERENCIA:

Si sueñas que la recibes, es posible que tengas dificultades económicas. Cuando obtenemos una herencia y la rechazamos, quiere decir que en una situación dificultosa para nosotros se va a producir un cambio que nos favorecerá.

HERIDA:

Por lo general, las heridas que aparecen en sueños se corresponden con heridas psíquicas, al temor a ellas o a que sus consecuencias puedan llegar a ser conocidas; casi siempre se trata de «heridas» a nuestra dignidad, orgullo o susceptibilidad, y lo importante es descubrir su causa y ponerles remedio. Incluso a veces se manifiestan como heridas en los sueños los temores a la enfermedad y a los accidentes.

HERMANO:

Al soñar con un hermano debes tener en cuenta que éste es un trasunto tuyo, un espejo donde vas a ver reflejadas todas tus carencias.

HERRADURA:

Soñar con herraduras es, por lo general, un buen augurio.

HERRAMIENTAS:

Son símbolo de actividad. Si estamos trabajando con ellas y lo asociamos a una situación agradable, es indicio de que las actividades que estamos realizando o las que vamos a realizar van a ser de nuestro agrado. Si asociamos el trabajo a una situación desagradable, es también un buen augurio, porque predice que podremos superar situaciones desagradables. Cuando las herramientas son de jardinería, indican que la situación de nuestra familia va a cambiar y que este cambio será beneficioso.

HERRERO:

Ver trabajar a un herrero es síntoma de que está por venir una época de grandes esfuerzos y penalidades que dará paso a otra de éxito y felicidad. Simboliza la lucha contra nuestras propias limitaciones.

HERRUMBRE:

Indica la pérdida de amistades y mala suerte en general.

HIDROAVIÓN:

Cambiar de estrategia te va a reportar grandes beneficios, fortaleciendo así tu posición ante los demás.

HIEDRA:

Es el símbolo de la fidelidad y de amistades duraderas.

HIELO:

Te advierte de que puedes ver perjudicadas tus relaciones afectivas a causa de la rigidez de tu carácter. Cuida, también, tu salud.

HIENA:

Este animal representa las bajas pasiones y la cobardía. Tendrás que afrontar con más decisión estos nuevos retos si no quieres fracasar en el intento.

HIERBA:

Si soñamos que estamos tendidos sobre la hierba, disfrutando de su contacto, es una advertencia de que estamos malgastando nuestra vida encorsetados en unas normas antinaturales, y que vale la pena que recuperemos nuestra libertad e ilusiones mientras podamos hacerlo. Si la hierba ya está seca, significa que lo hemos hecho tarde. Cuando soñamos que la cortamos, nos avisa de que seamos más prudentes ante las situaciones que se vayan presentando, porque de lo contrario nos veremos abocados a situaciones delicadas que nos harán infelices.

HIERRO:

Has conseguido o vas a conseguir algo a base de fuerza y tenacidad.

HÍGADO:

El hígado se refiere al valor y la riqueza, a las alegrías y a los dolores, y lo que le sucede al hígado en sueños se interpreta como si le sucediera al coraje o a la riqueza del que sueña. Soñar que estás enfermo del hígado te anuncia problemas de salud y malestar general.

HIGOS:

Frescos, de buena calidad: alegría y felicidad en el hogar, satisfacción financiera, distensión. Secos o en mal estado: dificultades de dinero, relaciones comprometidas.

HIJO:

La aparición de un hijo en sueños responde a posibles inquietudes que puedas tener respecto a su modo de vida. Es posible que vaya a pasar dificultades.

HILO:

El hilo simboliza un cúmulo de desavenencias o intrigas. Si está enredado, augura disgustos y dificultades.

HIMNO:

Si escuchas el himno nacional, recibirás dentro de poco buenas noticias. Si se trata de un himno religioso, dolor y lágrimas por un pariente cercano.

HINCHAZÓN:

Si sueñas que estás hinchado y ves a otra persona que se encuentra en la misma situación, indica pérdida de salud. Procura cuidarte.

HINOJO:

Es un símbolo de rejuvenecimiento, por lo que verlo en sueños si estamos enfermos, sobre todo de la vista, anuncia una próxima recuperación.

HIPNOSIS:

Si hipnotizas a una persona, indica que tu influencia sobre ésta es muy fuerte. Si eres tú el hipnotizado, dentro de poco tendrán lugar ciertos acontecimientos a los que tendrás que someterte.

HIPO:

Vas a tener pequeñas preocupaciones financieras.

HIPOCRESÍA:

Este sueño no da pie a la interpretación, ya que significa justo lo que muestra, es decir, que nos veremos acompañados por una persona hipócrita, lo que advierte de engaños y traición bajo una máscara de amabilidad. Cuidado, porque estamos en una situación de peligro.

HIPÓDROMO:

Te advierte de que estás expuesto a perder tu empleo, debido a tu irresponsabilidad, bien por faltas de asistencia o por peticiones injustificadas.

HIPOPÓTAMO:

Este animal es el símbolo de los impulsos carnales y las bajas pasiones, de la fuerza bruta y de aquellos impulsos y vicios que el hombre —herido por el pecado original— no puede dominar por sí solo y que exigen la ayuda de la gracia divina para conseguirlo, y lograr así espiritualizarse y elevarse por encima de la materia.

Tienes que estar atento y no dejarte llevar por los más bajos instintos, pues podría ser muy perjudicial para ti.

HIPOTECA:

Vas a adquirir unos compromisos financieros de los que tienes que estar bien seguro si no quieres arriesgar todo lo que has conseguido hasta ahora.

HISTORIA (cuento):

Oír una historia o contarla augura agradables momentos de felicidad y de distracción en la familia.

HOCICO:

El hocico de un animal es síntoma de cariño y calor familiar siempre y cuando éste no se nos presente de forma amenazante, puesto que su significado será el contrario.

HOGAR:

Los sueños con el hogar alertan de una falta tuya de atención hacia la familia. Trata de tener una mayor comunicación con ellos.

HOGUERA:

Vas a tener malas relaciones con las personas que te rodean y te sentirás injustamente tratado. Si te quemas con ella, indica que tus enemigos se impondrán sobre ti.

HOJA:

Si sueñas con hojas verdes, quiere decir que vas a tener éxito en todos los campos pero si las hojas están marchitas, esto indica enfermedades e infelicidad.

HOLLÍN:

Aparecer manchado de hollín en sueños es un augurio de bienestar.

HOMBRE:

Los sueños que giran alrededor de un hombre son muy difíciles de interpretar, ya que hay infinidad de posibilidades. Por lo general, si se trata de un hombre joven, casi siempre refleja envidias, rivalidades y problemas, sea cual sea el sexo del que sueña; mientras que los hombres maduros suelen simbolizar protecciones inesperadas. Si va vestido de blanco o de colores claros, es señal de dicha. Si va de negro, de tristezas, habladurías y falsas noticias. Si el hombre es moreno, indica vanidades. Si es rubio, amistad y ayuda.

HOMBRE RANA:

Tus enemigos dispondrán de medios eficaces a fin de obligarte a aceptar condiciones que sólo les favorecen a ellos.

HOMBRERAS:

Tus sueños se van a cumplir si las llevas puestas. Si están tiradas por el suelo, ajadas, sucias o rasgadas, anuncian el fracaso de algún proyecto.

HOMBRO:

Si en el sueño apareces con unos hombros anchos y fuertes, es un presagio de salud, éxito y seguridad en ti mismo. Si tus hombros se ven más estrechos que en realidad, es síntoma de futuras angustias e inquietudes.

HOMICIDIO:

Matar a un amigo en sueños denota que hay alguna faceta suya que no te agrada. Si a quien matas en sueños es a un desconocido, lo que te disgusta es algo de ti mismo.

HOMOSEXUAL:

Ser, en sueños, homosexual augura el fracaso de tus gestiones. Las amistades o relaciones que considerabas útiles han sido contrarias a tus intereses, errores de juicio sobre las iniciativas emprendidas y las acciones entabladas, pérdida de consideración, soledad moral, desamparo.

HONDA:

Tus adversarios utilizarán medios poco habituales pero eficaces para arrebatarte tus derechos. Serás humillado y se te impondrán ciertas exigencias.

HONGOS:

Comer hongos en sueños es síntoma de buena salud. Si solamente los ves, significa que vas a pelearte con alguien.

HONORARIOS:

Si eres tú quien recibe los honorarios, indica que esperas poder sacar algún beneficio de la relación con los demás. Si los pagas, alguna amistad se va a ver perjudicada por motivos financieros.

HORA:

Si en tus sueños se repite a menudo una hora específica, la experiencia demuestra que esta hora tiene una relación directa con el desarrollo de tu vida.

HORCA:

Soñar con una horca puede considerarse uno de los sueños más felices. Si eres tú el ahorcado, aumentará tu fortuna. Si se trata de un amigo, éste habrá de prestarnos una gran ayuda. En el caso de ser un familiar, prosperidad en los negocios.

HORMIGAS:

Son sinónimo de trabajo organizado y éxito a base de esfuerzo y tesón. Cuando vemos que nos invaden el cuerpo, significa que padecemos de una sintomatología paranoica, por lo que es conveniente acudir a un profesional. Cuando vemos destruir un hormiguero, el sueño nos augura desamparo y desgracias.

HORMIGÓN:

Implica que tus dudas sobre ciertos negocios se van a disipar en breve.

HORNO:

Si el horno está encendido, es señal de bienestar y comodidades. Si está apagado, malestar y pesadumbre.

HORÓSCOPO:

Algo que tú has predicho va a acabar ocurriendo.

HORTENSIA:

Simboliza la belleza fría y la frigidez.

HOSPITAL:

Indica numerosas preocupaciones, graves apremios profesionales, dificultades financieras importantes, deudas, riesgo de enfermedad, soledad moral. Verse curado, sin embargo, es augurio de ayuda afectiva y de llegada de nuevas posibilidades en tu vida.

HOSPITALIDAD:

Recibir hospitalidad es siempre presagio de felicidad, de relaciones familiares felices, de amistades favorables y de nuevos conocimientos o reencuentros después de una larga separación.

HOSTIA:

Serenidad del alma, paz del corazón.

HOTEL:

Soñar que está uno dentro de un hotel refleja que se acerca una época de cambios en su vida. Según las decisiones que tomes próximamente, tu vida dará un giro para uno u otro lado. En el caso de que nos veamos perdidos en un establecimiento de este tipo, sufriremos la incomprensión por parte de los demás. En algún caso es símbolo de celos. También significa un cambio en nuestras vidas y según la circunstancia agradable o desagradable con que esté asociado este sueño, se nos presenta el futuro. Éxito en las relaciones personales.

HOTELERO:

Un amigo va a necesitar tu ayuda, pues sufrirá problemas y necesidades. Aconséjale en esta nueva etapa de su vida.

HOYO:

Tanto ver como caerse en un hoyo es siempre presagio de circunstancias desdichadas salvo si lo saltas, lo que quiere decir que vencerás ciertas adversidades.

HOZ:

Es símbolo de mal agüero salvo si está rota o sin filo, que quiere decir que alguna persona enferma de tu entorno se curará.

HUCHA:

Cuando está llena de ahorros, tus riquezas aumentarán; cuando está vacía, pasaremos por grandes penalidades.

HUELGA:

A esos proyectos que tenías pendientes les van a surgir algunos problemas y se estancarán durante un tiempo.

HUELLAS:

Si las huellas son las nuestras, esto es augurio de éxito y prosperidad; si se ven borrosas, significa vacilación e incertidumbres. Cuando son de otros, indican que debemos desconfiar en el terreno de los negocios para vernos a salvo de engaños.

HUÉRFANO:

Es el momento de entablar nuevas amistades, ya que las relaciones con los antiguos amigos pasarán por una época de dificultades.

HUERTO:

El huerto, con sus frutos y beneficios, siempre es un presagio de riqueza y bienestar. Pero, sobre todo, los sueños en que aparece el huerto suelen ser el reflejo de los deseos e inquietudes sexuales.

HUESOS:

Es un mal presagio. Tu salud se verá gravemente afectada o sufrirás una ruptura afectiva por separación o fallecimiento de una persona querida.

HUEVOS:

Normalmente es un sueño de buen agüero. Tanto si los vemos como si los comemos, los cocinamos o los regalamos, auguran momentos de felicidad y ganancias económicas. Si los dejamos caer, se rompen o están podridos, no son positivos, ya que predicen peleas y maledicencia. Ver una canasta o un recipiente lleno de ellos anuncia éxito profesional.

HUIR:

Vas a tener un momento de debilidad en el que renunciarás a ciertos sueños. Reordenarás tus preferencias ajustándolas a tus posibilidades. Las circunstancias te ayudarán a renovar las relaciones afectivas y amistosas.

HULE:

Malas noticias, hipocresía, engaños, intrigas, decepción afectiva.

HUMEDAD:

Implicará problemas de dinero, dificultades con personas de tu círculo, disputas y engaños, penurias morales o problemas de salud.

HUMILLACIÓN:

Te verás en una situación en la que muchos se pondrán en tu contra. Tus palabras o actos serán malinterpretados.

HUMO:

Este símbolo puede presentar algunas dificultades de interpretación. Será necesario notar los detalles particulares y las causas que producen el humo. He aquí algunos ejemplos que te permitirán definir tu sueño: un humo negro, espeso, sofocante: apremios de dinero, disputas, peleas, relaciones comprometidas con tu entorno, riesgo de ruptura, enfermedad; un humo ligero, blanquecino, agradable: alivio, tranquilidad del corazón y el espíritu, placeres, fin de las preocupaciones, felicidad cercana.

HUNDIR:

El hecho de hundir un objeto en sueños indica que tus intenciones no son del todo honestas.

HURACÁN:

Tendremos que sacar fuerzas de flaqueza para no vernos arrastrados por las circunstancias desfavorables que se avecinan, un largo período lleno de inconvenientes, y deberemos recabar todo el apoyo posible para salir airosos de esta circunstancia. A largo plazo podemos esperar tranquilidad.

HURGAR:

Si sueñas que hurgas en las cosas de los demás, es indicio de que vas a tener problemas afectivos a causa de una actitud tuya poco escrupulosa.

HURTAR:

Si eres tú mismo quien hurta, tendrás problemas familiares, peleas por intereses, deberás soportar reproches y humillaciones, perjuicios financieros.

ICEBERG:

Te advierte de que encontrarás problemas en el trabajo o de carácter financiero.

ICONOS:

Soñar con que adoras un icono va a beneficiar a tu estado anímico, dándote las fuerzas que necesitas para afrontar estos momentos.

ICTERICIA:

Padecer ictericia en sueños es síntoma de próximo bienestar.

IDIOMA:

Si sueñas que hablas un idioma extranjero, es signo de que eres una persona abierta, culta y de gran personalidad.

ÍDOLO:

Adorar a un ídolo es un mal augurio, ya que, tras ver cumplidas momentáneamente tus ilusiones, tendrás que prepararte para recibir disgustos y contrariedades. Cuando se sueña con él con cierta frecuencia, revela la existencia de timidez o complejos de inferioridad.

IGLESIA:

Es presagio de que vamos a recibir buenas noticias. Cuando entramos en una, augura que tendremos paz y tranquilidad, mientras que si nos encontramos de repente con ella, nos predice que vamos a tener consuelo después de unos tiempos difíciles.

IGUANA:

Te encontrarás algún problema inesperado en la realización de tus proyectos pero, finalmente, sin ninguna consecuencia.

ILUMINACIÓN:

Depende del grado de iluminación. Si es fuerte es augurio de próximos éxitos. Si es débil, inquietudes, angustias y ambiente familiar tenso.

IMAGEN:

Si la imagen es tuya, indica que estás satisfecho contigo mismo; si es de algún pariente recién fallecido, tendrás que cumplir alguna promesa que le hiciste; si se trata de familiares aún vivos, es síntoma de futuras preocupaciones.

IMÁN:

Estás bajo la influencia de alguien de quien deberías desconfiar.

IMBERBE:

Si te ves imberbe, debes afrontar de forma más adulta ciertas situaciones.

IMITACIÓN:

Cuando en sueños te ves imitando a alguien, puede significar que te falta originalidad en tus actos o que tu personalidad no está todavía completamente formada.

IMPACIENCIA:

Es un presagio de que vienen dificultades a las que tendrás que estar muy atento si no quieres que se agudicen.

IMPERMEABLE:

Serás víctima de la perfidia de tus enemigos aunque, finalmente, sin mayores consecuencias. Nos veremos apoyados por nuestros seres queridos.

IMPOTENCIA:

Si se trata de una impotencia física, quiere decir que tus esfuerzos para llevar a cabo algún proyecto no se verán recompensados. Trata de cambiar de estrategia. Si es una impotencia moral, significa que estás pasando una mala época en tu trabajo.

IMPRENTA:

Vas a contactar con personas que pueden beneficiarte mucho en tus proyectos personales.

IMPUESTOS:

Trata de legalizar tu situación. En caso contrario, los problemas no tardarán en venir.

INAUGURACIÓN:

Se trata de una metáfora de la inauguración de una nueva vida. Renovarás amistades, ideas y actividades que te van a devolver la alegría de vivir.

INCENDIO:

A veces te avisa de un peligro real inminente. En ese caso te haría despertarte sobresaltado, con lo que podrías solventar el problema. Si el sueño no llega a despertarte, tendrás que interpretar por ti mismo lo que corre peligro dependiendo de qué es lo que se queme él.

INCESTO:

No es un sueño muy frecuente. Indica que tienes demasiada dependencia de tu madre, que eres una persona mimada y que lo querrías ser aún más. Has de tratar de iniciar nuevas relaciones que te satisfagan. A veces, es símbolo de desgracias en el hogar.

INCIENSO:

Augura ceremonias que tienen relación con algún suceso doloroso, como puede ser el funeral de alguna persona de nuestro entorno.

INCLINAR:

Indica cierta debilidad o sumisión hacia lo que te inclines en el sueño.

INDIGENCIA:

Si te ves como un indigente, indica que estás agotado sentimentalmente, indica una carencia afectiva.

INDIGESTIÓN:

Cierta opulencia en tu manera de vivir comportará graves riesgos si no te impones restricciones apropiadas.

INDUSTRIA:

Que en sueños dirijas una empresa industrial u ocupes funciones de responsabilidad te anuncia un período de éxito y prosperidad en tus actividades. Y lo contrario si se trata de una empresa abandonada.

INFECCIÓN:

Si te vieras con una enfermedad infecciosa, se van a dar ciertos malentendidos que van a provocar una ruptura en tu relación.

INFIDELIDAD:

Si somos nosotros los infieles, no estamos satisfechos con nuestra actual relación. Si nos son infieles a nosotros, vamos a tener buenas relaciones afectivas y familiares que se verán coronadas con el éxito y con el amor.

INFIERNO:

Si estás en el infierno, quiere decir que te sientes perseguido por tus enemigos y que esta persecución te hará actuar de una forma desfavorable para tus intereses, mientras que si sueñas que sales de él, indica que alcanzarás el triunfo en todo aquello que tengas en marcha.

INFLACIÓN:

Un mal cálculo te ha hecho prever resultados diferentes a los reales.

INFLAMACIÓN:

Tu vida afectiva va a sufrir algún contratiempo.

INFLAR:

Te sientes seguro de cumplir con los requisitos necesarios para ver realizadas tus aspiraciones.

INFORMACIONES:

Pronto recibirás noticias que podrán cambiar tu vida, tanto en la rama familiar o afectiva como en la profesional.

INFRACCIÓN:

Tus últimas decisiones se van a ver cuestionadas por quienes te rodean. Celos, envidia, maldad. Probable clima agresivo.

INGENIERO:

Si el ingeniero es otra persona, significa que los consejos sensatos serán una ayuda eficaz para la conclusión de tus negocios. Si eres tú el ingeniero, alcanzarás el éxito por medio del esfuerzo y el empeño.

INGENUIDAD:

Un amigo sincero va a necesitar tu ayuda. No le defraudes adoptando actitudes indiferentes. Las circunstancias de la vida te impondrán necesidades y podrías tener que recurrir a él.

INGRATITUD:

Te vas a sentir incomprendido y vas a tener problemas con la gente de tu entorno.

INJURIAS:

Si sueñas que recibes una injuria, lo que obtendrás será atenciones y favores por parte de tus amigos.

INJUSTICIA:

Si eres tú mismo quien comete una injusticia, ten por seguro que en la vida real habrás de perjudicar a una persona amiga, hecho que tendrás que procurar evitar para no tener que arrepentirte. Si sueñas que es otra persona quien la comete contra ti, trata de vigilar tus intereses o, de lo contrario, sufrirás quebrantos y pérdidas.

INMOVILIDAD:

Cuando soñamos que a pesar de la necesidad de realizar algo no podemos movernos, pues nos sentimos paralizados e incapaces del menor movimiento, e incluso de despertarnos a pesar de la angustia que ello produce, tras este sueño siempre se oculta un complejo de inferioridad, el temor a no saber comportarnos como requiere la ocasión, de no saber realizar el movimiento preciso, de no saber decir la palabra adecuada, de no alcanzar el objetivo propuesto. En ocasiones este sueño se corresponde con alguna incomodidad que estás padeciendo.

INMUEBLE:

La visión de un inmueble desconocido se relacionaría con el aspecto financiero de tu situación. La calidad de su construcción, su apariencia, el uso al que está destinado definirían ciertas condiciones relacionadas con los criterios evolutivos de tus actividades, a saber: un inmueble de construcción sólida, bien mantenido, destinado para usos acordes con su vocación sería un presagio positivo. Por el contrario, un inmueble en mal estado, deteriorado o abandonado es señal de una próxima etapa penosa y apremiante.

INMUNDICIAS:

Aunque no parece grato soñar con inmundicias, auguran provecho, ganancias y felicidad.

INOCENTADA:

A pesar de la seriedad con que examinas la forma de resolver tus problemas, vas a ser objeto de burlas por parte de tus relaciones.

INSECTOS:

Simbolizan los sentimientos negativos que albergamos hacia los demás, como el odio y la envidia. Si soñamos con una casa que está llena de ellos, quiere decir que sentimos desconfianza y resentimiento hacia algunas personas que nos rodean. También significa que tenemos mucho miedo de lo que puedan pensar de nosotros los demás, porque nos hallamos en una época en la que somos especialmente vulnerables.

INSOMNIO:

Soñar que sufres de insomnio tiene el significado de que alguna persona te está engañando. Deberás vigilar su conducta y evitar que el engaño llegue a tener mayores consecuencias.

INSPECCIÓN:

Denota que tienes miedo a que se haga público algún defecto tuyo o algún punto débil de tu personalidad.

INSTALARSE:

Estás a punto de disfrutar de unas mejores perspectivas para el futuro.

INSTRUMENTO MUSICAL:

Tu vida afectiva se verá afectada por noticias o acontecimientos alegres, de salud y bienestar.

INTERESES:

Trata de aportar la sensatez necesaria en el cumplimiento de tus actividades. Olvidar esta regla te impondrá sacrificios financieros rigurosos y celos de tus rivales.

INTÉRPRETE:

La falta de comunicación con tu pareja va a hacerte solicitar la ayuda de terceras personas.

INTERROGATORIO:

Tus rivales se alían entre sí para estar mejor informados de tus actos y tus gestos.

INTESTINOS:

Los intestinos representan el lugar donde se forja la riqueza material. En este sentido, el estado de éstos, de la función intestinal y de cuanto les ocurra en el sueño debe trasladarse a la riqueza y bienes del que sueña.

INUNDACIÓN:

Ya que el agua es el símbolo de sentimientos y emociones, sufrir una inundación en sueños significa que estos sentimientos son tan intensos que están sobrepasando el límite de tu resistencia y te van a ocasionar problemas. Tienes que buscar salida a estas emociones y encontrar actividades lúdicas que te permitan una vía de desahogo.

INVÁLIDO:

Soñar con una persona inválida es señal de una vejez apacible y serena.

INVENCIÓN:

Implica un deseo de cambiar tu condición y expresar tu personalidad. Circunstancias particulares te permitirán poner de manifiesto tus ideas creadoras. Encuentros interesantes y apasionantes, nuevas posibilidades en tu carrera.

INVENTARIO:

Augura una época propicia para examinar las circunstancias vividas y permitirte corregir la modalidad de tus proyectos.

INVIERNO:

Si sueñas que estás viviendo en un invierno muy frío, procura cuidar tu salud. Si al soñar con el invierno notas que el frío no te afecta, a pesar de estar entre la nieve, no te olvides de vigilar tus negocios.

INVISIBILIDAD:

Cuando en sueños una persona o un objeto se vuelven invisibles, significa que tenemos razones para querer que desaparezca de nuestra conciencia. Localizarlo y ver lo que representa en nuestra vida real nos permitirá conocer las razones de dicha represión o negativa a reconocer un hecho, un problema o una situación.

INVITACIÓN:

Recibir o hacer una invitación es signo de que dentro de poco podrás reanudar relaciones que se habían distanciado con el tiempo o conocer a nuevas personas, lo que te dará alegría y felicidad.

INYECCIÓN:

Vas a tener algunos problemas de salud, pero un buen amigo te ayudará en la convalecencia.

ISLA:

Soñar con una isla te indica que necesitas tiempo para relajarte y meditar sobre los últimos acontecimientos de tu vida. Si ves la isla de lejos, indica que se avecinan viajes muy placenteros e inesperados a sitios exóticos, probablemente acompañado por personas muy agradables.

JABALÍ:

Representa a un adversario particularmente peligroso, lo que te indica que debes obrar con astucia y prudencia, pues puede hacer fracasar tus proyectos y echar por tierra todas tus esperanzas. Si eres capaz de capturarlo o matarlo, es muy buen augurio, porque presagia el éxito.

JABÓN:

Es un sueño que te asegura poder aclarar los conflictos que tengas, tanto internos como externos. Has de ser paciente y no dejarte llevar por los nervios, ya que pronto encontrarás la manera de solucionar tus problemas. Tendrás a tu alcance todos los medios para defenderte de los ataques de los enemigos y de las malas artes que hayan empleado contra ti.

JACINTO:

Esta flor es señal de amistad y ternura. Nuestra vida gozará de paz y tranquilidad.

JAGUAR:

Implica pérdidas económicas importantes. Tus enemigos contarán con apoyos sólidos para arrebatarte tus ganancias.

JAMÓN:

Si está cocido refleja éxito en tus proyectos y ganancias financieras, mientras que si aparece crudo significa que, aunque vas a alcanzar el éxito, tendrás que pasar antes por una serie de dificultades que debes superar.

JAPÓN:

Si en el sueño te estás preparando para viajar a Japón es presagio de un éxito particularmente brillante y ejemplar.

JAQUECA:

Sufrir jaquecas en sueños indica que vas a tener problemas de corta duración pero recurrentes.

JARABE:

Indica que la persona que lo bebe sentirá molestias de corta duración.

JARDÍN:

Pasear por un jardín es señal de bienestar y alegría, así como de éxito en los negocios. Cultivarlo, aumento de fortuna.

JARDINERO:

Si sueñas con un jardinero, te va a tocar la lotería, y si tienes dinero invertido en acciones, aumentará notablemente.

JARRA:

Al ser un recipiente continente, representa generalmente lo femenino. Debemos tener las opiniones de quienes nos rodean más en cuenta a la hora de tomar nuestras propias decisiones. Si lo que vemos es una jarra con agua, es símbolo de tranquilidad, modestia y todos aquellos elementos que hacen la vida más apacible y placentera. Cuando vemos un jarrón de buena calidad, grande y bonito, quiere decir que vamos a ser poseedores del afecto de los demás y que, además, nos van a ser fieles en todos los aspectos. También es el símbolo de la comprensión, tanto si la damos como si la recibimos. Cuando aparece llena de cualquier otro líquido, como por ejemplo aceite, augura grandes ganancias de dinero y éxito en la vida profesional.

JAULA:

Si ves una vacía, simboliza peligro y que se avecinan tiempos en los que vas a vivir engaños y decepciones. Si estás encerrado en ella, anuncia que te hallarás en situaciones comprometidas y en soledad. Si se halla llena de pájaros, predice soledad afectiva, pérdida de amistades y circunstancias contrarias a nuestros intereses. Cuando sueñas que abres o rompes una jaula, es señal de que tus circunstancias van a cambiar hacia mejor y de que se solucionarán los problemas que tengas.

JAZMÍN:

Soñar con esta flor significa amor y fidelidad entre personas que se quieren. También es indicio de buenas amistades.

JEFE:

Si ves a tu jefe en sueños, implica dificultades profesionales, relaciones tensas, proyectos que no podrás llevar a término y errores de juicio. Te verás sometido a determinadas presiones que te harán entrar en conflicto contigo mismo.

JERGÓN:

Si se trata de un jergón limpio y en buen estado, es un sueño de buen agüero, ya que sólo predice acontecimientos que te proporcionarán felicidad y una mejora considerable en el aspecto económico. Si aparece sucio o roto, es señal de mala suerte. Debes tener especial cuidado, pues te perjudicará la maledicencia de tus vecinos.

JERINGA:

No pierdas la esperanza. La gente que te quiere vendrá en tu ayuda para tratar de solucionarte algún problema.

JEROGLÍFICO:

En tu trabajo te encontrarás con cosas que no llegarás a entender, pero esto no te repercutirá.

JESUITA:

Secretos, confidencias inconfesables, acciones discretas pero eficaces.

JINETE:

Cuando vemos a un jinete en sueños, esto siempre va asociado al recibimiento de noticias. Según la sensación que nos dé el jinete, éstas serán buenas o malas.

JIRAFA:

Trata de estar más cerca de la realidad y de ser menos arisco con tus relaciones. No desdeñes a personas que podrían aportarte eficacia y competencia.

JOCKEY:

Si te ves como un jockey, significa que tus empresas dependerán menos de tus esfuerzos que de la suerte. No obstante, no confíes tus decisiones al azar.

JOROBADO:

Ver a un jorobado es presagio de buena suerte, pero si el jorobado es mujer, lo que pronostica es mala suerte, y si lo somos nosotros, significa que algún contratiempo nos obligará a hacer el ridículo. Indica que es un buen momento para tentar la suerte en los juegos de azar.

JOYAS:

A efectos de interpretación, debemos distinguir la piedra preciosa de las joyas, ya que estas últimas son las piedras preciosas trabajadas y engarzadas en metales nobles; y si bien cada piedra tiene su significado propio y benéfico, cuando se sueña sola, como joya, adquiere un valor maléfico y nos advierte contra el defecto contrario a su simbolismo. También los metales nobles sufren esta transformación maléfica de su significado y así, las joyas de oro nos previenen contra el orgullo; las de plata, si bien presagian beneficios, nos previenen contra las mujeres; las falsas, por último, contra la vanidad y la presunción. Las joyas rotas auguran frustraciones; deslustradas o sucias, problemas de negocios; perderlas significa problemas con nuestros bienes personales; hallarlas, tentaciones peligrosas; comprarlas, pérdidas de dinero; si nos obsequian con ellas, es un consejo para que no prestemos ni pidamos prestado, pues los problemas serían a la hora de devolver el dinero; llevarlas puestas, maledicencia. No obstante, y en un nivel mucho más elevado, las joyas adquieren el significado de verdades espirituales, de símbolos de un conocimiento superior; y aquellos sueños en que las joyas se descubren en cavernas simbolizan la sabiduría que existe oculta e ignorada en nuestro subconsciente.

JUBILACIÓN:

Predice una época en la que tus preocupaciones cesarán para dejar paso a un período de calma y serenidad. Apreciarás los pequeños placeres y las alegrías familiares. Maravillosos momentos de felicidad.

JUDAS:

Debes guardarte de ciertas amistades que te rodean y que, a pesar de sus gestos de cariño, tratan de perjudicarte.

JUDÍAS:

Simbolizan riñas y disputas, a veces incluso con violencia física.

JUDÍO:

Soñar con uno o varios judíos implica que los pesares que hace tiempo estás padeciendo van a cesar en breve.

JUEGOS:

Cuando nos vemos practicando juegos de niños, quiere decir que deseamos sustraernos a responsabilidades y que, de alguna forma, nos sentimos incapaces de hacer frente a todas las situaciones que nuestro mundo de adulto nos plantea. Cuando los juegos que practicamos son de azar e intervenimos con grandes sumas, el sueño refleja que nos hallamos en un estado de grave crisis moral o religiosa que influirá negativamente en nuestras relaciones afectivas.

JUEZ:

Soñar con un juez normalmente implica cierta inquietud acerca de nuestra situación, o bien porque no nos sentimos valorados o porque no estamos obrando con la rectitud que deberíamos y por esto vamos a sufrir complicaciones en nuestras actividades laborales o familiares.

JUGUETES:

Si sueñas con juguetes, deberás andar con cuidado respecto a tu manera de proceder. Es posible que estés eludiendo responsabilidades que te corresponden.

JUICIO:

Tendrás que soportar las consecuencias de un trabajo mal hecho. Alguien se ha aprovechado de cierta debilidad tuya, usándola a su favor. Este sueño implica pérdidas de dinero y de estima personal.

JUNCO:

Significa que te ves incapaz de mantener una promesa que habías hecho y que eres una persona inconstante y dócil. Si entablas negocios con amistades o conocidos, correrás el riesgo de perderlos por tu culpa, ya que no serás capaz de afrontar las responsabilidades que dichos negocios conlleven.

JUNGLA:

Te verás con muchas dificultades para encontrar una solución conveniente. Desembolso de dinero y problemas de salud. Las amistades te fallarán. Soledad moral.

JURADO:

Serás por fin tomado en consideración. Tus esfuerzos se verán recompensados a partir de ahora.

JURAMENTO:

Si alguien nos jura algo en sueños, significa que no tenemos plena confianza en él. Si somos nosotros los que juramos, no sabemos si lo podremos cumplir.

JUVENTUD:

En sueños, la cuestión de las edades es algo muy relativo; casi me atrevería a decir que es algo que depende totalmente de las circunstancias particulares y momentáneas del soñador en el momento de tener el sueño. En efecto, es una opinión muy generalizada que soñarse más viejo de lo que se es augura larga vida, pero ocurre que la mayoría de los autores consideran que verse más joven de lo que se es también presagia larga vida, lo cual a pesar de parecer contradictorio sigue siendo verdadero. Porque en sueños la edad equivale a energía vital; y de la misma forma que los científicos hablan de «edad oficial» y «edad biológica», también deberíamos concluir con la existencia de una «edad psicológica», que es la edad con que nos vemos en sueños.

JUZGADO:

Si tu sueño ocurre en un juzgado, en calidad de detenido por haber cometido una falta o un delito, es clara señal de que pronto te verás libre de las preocupaciones y necesidades que te han venido agobiando.

KAYAK:

Si sueñas que usas un kayak y que lo haces con acierto, logrando franquear los obstáculos, vencer las corrientes contrarias y evitar los escollos, es un presagio de éxito en la evolución de tus negocios. Si, por el contrario, te hundes o no puedes maniobrar, indica que estás incapacitado para resolver tus problemas.

KERMÉS (fiesta popular):

Augura frustración en los negocios o una desilusión amorosa. Deberás coger fuerzas de nuevo para reconstruir tus proyectos con unas nuevas condiciones de vida.

LABERINTO:

Soñar con laberintos es sinónimo de los embrollos en los que a veces te metes sin necesidad. Es un reflejo de tus pequeñas obsesiones, lo que te produce ciertos inconvenientes en la vida real. La duda, el miedo o la indecisión son términos relacionados con este tipo de sueño. Si sueñas que encuentras la salida, es signo de que pronto esos pequeños defectos cesarán con un poco de decisión y coraje, y un golpe de suerte te dará el último empujón para salir del lío en el que estabas metido.

LABIOS:

La interpretación de este sueño depende del tipo de labios que soñemos. Si se trata de unos labios bonitos, gruesos, sanos, vienen tiempos de alegría, felicidad afectiva, éxito y amistad. Si, por el contrario, son unos labios feos o colgantes, serán augurio de falta de confianza en uno mismo y fracaso de los proyectos.

LABOR DE PUNTO:

Hacerla significa que vas a ser burlado y humillado. Circularán habladurías sobre tu modo de vivir.

LABORATORIO:

Implica, como poco, inquietud ante tu situación. Algunos negocios no marcharán como habías pensado. Cambia de estrategia o trata de gestionar una salida honrosa a este conflicto.

LABRAR:

Si te ves labrando o ves a un labrador, es un presagio favorable de circunstancias felices que modificarán positivamente tu futuro. Promesas de éxito, esperanza de ganancias debidas a tu coraje y tenacidad. Las decepciones serán definitivamente borradas por nuevas perspectivas de futuro.

LACA PARA EL CABELLO:

Conformismo y rigidez en tus relaciones con los demás.

LADRAR:

Oír ladrar a un perro implica peligro cercano, se avecinan tiempos en los que te hallarás rodeado de personas que te desean el mal y se te presentarán graves problemas. Si logras acallarlo, los obstáculos serán superados.

LADRILLO:

El ladrillo puede simbolizar un posible rechazo a la vida sedentaria por el hecho de que te limita, aunque te aporte seguridad. Sin embargo, casi siempre es un presagio favorable, un augurio de prosperidad, solidez en los negocios y afianzamiento de tu vida afectiva.

LADRÓN:

Si los ladrones, en sueños, han entrado en tu casa y te han robado, es un presagio feliz para cualquier trabajo, empresa o asunto que emprendas.

LAGARTIJA:

Cuídate de posibles ataques de personas que buscan tu ruina.

LAGARTO:

No confíes demasiado en la apariencia pasiva y despreocupada de tus interlocutores. Corres el riesgo de que se inmiscuyan sorprendentemente en tus asuntos.

LAGO:

No tardarás en recibir una tremenda alegría de las personas que más te quieren, bien en tu casa o en una fiesta próxima a celebrarse.

LÁGRIMAS:

Si sueñas que lloras, es un buen augurio. Tendrás noticias felices e inesperadas, tus deseos se verán realizados. Alegría y felicidad. Los proyectos olvidados se reanudarán.

LAGUNA:

Momentos de paz y serenidad. Serás protegido de los acontecimientos exteriores contrarios a tus sentimientos.

LAMA:

Gozarás de unas relaciones amistosas que te pueden venir bien pero que pronto se truncarán.

LAMENTOS:

Oírlos es signo de una desgracia próxima que te causará un cruel dolor y tener que soportar los acontecimientos de los que ésta deriva.

LAMER:

Ser lamido por un animal indica que eres apreciado por los que te rodean, pues has sabido comprender sus dificultades y los has ayudado en sus gestiones.

LÁMPARA:

Si la luz que desprende la lámpara es fuerte, simboliza la finalización de una etapa penosa de tu vida y el comienzo de una época de grandes alegrías. Sin embargo, significa lo contrario si la luz que desprende la lámpara es tenue.

LANA:

Anuncia felicidad simple y tranquila, pero a condición de no ser excesivamente ambiciosos. Soñar con que se está trabajando la lana sugiere que vamos a obtener ganancias financieras y que vamos a alcanzar un importante estado de prosperidad, mientras que si la quemamos, augura que se avecinan reveses de fortuna e importantes pérdidas financieras.

LANGOSTA:

Si la langosta es de mar, augura placeres y gratas reuniones familiares. Si fuera terrestre, procura cuidar tus negocios o trabajo.

LANZA:

Soñar con una lanza es un mal síntoma. Augura rivalidades en asuntos familiares o profesionales. Si la lanza está rota, tendrás problemas de dinero o caerás enfermo.

LANZALLAMAS:

Vaticina rivalidades particularmente nocivas para tu reputación y el progreso de tu situación.

LANZARSE:

Se trata de un signo favorable, siempre que esta acción no sufra ningún inconveniente o encuentre algún obstáculo. Indicación de felices iniciativas que anuncian éxito en tus actividades.

LÁPIDA:

Si eres una persona infiel, pronto te van a desenmascarar.

LÁPIZ:

El proyecto que tenías en mente va a ser imposible de realizar.

LARVAS:

Tendrás dificultades e innumerables molestias que deberás combatir con atención y eficacia. Inconvenientes con amistades muy cercanas, pensamientos solapados, actitudes pérfidas.

LÁSTIMA:

Si sueñas que tienes lástima por alguien, es síntoma de que ese alguien te profesa una amistad verdadera.

LÁTIGO:

En el caso de que aparezcamos nosotros utilizándolo, significa que hemos infligido a alguien un dolor innecesario, que de algún modo hemos sido injustos; pero indica a la vez que somos personas que gozan de gran respeto por parte de los demás. Si somos quienes reciben los latigazos, quiere decir humillación. Cuando lo oímos restallar, es una advertencia para que nos pongamos en guardia, pues algo nos puede salir mal.

LATÍN:

Tienes propósitos ventajosos y secretos importantes cuyo conocimiento reservas para algunos iniciados de tu elección.

LAÚD:

Te sentirás a gusto en soledad, tiempo de meditación y melancolía placentera.

LAUREL:

Augura suerte, representa la victoria. También presagia que vamos a recibir recompensas y honores, y que la posición social de la que disfrutamos se va a ver considerablemente beneficiada. Apoyo por parte de los amigos e incluso por parte de personas que nos son casi desconocidas y de las que no lo esperábamos. Todas estas circunstancias favorables acarrearán ganancias de dinero.

LAVA:

Representa una relación amorosa tan pasional que escapará a tu control y que repercutirá negativamente en los demás aspectos de tu vida.

LAVABO:

Aquello que te preocupaba se va a arreglar dentro de poco, por lo que podrás así agarrar de nuevo las riendas de tu vida.

LAVADERO:

Es señal de próxima reconciliación con una persona de quien te habías distanciado.

LAVADORA:

Simboliza armonía conyugal y familiar.

LAVANDA:

Deseas agradar a quienes te rodean pero sin llamar mucho la atención.

LAVANDERA:

Si sueñas con tu criada o con la mujer que viene a tu casa a lavar la ropa, recibirás gratas noticias que habrán de beneficiarte.

LAVAPLATOS:

Iniciativas particularmente acertadas que te asegurarán un cambio favorable para tus empresas. Promesa de éxito.

LAVAR:

Indica un sentimiento de culpa, necesidad de eliminar todos los apremios, de resolver las dificultades importantes. No lograremos nuestros propósitos si nos vemos lavándonos con agua sucia. Si se lava ropa, indica que los problemas familiares se van a solucionar y que a esto seguirá una larga temporada de paz y amor en el hogar.

LAVATIVA:

Deseas olvidarte de las preocupaciones y molestias que te afectan desde hace algún tiempo y, en particular, romper con relaciones inútiles y nocivas. Deseo de liberarse de toda suerte de males.

LAZO:

Es un buen augurio para la continuidad de tu actividad y el éxito de tus empresas.

LECCIÓN:

Si eres tú quien da una lección, indica que te sientes conforme con tu posición social. Si la recibes significa que sabes reconocer tus errores y que te dejas aconsejar por los demás.

LECHE:

Sugiere abundancia y fertilidad, por lo que generalmente predice beneficios en todos los campos. Si una mujer joven sueña que tiene leche en el pecho, le anuncia un próximo embarazo. Si soñamos con que nos lavamos con leche, es augurio de que vamos a cambiar hacia mejor en nuestros sentimientos. Sólo cuando la leche se derrama es símbolo de desavenencias y disputas.

LECHERO:

Estás a punto de recibir buenas noticias familiares. Un cambio importante y favorable va a modificar de manera positiva tus condiciones de vida.

LECHUGA:

Es un sueño bastante malo que anuncia alegrías a las que siguen pérdidas, especialmente si nos la comemos.

LECHUZA:

Es un augurio nefasto. Es señal de malas noticias, fracasos, acontecimientos dolorosos, presagio de enfermedades y de separaciones de parejas. Cuando la oímos ulular es una señal inequívoca de fallecimiento de algún allegado.

LEER:

Leer en sueños revela algún hallazgo, sorpresa o el conocimiento de un secreto, así como el deseo de conocer el pensamiento, las intenciones o los aspectos ocultos de la personalidad de otro ser humano.

LEGAÑAS:

Vaticina la inminente llegada de malas noticias sobre algún amigo.

LEGUMBRES:

Por regla general, soñar con legumbres es un augurio desagradable, ya que suelen presagiar pequeñas dificultades, contrariedades y problemas familiares o relacionados con nuestra vida privada. Si están en la huerta, es indicio de aflicciones. Sueltas, en el mercado, en la cocina o en la mesa, discordia entre amigos y compañeros. Si se sueña con ellas durante la época en que suelen estar en sazón, tienen un sentido menos alarmante.

LEJANÍA:

Contemplar la lejanía significa un cambio de vida. Dependerá de lo que veamos a lo lejos que éste sea para bien o para mal.

LEJÍA:

Nos augura trabajos sin compensaciones.

LENGUA:

Si sueñas con una lengua larga y gruesa, significa que hablas mucho y de forma descontrolada, por lo que el sueño te avisa para que seas más prudente con lo que dices. Cuando soñamos que nos mordemos la lengua, es señal de prudencia y cuando la vemos cortada, puede ser símbolo de impotencia en todos los sentidos, incluso sexual. También este sueño puede ser señal de que nosotros o nuestros allegados somos objeto de cotilleos y comadreos.

LENGUADO:

Vas a tener bastantes oportunidades tanto en el amor como en las finanzas.

LENGUAS EXTRANJERAS:

Si sueñas con que practicas una lengua extranjera, es síntoma de cambios en tu manera de vivir, noticias importantes y beneficiosas, posibilidad de un viaje a un sitio lejano o de una actividad relacionada con un país extranjero.

LENTEJAS:

Las lentejas representan egoísmo y corrupción.

LEÑA:

Si la ves formada en haces, recibirás noticias de un buen amigo que se halla enfermo. Si cargas con ella a la espalda, los problemas que ahora te aquejan perdurarán algún tiempo. Ver un leño ardiendo es síntoma de buen augurio. Gozarás de paz y serenidad. Si está apagado, tendrás preocupaciones y pesares. Mala suerte. Ver leña quemada anuncia la llegada de bienes si se hace un pequeño esfuerzo en el trabajo.

LEÑADOR:

Si sueñas que eres tú quien corta la leña en el bosque, recibirás satisfacciones en el trabajo que realizas en tu vida real. Ver a un leñador, grandes amistades.

LEÓN:

Es símbolo de seguridad, poder y sabiduría, representada en muchos casos por la figura del padre, aunque su condición de animal salvaje le hace parecer cruel y dominante. Es recurrente el sueño de vernos luchando con un león; si salimos vencedores de la contienda, significa el triunfo sobre las circunstancias adversas que nos rodean, triunfo que generalmente se consigue a base de trabajo y tesón. Cuando vemos a un león en libertad, indica que tenemos cerca a alguien que puede ser peligroso para nuestros planes. Si vemos que somos atacados por él y que no conseguimos vencerlo, predice peligros por parte de un enemigo muy poderoso que puede hacer fracasar nuestros planes y provocarnos graves daños.

LEOPARDO:

Si sueñas con un leopardo, deberás guardarte de personas extrañas, en particular si son extranjeras.

LETARGO:

Te indica un período próximo durante el cual tus ideas, pensamientos, decisiones y actos serán turbados por acontecimientos externos muy placenteros. Mantén la prudencia. Será necesario que reacciones y combatas un exceso de placidez.

LETRERO:

El que sueña que ve un letrero o cartel, saldrá airoso de un peligro que le estaba acechando.

LEVADURA:

Dentro de poco te llegarán buenas noticias y promesas de mejoras económicas.

LEVANTARSE:

Levantarse después de una caída expresa tu determinación de continuar las acciones iniciadas para volcar a tu favor ciertos asuntos. No deberías ignorar los ardides de tus rivales. Si te levantas por ti mismo, te sentirás fortalecido en tus propósitos. Si te ayuda otra persona, significa que recibirás apoyo de los tuyos.

LEY:

Si sueñas que eres tú mismo un representante de la ley, significa que puedes considerarte seguro en tu trabajo o negocio. En caso de ser un trasgresor de la ley, tiene un significado completamente contrario.

LIANA:

Lo que a primera vista parecían obstáculos se pueden convertir en ayudas para llevar a cabo tus propósitos.

LIBÉLULA:

Significa la inconstancia y la ligereza que imprimimos a nuestros actos e indica que somos incapaces de prestar atención a los objetivos que nos hemos propuesto.

LIBERAR:

Si liberamos a una persona, significa que le vamos a brindar ayuda a alguien dentro de poco. Si nos liberan a nosotros, después de realizar un esfuerzo tal que nos va a costar algún que otro pesar, tendremos un éxito inesperado en alguna faceta de nuestra vida.

LIBERTAD:

Verse en libertad es un claro símbolo de que nos hallaremos frente a problemas que nos harán difícil la vida, pero esta situación será transitoria y, al final, alcanzaremos nuestros objetivos tanto materiales como afectivos.

LIBRERÍA:

Es un buen augurio, ya que vamos a conseguir llevar a cabo con éxito proyectos que teníamos abandonados hacía tiempo. También predice que vamos a experimentar cambios importantes y positivos en nuestra vida profesional que nos llevarán justamente hacia la posición en la que queremos encontrarnos. Es recomendable pensar muy bien las cosas antes de hacerlas, puesto que la paciencia y la objetividad son las armas que nos harán triunfar en estos aspectos de la vida.

LIBRERO:

Es símbolo de amistades sinceras y fieles que te prodigarán valiosos consejos. La sensatez de la que haces gala será un elemento indispensable para conducir tu comportamiento y tus decisiones posteriores.

LIBRETA:

Tienes que ser más comedido en tus gastos si no quieres acabar arruinado.

LIBRO:

Si leemos o compramos un libro, es buen augurio e indica que los proyectos relacionados con lo material tendrán éxito. Si nuestra relación con el libro es negativa en el sueño, porque lo quemamos, lo perdemos o lo maltratamos, augura malas noticias y mala suerte en general. Si soñamos que consultamos libros científicos, quiere decir que es imprescindible que adquiramos nuevos conocimientos, pues sin ellos los proyectos que tenemos en marcha no saldrán bien.

LICOR:

Si se te aparece en sueños, indica que algunas personas tratan de seducirte. Simboliza debilidad de carácter y deseo de libertad.

LIEBRE:

Ver correr a una liebre significará que se va a presentar una ocasión excelente para mejorar tu situación. Tus esperanzas se verán materializadas gracias a un éxito inesperado.

LIGAS:

Si en el sueño las llevas puestas, esto es presagio de achaques y enfermedades. Soñar que te las quitas implica decepciones. Vérselas quitar a una mujer es síntoma de que finaliza una etapa en tu vida llena de dificultades.

LIGEREZA:

Viene a advertirnos de que necesitamos participar de una vida espiritual más amplia. También refleja el deseo de un erotismo delicado acompañado de amor. Hay que tener cuidado, porque algunas veces puede representar la superficialidad que adoptamos ante situaciones que requieren otro tipo de actitud.

LILAS:

Las lilas son representativas de un enamoramiento ingenuo y lleno de ternura, aunque de corta duración.

LIMA:

Este objeto nos sugiere constancia. Lograrás alcanzar el éxito gracias a la perseverancia. Si se trata de una lima para uñas, sufrirás molestias de índole familiar o relacionadas con tus actividades profesionales.

LIMÓN:

A causa de tu mal carácter sufrirás desavenencias con la gente que te rodea tanto en el plano sentimental como en el laboral. Sin embargo, gozarás de buena salud y te encontrarás en plena forma.

LIMOSNA:

Si sueñas que das limosna, es augurio de actividades que te van a reportar grandes beneficios. Si pides limosna, ten cuidado, pues es posible que pierdas tu trabajo.

LIMPIABOTAS:

Trabajar de limpiabotas en sueños es síntoma de próximas ganancias y bienestar.

LIMPIEZA:

Tendrás éxito en situaciones en las que no creías que ibas a lograrlo. La causa de este éxito podría venir dada por un examen previo de tus defectos más acuciantes y su posterior corrección.

LINCE:

Vas a tener que enfrentarte con gente más astuta que tú, así que trata de estar preparado.

LINCHAMIENTO:

Es posible que tengas una pelea con algún conocido por temas de dinero. Te sentirás solo y esto afectará a tu salud.

LINTERNA:

Si la luz es fuerte, te darás cuenta de que hay otra forma de ver las cosas, quizá un cambio de perspectiva te haga ser más objetivo. Este cambio te traerá felicidad. Si tiene una luz débil, implica fastidios y contrariedades, negocios infructuosos, proyectos cuestionados y errores de apreciación. Si la luz se apaga, es signo de mala suerte, fracaso o enfermedad.

LIRA:

Ha sido siempre un símbolo de amor y de ternura, de sentimiento poético y romántico, y eso mismo significa verla en sueños.

LIRIO:

Esta flor simboliza la pureza en caso de que sea blanca. Si es de otro color, representa las pasiones humanas.

LIS:

Significa que alguien te profesa lealtad de forma desinteresada. Si cuidas esa amistad a base de cariño y comprensión, serás recompensado.

LISIADO:

Si sueñas que estás lisiado, indica que un peligro se avecina.

LISTÍN TELEFÓNICO:

Gracias a tus contactos e influencias vas a poder salir del embrollo en el que te habías metido.

LITIGIOS:

Debido al mal hacer de algunos o al tuyo propio, tus relaciones con los demás se verán afectadas.

LLAGA:

Inconvenientes de salud. Problemas de dinero, a consecuencia de tus recientes actos cuya conclusión te fue desfavorable. Soledad afectiva y moral. Si recibe cuidados: ayuda y socorro de una persona amada o de una amistad sincera.

LLAMADA:

Si en sueños nos llama alguna persona, debemos prestar mucha atención a todo el contexto, pues es de gran importancia para nosotros, y aquello que nos indique requiere atención inmediata. Por lo general es un sueño de mal agüero porque predice un grave peligro que nos causará penas y desgracias, por lo que necesitaremos del apoyo y de los consejos de las personas que nos quieren para poder superar esta situación.

LLAMAS:

Si las llamas son altas, es símbolo de buena suerte y prosperidad, mientras que si son bajas o están a punto de apagarse, indican que seremos presa de inquietudes y dificultades.

LLANTO:

Quien llora en sueños es porque próximamente va a tener alegrías. Si se ve llorar a muchas personas, presagia una calamidad pública, que no habrá de afectarnos.

LLANURA:

Soñar con una llanura siempre presagia el acceso a una mejor situación de riqueza y felicidad.

LLAVE:

Soñar con llaves siempre significa que vamos a tener acceso a cosas que hasta el momento nos parecían inalcanzables, ocasión que debemos aprovechar al máximo, pues nos permitirá alcanzar el éxito en situaciones que hasta el momento se presentaban desfavorables. Cuando soñamos que tenemos dificultades para sacar una llave de su cerradura o que no somos capaces de hacerla girar, indica que vamos a tener dificultades para conseguir nuestros propósitos, pero que al final saldremos triunfantes. Si se rompe veremos nuestros planes fracasar. Introducir una llave en una cerradura tiene un claro significado sexual.

LLEGADA:

Si se trata de la llegada de un amigo, podemos esperar acontecimientos favorables para nuestros intereses. Si quien llega es un hombre de negocios, augura la solución de nuestros problemas financieros.

LLENAR:

Llenar un recipiente es augurio de beneficios económicos y de buena suerte.

LLUVIA:

En los sueños, la lluvia mantiene todo su significado benéfico de abundancia y riqueza, por lo que siempre es un buen presagio, aun cuando sus implicaciones espirituales no suelan manifestarse más que en casos limitados. Si es abundante y tempestuosa, augura felicidad para los humildes y temores para los ricos. Una lluvia suave, buenas ganancias en los negocios.

LOBO:

Soñar con lobos nos advierte de que estamos rodeados de enemigos y de personas que nos traicionan y engañan, por lo que se aconseja ser muy prudentes y no seguir los falsos consejos que éstos nos den. Si en el sueño matamos al lobo, quiere decir que seremos capaces de enfrentarnos y vencer a estas falsas amistades.

LOCO:

Significa todo lo contrario. Estar enfermo de locura en sueños dice de ti que eres una persona sensata, cuerda y que gozas de buena salud. Si quien lo sueña es una mujer soltera, pronto contraerá matrimonio o un compromiso sentimental fuerte. Si es casada, va a tener pronto un hijo.

LOCOMOTORA:

Tu vida va a dar un cambio repentino. Te vas a ver en unas circunstancias totalmente diferentes y es probable que te adaptes a ellas con éxito. Es posible que pronto hagas un viaje.

LOCUTORIO:

Corres el riesgo de que alguien utilice tus buenas intenciones en tu contra.

LODO:

Soñar que caminas sobre lodo indica que vas a perder algo que era muy valioso para ti. Si te caes en el lodo, ten cuidado con tu salud.

LOMA:

Si tu sueño se desarrolla en lo alto de una loma, es señal de que vas a perder dinero.

LOMBRIZ:

La falta de capital va a volver tensa la relación con tus familiares.

LOMO:

Vas a recibir un dinero que no te esperabas, hecho que solucionará todos tus problemas, bien sean familiares o de negocios.

LORD INGLÉS:

Si eres constante y sabes medir tus sentimientos, pronto alcanzarás una posición social que muchos van a envidiar.

LORO:

Personas poco discretas de tu entorno se dedicarán a murmurar contra ti.

LOTERÍA:

Se trata de un sueño de mal agüero que no tiene nada que ver con los bienes materiales ni con los juegos de azar, como podría parecer, sino que atañe especialmente a la vida afectiva y amorosa, que se verá en peligro por causa de desavenencias de difícil solución.

También se verán afectadas las actividades profesionales, pues estarán rodeadas de fracaso, lo que producirá pérdidas económicas. Somos víctimas de la desilusión.

LOZA:

Refleja la delicadeza de sentimientos, la dulzura de vivir y la felicidad discreta.

LUCHA:

Es presagio de grandes dificultades por problemas familiares o profesionales. Aunque ganes la lucha, te quedarán secuelas de las que no te podrás desprender fácilmente.

LUCIÉRNAGA:

Responde a amores fugaces que te dejarán bonitos recuerdos. Momentos efímeros de felicidad.

LUCIO (pez):

Vas a tener que tomar precauciones en la administración de tus bienes si no quieres que tus enemigos se aprovechen cuando estés desprevenido.

LUJO:

Las comodidades que disfrutas en la vida real van a atraer a malas compañías con las que perderás dinero. Las relaciones con tu familia se enfriarán.

LUNA:

Dependiendo de la fase en la que se halle la luna, el sueño significará una cosa u otra. Si se trata de la luna nueva, nos hablará de armonía, más que de amor, pues es un amor incipiente, que está naciendo y todavía es inseguro. Si estuviera en cuarto creciente, se trataría del amor ardiente que crece por momentos. En luna llena, sería la culminación del amor, la fusión de la pareja, y si algo hay que temer es que se desborden los sentimientos. En cuarto menguante, sería el amor ya maduro, que más que el deseo y la pasión, estimula los deseos de maternidad (o paternidad).

LUNAR:

Tener un lunar en el rostro es símbolo de burlas y de crítica mordaz por parte de tus amistades.

LUPA:

Examina bien todos los detalles de organización de tu próximo proyecto y si tienes dudas en algo, pide consejo a algún conocido.

LUTO:

Estar de luto: preocupaciones familiares, graves problemas difíciles de resolver, errores o traición de los amigos, soledad moral o afectiva. Ver a otra persona llevando luto: separación afectiva, alejamiento de la persona amada. Puede ser también una enfermedad o un duelo entre tus más allegados.

LUZ:

Es el símbolo por excelencia de factores tan positivos como el conocimiento, la experiencia, la información, la intuición y la inspiración. Cuando nuestros sueños gozan de una potente luz, quiere decir que cualquiera de sus interpretaciones se verá favorecida, mientras que si son oscuros indican que nos veremos desfavorecidos y que a los significados positivos deberemos agregar la prudencia.

MACARRONES:

Si sueñas que cocinas macarrones, quiere decir que eres una persona sencilla y fácil de contentar. Si los comes, paz y tranquilidad en el hogar.

MACETA:

Es un símbolo de amor y entendimiento familiar.

MADEJA:

Una madeja de hilo te advierte de los problemas y embrollos que se están creando en tus negocios. Si la madeja es de seda, nuestras buenas cualidades nos permitirán solucionar todos los problemas y alcanzar la riqueza tarde o temprano.

MADERA:

Soñar con madera es siempre símbolo de nuevos trabajos. Las posibilidades de éxito en el aspecto laboral serán muchas si cuentas con las materias primas y herramientas necesarias. Tus negocios prosperarán si le pones empeño.

MADRASTRA:

Vaticina discordias afectivas o familiares.

MADRE:

Cuando se nos aparece nuestra madre en sueños, sonriente y feliz, predice una vida afectiva con la que ella hubiese estado de acuerdo. Verla enferma es símbolo de malas noticias. Si soñamos con que estamos en la infancia y aparece la figura de la madre, indica que todavía no hemos alcanzado la madurez necesaria para llevar a cabo una vida de adultos y que ella sigue siendo nuestro núcleo, tanto consciente como inconscientemente. Si en nuestro sueño aparece algún símbolo de enfrentamiento, más o menos abierto, con la madre, sugiere que nos encontramos en una etapa de rebeldía que será beneficiosa para alcanzar la tan esperada madurez; pero será mal presagio en otros aspectos, como pueden ser el afectivo y el económico.

MADRESELVA:

Es símbolo de una feliz unión; posiblemente se vaya a casar dentro de poco alguien de tu círculo de amistades.

MADRIGUERA:

Has cometido ciertos errores a la hora de administrar tus negocios que posiblemente te pasen factura. Tus enemigos podrían aprovecharse de ello.

MADRINA:

Debes tener cuidado, pues alguien cercano a ti no es del todo sincero.

MAESTRO:

Se trata de un sueño recurrente que adquiere su significado dependiendo de la relación que tengas con él. Si sueñas que te está regañando, eres una persona insegura. Si te está dando clases, haz caso de los consejos que te ofrezcan personas cercanas a ti. Si eres tú el maestro, indica deseos de superioridad.

MAFIA:

Estás padeciendo poderosas represiones que impiden el normal desarrollo de tu personalidad. Frente a esto hay que hacer acopio de fuerzas y enfrentarse a todo lo que haga falta.

MAGIA:

Normalmente ver a un mago en sueños indica que has llegado ya a una situación insostenible, que estás al borde de tus posibilidades y que no puedes dar marcha atrás. Tendrás que replantearte tu futuro de nuevo y empezar de cero, cambiando completamente de modo de pensar.

MAGNOLIA:

La magnolia simboliza a una persona extremadamente bella y de agradables maneras.

MAÍZ:

Es símbolo de fertilidad y prosperidad.

MALABARISTA:

Tienes una gran capacidad emprendedora.

MALDECIR:

Ser una persona inconstante va a repercutir negativamente en la relación y el entendimiento con aquellos que te rodean.

MALEDICENCIA:

Puede ser que algunos actos ajenos a ti puedan incidir negativamente en el normal desarrollo de tus proyectos.

MALETA:

Representa el deseo de cambiar, de mudarse, de viajar. Posiblemente la rutina esté minando alguna relación afectiva. En otros sueños llevamos una maleta pesada, enorme, y en este caso revela que existe en nosotros algún secreto que nos atormenta y del que desearíamos liberarnos.

MALEZA:

Hay algo que está obstaculizando la realización de tus deseos. Has de ser valiente y plantarle cara al problema si no quieres sentirte frustrado.

MALTRATAR:

Verse en esa situación es indicio de intenciones o actos malévolos de parientes cercanos o de relaciones íntimas; celos, envidia, desavenencias, disputas.

MALVA:

Es posible que vayas a disfrutar de cierta solvencia económica a causa de una herencia.

MAMAR:

Indica seguridad afectiva, serenidad del corazón y del espíritu.

MAMAS:

Ver unas mamas hinchadas de leche augura un período feliz de satisfacciones por la realización de tus deseos, mejoras en tu puesto, desahogo financiero, seguridad en el hogar y felicidad familiar.

MAMUT:

Te encuentras en una situación inmejorable para la toma de decisiones. Tus compañeros te secundarán en lo que propongas.

MANCHA:

Es posible que temas que en cualquier momento salga a relucir algún aspecto de tu vida del que no te sientes excesivamente orgulloso. En personas jóvenes tiene que ver con un concepto de la sexualidad no formado del todo todavía.

MANCO:

Vas a tener que suavizar un poco tu carácter si no quieres que se vuelva en tu contra.

MANDAR:

Algunas personas de tu círculo se aprovecharán de tu ingenuidad, de tu bondad, de tu falta de autoridad. Tu exceso de confianza desencadenará peleas.

MANDARINA:

Soñar con mandarinas indica que tienes deseos de progresar. Sin embargo, no desatiendas tu trabajo si no quieres que se cumpla lo contrario de lo que esperas.

MANDÍBULA:

Generalmente es el símbolo de la fuerza de voluntad, aunque una mandíbula muy grande y prominente puede indicar testarudez y obcecación, mientras que si es excesivamente pequeña significa falta de carácter. Soñar con una mandíbula sólida es presagio de situaciones favorables en el campo de los negocios, beneficios económicos de gran cuantía y éxito total en las relaciones afectivas y familiares. Si la mandíbula sufre daños, quiere decir que vamos a sufrir complicaciones.

MANDOLINA:

Pronto vas a recibir una declaración de amor.

MANGAS:

Si las mangas con las que sueñas son anchas, es señal de bienestar. Pero si son estrechas, indican contrariedades amorosas o sentimentales en casa.

MANICURA:

Tus errores de apreciación sobre el comportamiento de relaciones poco frecuentadas tendrán consecuencias muy graves.

MANILLAR (de bicicleta):

Vas a mantener con firmeza la orientación de tus decisiones.

MANIQUÍ:

Este sueño augura una manera de vivir en esferas distintas de las habituales, donde los placeres y goces efímeros serán las notas habituales. Sin embargo, estas relaciones serán de breve duración y tu éxito ocasional será cuestionado permanentemente. Incomprensión y soledad moral. Perspectivas poco alentadoras.

MANO:

La mano derecha simboliza lo racional, lo consciente, lo lógico y lo viril, mientras que la izquierda se corresponde con lo irracional, lo ilógico, lo inconsciente y lo pasivo. Manos hermosas y refinadas son síntoma de ternura en el corazón, éxito amoroso, alegría y felicidad. Las manos fuertes y poderosas, de éxito financiero.

MANSIÓN:

Si se trata de una mansión bonita y bien cuidada, significará que tus aspiraciones se concretarán de manera inesperada. Fortuna, respetabilidad, excelente situación.

MANTA DE VIAJE:

Tendrás que sacrificarte si quieres conseguir lo que deseas.

MANTECA DE CERDO:

Responde a preocupaciones financieras sin demasiada importancia. Algunas personas poco escrupulosas en la gestión de tus intereses son las responsables.

MANTEL:

Es reflejo de la unidad y la armonía familiar. Si se muestra limpio y bien planchado, significa que los asuntos familiares van viento en popa, mientras que cuando aparece sucio y descuidado, nos dice que se avecinan problemas domésticos y económicos.

MANTEQUILLA:

Soñar con mantequilla augura fácil adquisición de bienes y riquezas, tanto mayores como mayor sea la cantidad que veamos. Si la comemos, a lo dicho se añadirá una agradable sorpresa.

MANTILLA:

Vas a ser testigo de grandes secretos amorosos.

MANTO:

Si nos vemos cubiertos con uno, indica que estamos sufriendo una situación de estrés a causa de la marcha de nuestros negocios de la que queremos desprendernos y que está influyendo negativamente en nuestra

salud. Cuando cubre a otra persona, anuncia enfermedad y fallecimiento de alguien muy allegado.

MANZANA:

Si la manzana está jugosa, nos sugiere satisfacción en
las relaciones personales, mientras que si está verde,
penas y sufrimientos. Cuando está podrida o dentro
tiene gusanos, sólo podemos esperar desengaños.
Cuando en el sueño no la comemos, sino que sólo la
miramos, indica gran sensibilidad para los temas artís-
ticos y madurez intelectual.

MANZANILLA:

Si sueñas con comprarla, implica que vas a sufrir una
enfermedad sin importancia. Si la bebes indica que tu
salud va a mejorar.

MANZANO:

Si divisas un manzano en flor, quizá comiences una
nueva vida. Importante encuentro sentimental o
reconciliación después de un largo período de separación. Si se trata de un manzano cargado de frutos, disfrutarás de una unión feliz y perdurable.

MAÑANA:

Vas a entrar en un nuevo período de tu vida muy
fructífero, que será favorable si la mañana es clara y
apacible.

MAPA:

Es síntoma de que no estás a gusto con tu situación
actual y deseas cambiar de ambiente y circunstancias.
Analiza tranquilamente tus actuales condiciones de
vida y cómo podrías lograr sentirte más satisfecho contigo mismo.

MAQUILLAJE:

Frecuentarás relaciones hipócritas, falsas, mentirosas, que conseguirán engañarte y te traicionarán.

MÁQUINA:

Cuando en nuestros sueños las máquinas trabajan a buen ritmo, auguran éxito y prosperidad, pero si se detienen, existirán retrasos en nuestros planes y proyectos. Y si trabajan mal, se rompen o nos fallan, y más especialmente si ocurre algún accidente con ellas, lo que presagian es el fracaso y las complicaciones.

MÁQUINA DE COSER:

Hallarás la solución de un asunto delicado, una nueva orientación en tus proyectos, promesa de éxito.

MÁQUINA DE ESCRIBIR:

Novedades importantes. Tu situación podría mejorar en condiciones ventajosas, reconciliación afectiva o familiar, posible desplazamiento o viaje.

MAR – OCÉANO:

El mar se halla íntimamente relacionado con el AGUA y la LUNA: es el origen de la vida y el símbolo del inconsciente colectivo, es decir, de lo que en nuestros instintos y recuerdos se remonta hasta alcanzar las estructuras de la especie. Podríamos decir que es lo que hemos heredado de toda la humanidad que nos ha precedido y que permanece latente en nuestro interior; es el asiento de los instintos y las pasiones primitivas. Si soñamos con un mar en calma, es síntoma de suerte, éxito y triunfo, tanto material como espiritual. Cuando vemos un mar agitado y turbio, se avecina una temporada de conflictos que debemos afrontar con una fuerte dosis de serenidad, ya que así se verán resueltos pronto. Cuando soñamos que nos caemos al mar, es símbolo de fracaso y de que nos hallamos ante una situación típica cuya resolución dependerá de la actitud que tomemos; también debemos esperar cambios que no resultarán en ningún modo favorables. Navegar por el mar augura un período de euforia que deberemos aprovechar, ya que no se va a presentar muy a menudo. Ver aguas profundas es perspectiva de situaciones confortables y tranquilas.

MARCO:

El marco de un cuadro es indicio de vida feliz, debido a su conducta y economía. Dulce dicha conyugal.

MAREA:

La variación de los períodos de fortuna y de reveses en una vida humana pueden compararse con los movimientos de flujo y reflujo. Marea descendente: una tregua en tus preocupaciones, apaciguamiento, distensión espiritual. Marea ascendente: período de tensión, obligaciones y responsabilidades.

MAREMOTO:

Has de esperar un cambio brusco en tu situación. Acontecimientos adversos trastornarán tus condiciones de vida. Debes temer graves consecuencias. Mala suerte y desdicha.

MARFIL:

Dentro de poco van a darte una buena noticia.

MARGARINA:

Vas a tener preocupaciones financieras y obligaciones hacia personas cercanas a tus sentimientos y a tus necesidades, pero no serán graves.

MARGARITA:

Es un signo de paz y felicidad, así como de declaraciones amorosas. Si la deshojas, será un amor sin importancia.

MARIDO:

Cuando una mujer que no tiene pareja sueña con un marido, pronto aparecerá una persona en su vida con la que vivirá largas etapas de felicidad y amor.

MARINERO:

Se avecinan sucesos importantes que van a producir cambios en tu vida, por lo que deberás ser muy cauto a la hora de tomar decisiones para conseguir que te favorezcan. Estos cambios serán para mejor siempre y cuando ayudes a la suerte con tu actitud positiva.

MARIONETAS:

Eres una persona de sentimientos inconstantes y decisiones inestables.

MARIPOSA:

Es un indicio de que eres una persona voluble e inconstante, lo que te va a hacer mucho mal. Sin embargo, también este sueño puede ser interpretado como que vas a sufrir un cambio radical que hará que seas más feliz.

MARIQUITA:

Nos anuncia buenas noticias y próximas alegrías.

MARISCOS:

Si están vivos, es símbolo de alegría y felicidad, buen entendimiento familiar, actividad profesional excelente, abundancia, riquezas. Que estén muertos implica preocupaciones e inconvenientes, esperanzas frustradas, retrasos en tus proyectos o exigencias difíciles de soportar.

MARISMA:

Avisa de próximas contrariedades que deberás afrontar con precaución. Te impondrán exigencias en tus actividades. La sensatez de tus decisiones debería alejarte del peligro que amenaza a tu situación profesional y familiar.

MARMITA:

Soñar con una marmita llena, sobre el fuego, es sinónimo de vida hogareña feliz y cómoda. Si está vacía o abandonada, de decepción, desacuerdos afectivos y preocupaciones financieras.

MÁRMOL:

Tienes que utilizar todas tus facultades para enfrentarte a la dureza de la vida. El esfuerzo y el trabajo duro se verán premiados y necesitarás toda la ayuda y comprensión de los demás para alcanzar el éxito. Sin embargo, no se dará esta circunstancia, por lo que tendrás que luchar en solitario. No hay que perder las esperanzas, pues al final tus esfuerzos se verán recompensados.

MARMOTA:

Tu discreción en tu forma de vivir hace que los demás te estimen.

MARQUÉS:

Reuniones agradables, promesa de una evolución favorable en tus proyectos, perspectivas de felices condiciones de vida.

MARTILLO:

Es símbolo de esfuerzo y constancia en el trabajo. Ver un martillo significa que es un buen momento para hacer cambios en tus actividades. Si sueñas que te golpeas con él, significa que no eres capaz de tomar las riendas de tu vida y que te dejas influenciar por personas autoritarias y dominantes.

MARTIRIO:

Soñar que te martirizan anuncia agasajos y honores.

MASACRE:

Augura que un ambiente de agresividad y odio desestabilizará el clima afectivo y familiar. Penas y pesares, consecuencias penosas y dolorosas, riesgo de enfermedad grave.

MASAJE:

Se trata de un mensaje de precaución para prevenirte de un fallo en tu salud que puede acarrearte algunos problemas.

MÁSCARA:

Soñar con una máscara nos augura que debemos prepararnos contra alguna intriga que se está forjando a nuestro alrededor.

MASTICAR:

Se acerca un período de incertidumbre e interrogación ante actitudes adversas, poco propicio a tus proyectos. Oposición con los familiares, discusiones, litigios, peleas por intereses.

MASTURBACIÓN:

Te preocupan graves problemas. Decepciones crueles, amargura, soledad moral, desamparo.

MATADERO:

Es señal de buenos augurios y felices noticias.

MATAR:

Soñar con matar significa que vas a ser capaz de liberarte (de un modo pacífico) de la mala influencia que ejerce sobre ti alguna persona dominante y autoritaria, lo que será muy beneficioso para tu vida.

MATORRAL:

Tendrás que pasar por algunas dificultades, tanto más difíciles si el matorral tiene espinas. Podarlo o atravesarlo significa que se te propondrán soluciones apropiadas si actúas de modo racional.

MATRIMONIO:

Es símbolo de equilibrio, ya que hace que nuestras relaciones afectivas pasen por una situación de tranquilidad y paz muy beneficiosa para las personas que nos rodean, sean familiares o no. Depende del momento por el que estemos pasando, este sueño tiene unos u otros significados. Cuando sueña con el matrimonio una persona muy joven, quiere decir que aspira a alcanzar la tranquilidad que da la madurez y que espera conseguirlo por medio del conocimiento y el equilibrio. Cuando estamos en la etapa media, nos anuncia la madurez. Aunque tengamos relaciones con personas muy diferentes a nosotros, éstas pueden ser satisfactorias y duraderas si somos prudentes. En el terreno de los negocios, nos da seguridad y grandes beneficios económicos.

MAULLIDO:

Personas de tu círculo te sorprenderán con la mentira y la perfidia.

MAUSOLEO:

Todavía tienes muy presente en el recuerdo a personas que se fueron para siempre.

MAYONESA:

Si está bien hecha, indica alegrías familiares sin mayor importancia pero suficientes para crear felicidad en el hogar. En caso contrario, atmósfera desagradable, relaciones afectivas agrias y disputas.

MAYORDOMO:

Ten cuidado con alguien relacionado con tu trabajo que te está engañando.

MAZORCA:

Símbolo de fertilidad y prosperidad.

MECÁNICO:

Augura una evolución positiva en tus condiciones financieras por un cambio ventajoso de tu posición social.

MECHERO:

Van a darte alguna noticia desagradable, contrariedades, preocupaciones familiares.

MEDALLA:

Si soñamos con medallas honoríficas, significa que hemos conseguido el respeto y la aprobación de los demás y que debemos seguir conduciendo nuestra vida como hasta ahora, pues vamos por buen camino.

MEDIA:

La interpretación del sueño se ha de hacer conforme a la calidad de la media. Si sueñas con medias corrientes, tendrás mala suerte en los negocios. Si son de buena calidad, recibirás dinero. Soñar que uno se las quita, satisfacciones y buenas noticias. En caso de verlas o llevarlas rotas, contrariedades y miseria.

MEDIANOCHE:

Si el sueño transcurre a medianoche, quiere decir que has tocado fondo en un momento depresivo y que a partir de ahí empezarás a salir hacia la luz.

MEDICAMENTOS:

Representan la ayuda y el apoyo que vas a recibir, lo que después de haber pasado una mala época te permitirá asumir resoluciones acertadas para tus problemas. Esta ayuda será inesperada y por ello mucho más agradable.

MÉDICO:

Soñar con un médico es anuncio de protección y de consuelo en tu vida. Es un buen momento para iniciar cualquier actividad de negocios. Si soñamos con que somos nosotros el médico, podemos esperar que se van a aliviar en cierta medida nuestros problemas y que además las personas que nos rodean nos tendrán en alta estima gracias a la actitud que tomemos ante esos problemas.

MEDIODÍA:

Indica que estás pasando por un momento de plenitud personal del que, si sabes sacarle provecho, obtendrás grandes beneficios, con lo que alcanzarás la felicidad y la tranquilidad. Se avecina una época de grandes esperanzas que, con un poco de suerte, se verán cumplidas.

MEDITACIÓN:

Período de incertidumbre e interrogación. Habrá temas que te preocuparán y la forma de abordarlos te plantea problemas.

MEDUSA:

Te advierte de inconvenientes y desilusiones. Personas poco recomendables pueden provocar molestias en tus actividades. Si sufres la picadura, quiere decir que serás engañado.

MEGÁFONO:

Oír un megáfono es un presagio de peligro para ti o para uno de los tuyos.

MEJILLAS:

Unas mejillas bien coloreadas, tersas y suaves, nos anuncian salud y bienestar físico. Hundidas y con mal color revelan el peligro de enfermedad; y si además del mal aspecto se hallan heridas o manando sangre, es el peor presagio, pues puede serlo incluso de muerte.

MELLIZOS:

Te llegarán noticias sorprendentes y felices, circunstancias inesperadas que tendrán repercusión favorable sobre asuntos pendientes. Suerte y éxito.

MELOCOTONERO:

Soñar con un melocotonero nos presagia que recibiremos protección y ayuda, y si lo vemos florido, la felicidad y el amor. Pero si en lugar de flores está lleno de melocotones, especialmente si comemos alguno de ellos, la protección y ayuda serán para conseguir riqueza y felicidad.

MELOCOTONES:

Es un sueño de muy buen agüero, ya que indica que nuestras relaciones personales van a pasar por un momento mejor. Debemos aprovechar esta circunstancia para estrechar lazos con los demás y para poner en marcha aquellos proyectos que teníamos hace largo tiempo abandonados.

MELÓN:

Si estás enfermo, soñar con melones es un buen presagio, pues aseguran una próxima curación.

MEMBRILLO:

Si sueñas que lo comes, augurio de penas y tristezas, que serán mayores si el membrillo es ácido.

MENDIGO:

Si damos limosna a alguien, esto nos presagia desilusiones y desengaños. Si somos nosotros los mendigos, nos anuncia que estamos entrando en un período de dificultades, problemas y mucho trabajo.

MENSAJERO:

Se trata de un sueño feliz. Sorpresas agradables y anuncio de boda.

MENTA:

Tendrás momentos de distensión y satisfacción. Disfrutarás del placer de la amistad.

MENTIRA:

Este sueño tiene un significado claro, pues indica que estamos rodeados de personas que nos engañan y traicionan.

MERCADO:

Éste es otro sueño que tiene múltiples interpretaciones dependiendo de cómo se encuentre. En términos generales, un mercado limpio, que ofrece muchas mercancías y que aparentemente funciona con regularidad es símbolo de éxito y felicidad, mientras que si se encuentra vacío, sucio o no reúne las condiciones indispensables, augura el fracaso en los negocios.

MERCENARIO:

Hechos indecorosos favorecerán a quienes te disputan parte de tu situación financiera.

MERCERÍA:

Obtendrás menos ganancias de las que te esperabas en algún negocio.

MERCURIO:

Soñar con este metal augura un cambio de situación que puede ser o no beneficioso.

MERENGUE:

Promesas dudosas te llevarán a amargas desilusiones.

MESA:

Representa la jerarquía social y en función del lugar que ocupemos en ella, así como de su forma, así será nuestra situación en el mundo real. Cuando vemos una mesa bien puesta, es síntoma de alegría y augura la formación de una nueva familia. También es posible que haya en perspectiva un nacimiento. Cuando está sucia y desordenada, podemos prever desavenencias y desunión aparejadas con una situación financiera deficiente. Cuando la vemos volcada, es señal de mala suerte.

METAL:

Si sueñas en general con metales, sin definir con exactitud de cuál se trata, es grata señal de prosperidad y paz en el hogar y en el trabajo.

METAMORFOSIS:

Tu situación se verá modificada en importantes proporciones, considerando que el valor y la calidad estarán en relación con los resultados observados. Tus perspectivas serán positivas si esta operación se cumple felizmente.

METEORITO:

Si asistes a la caída de un meteorito, graves hechos harán peligrar tus condiciones de vida.

METRO:

De manera general, la circulación de este medio de transporte por un túnel permite presagiar perspectivas futuras inciertas y poco atrayentes.

MICROSCOPIO:

Tienes tendencia a aumentar los hechos y a exagerar los pensamientos o las palabras, de forma totalmente desproporcionada con la realidad.

MIEDO:

Este sueño es señal de preocupaciones y de temores ocultos. A veces es ocasionado por claros agentes externos, como puede ser la lectura o la visualización de alguna película, en cuyo caso no tiene ninguna importancia. Otras veces está relacionado con sucesos del pasado que se han quedado en nuestro inconsciente y que no somos capaces de sacar a la luz, por lo que los temores que padecemos respecto a ellos se suelen manifestar en sueños en los que el miedo aparece como protagonista. Aunque tengan relación con el pasado, pueden tener incidencia en nuestra vida presente.

MIEL:

Si somos tenaces y trabajadores, alcanzaremos el éxito. También augura buena salud y curación para los enfermos. Pasaremos unos ratos muy agradables rodeados de niños.

MIGRACIÓN ANIMAL:

Nuevas perspectivas, proyectos renovados y diferentes, mejores posibilidades de realización personal. Un mensaje de esperanza y felicidad.

MILAGRO:

Soñar con un milagro es señal de grandes e inesperados beneficios que recibirás dentro de poco. En el caso de que sea uno mismo quien haga el milagro, anuncio de infidelidad entre enamorados o esposos.

MILITAR:

Si se te aparece en sueños un militar, quiere decir que ya estás preparado para emprender ese proyecto que tenías pendiente.

MILLONARIO:

Es síntoma de que no estás satisfecho con tu situación económica actual. También señala insatisfacción en el terreno familiar y afectivo. Generalmente es mal augurio y representa la frustración de nuestros deseos y la incapacidad para alcanzar nuestras metas.

MIMBRE:

Eres una persona abierta a todo tipo de ideas que creas que te van a beneficiar.

MIMO:

Saldrán a relucir evidencias que se trataban de guardar en secreto.

MIMOSA:

Se trata de un árbol cuya flor expresa tristeza y melancolía, pero también seguridad y certeza, aunque sea la certeza en otra vida.

MINA:

Miraremos en nuestro interior con la intención de encontrar algo nuevo que nos ayude. Obtendremos éxito al final de un camino lleno de inconvenientes.

MINISTRO:

Es un sueño de mal augurio. Si sueñas que tú mismo eres ministro, lograrás cumplir ciertas ambiciones, pero tu éxito será efímero. Si recurres a un ministro para pedirle algún favor, ten por seguro un fracaso.

MIOPÍA:

Una mala interpretación de acontecimientos notables en tu vida contribuirá al éxito de tus adversarios.

MIRADA:

Según el tipo de mirada que percibas en el sueño, éste puede ser de buen o mal augurio. Si es clara y penetrante, sólo puedes esperar beneficios en todos los aspectos, mientras que si es una mirada huraña y hostil, quiere decir que se avecinan malos momentos en todos los terrenos que conllevarán todo tipo de desgracias, tanto en el ámbito afectivo como en el económico.

MIRLO:

Es otro de los pájaros que anuncian novedades propagadas como rumores por quienes te rodean. Podrás extraer información de algunas habladurías.

MISA:

Si sueñas que estás asistiendo a una, augura que tendrás paz en el alma y tranquilidad respecto a tus relaciones. Serás portador de ternura hacia las personas que te rodean y llevarás la felicidad allí donde vayas.

MISIONERO:

Vas a recibir noticias de alguien que se encuentra muy lejos y de quien hace tiempo que no sabes nada.

MITOLOGÍA:

Cuando en nuestros sueños aparece un personaje mitológico, posee el significado que le otorga la mitología.

MOCHILA:

Vas a tener problemas de dinero que te impondrán algunas privaciones momentáneas pero preocupantes.

MOCHUELO:

Si en la vida real uno vive feliz, ver en sueños un mochuelo nos traerá perturbaciones. Si nos hallamos en apuros, anuncia su fin.

MODA:

Te hallas en la necesidad de escapar de tu universo habitual, de modificar tus costumbres.

MODELAR:

Si sueñas que estás modelando figuritas de barro, tienes más posibilidades de tener hijos dentro de poco.

MODELO:

Te guías demasiado por tus criterios de referencia, tanto que tu propia personalidad se está viendo afectada. Trata de ser original en tus actos y no dejarte llevar tanto por lo que hagan los demás.

MODISTA:

Pronto vas a tener que terminar con la fingida amistad de una persona que ha venido perjudicándote.

MOFARSE:

Tu actitud hacia los demás influirá en que las personas te muestren su desprecio.

MOHO:

Vas a tener algunas decepciones familiares y la situación se tornará preocupante si no adoptas una decisión enérgica.

MOJAR:

Si sueñas que estás mojado, significa que vas a sufrir ciertas contrariedades en la marcha de tus negocios. Tus conocidos emiten juicios apresurados que te ridiculizan.

MOJÓN:

La noción de distancia indica el largo recorrido que te queda por hacer antes de alcanzar el objetivo deseado.

MOLER:

Soñar que uno mismo está moliendo cualquier cereal, café, etc., es augurio de éxitos y abundancia.

MOLINERO:

Se trata de un presagio de circunstancias felices, favorables a tus intereses, en particular a los financieros. La actividad del personaje, su fisonomía, la vestimenta, la forma en que te recibe definirán la premonición.

MOLINO:

Si el molino funciona correctamente, esto es señal de próximos éxitos y ganancias económicas. Si, por el contrario, está parado o derruido, vas a tener algunos obstáculos en la consecución de tus proyectos.

MOMIA:

Resurgirán viejos asuntos olvidados. A pesar de que ignoras determinadas circunstancias, te encontrarás involucrado en litigios particularmente desagradables.

MONAGUILLO:

Si ves a uno o varios monaguillos ayudando a un sacerdote en el ritual de la misa, sufrirás la pérdida de algo muy estimado.

MONASTERIO:

Los monasterios son un claro indicio de que necesitamos o deseamos retirarnos de la vida activa, pues tenemos una gran necesidad de paz y tranquilidad, para poner en orden nuestros pensamientos.

MONDADIENTES:

Tanto usarlo como verlo es símbolo de futuros temores financieros.

MONEDA:

Cuando en sueños nos vemos contando monedas de escaso valor, nos augura dificultades económicas. Soñar que perdemos monedas nos advierte sobre nuestra falta de economía, pero si las hallamos refleja nuestro íntimo deseo de emprender tareas más lucrativas.

MONEDERO:

Soñar con un monedero vacío es síntoma de próximas ganancias. En cambio, si está lleno, augurio de contrariedades.

MONJA:

Este sueño debe interpretarse como un descontento con tus labores diarias, al que se añade un sentimiento de culpabilidad muy difuso que se basa en el miedo a la pérdida de la inocencia y sus consecuencias, que te las han pintado exageradamente malas.

MONJE:

Necesidad de aislamiento y paz interior, introspección, serenidad.

MONO:

Debes procurar librarte de adversarios astutos, hábiles, rápidos y solapados. Tus próximas iniciativas no alcanzarán el resultado esperado, si no tienes en cuenta esta advertencia. De otra manera, te enfrentarás a engaños, ardides y robos.

MONÓCULO:

Tienes una información parcial de los hechos. Pregunta lo que no sepas si no quieres que esto repercuta en tus negocios.

MONSTRUO:

Cualquiera que sea la apariencia que tome en sueños, soñar con monstruos es siempre mal augurio y reflejo de nuestros miedos interiores. Un monstruo anuncia acontecimientos muy penosos que tendrán consecuencias graves en todos los aspectos, pues sufriremos problemas sentimentales que a su vez influirán en nuestra situación financiera. Sólo es buen augurio cuando lo vemos huir, ya que significa que todo lo malo que nos ocurra va a ir solucionándose paulatinamente y que al final veremos solventados todos nuestros problemas.

MONTAÑA:

Si solamente la vemos, anuncia malos tiempos para los negocios. Si la escalamos y logramos llegar a la cima, quiere decir que alcanzaremos éxito en nuestros proyectos y que superaremos aquellos obstáculos que se presenten, mientras que si nos caemos durante la ascensión, es anuncio de decepciones y fracasos.

MONUMENTO:

Soñar con un monumento significa próximo aumento de trabajo y gratos beneficios, aunque no en la proporción y deseos que te habías forjado.

MONUMENTO FUNERARIO:

Es siempre de mal agüero. Cuando tienes este sueño, has de esperar que vas a sufrir un fracaso importante en tus negocios o en la vida profesional, casi siempre ocasionado por zancadillas de tus oponentes. Al final puede que esto te lleve a dedicarte a otra cosa totalmente distinta.

MORAS:

Tendrás disgustos motivados por los celos.

MORCILLA:

Si eres tú mismo quien come morcillas en sueños, te espera una grata visita de buenos amigos. Si las vendes, indicio de prosperidad.

MORDAZA:

Amordazar a una persona en sueños significa que se van a neutralizar las rivalidades que puedas tener, pero por esto no se resolverán tus dificultades. Debes prever una intervención judicial. Si eres amordazado, tus propósitos pueden serte desfavorables si faltas a la discreción conveniente.

MORDEDURA:

Es un símbolo de agresividad. Cuando nos muerden, indica que tendremos adversarios particularmente hostiles y seremos víctimas de la maldad y del odio de los demás. Posiblemente nuestros intereses se verán dañados. Cuando nos vemos mordiendo a una persona, indica que gracias a nuestra gran agresividad triunfaremos sobre nuestros enemigos, no sin que antes se nos hayan opuesto abiertamente. Puede tener connotaciones sexuales.

MORERA:

Ver una morera en flor es augurio de buena fortuna. Si se encuentra seca y sin fruto, estancamiento en tu situación.

MORGUE:

Es un sueño de muy mal agüero, pues siempre presagia tristezas y penas sin solución. Las perspectivas son negativas y debes declinar cualquier ayuda que se te ofrezca, ya que irá en detrimento tuyo.

MORIR:

Vas a iniciar un período que será la conclusión de una larga etapa de tu vida. Las recientes y crueles penurias darán paso a circunstancias mejores, de las que obtendrás alegría, felicidad y satisfacción. Cambio radical y profundo en tus condiciones de vida.

MORTAJA:

Si en sueños tratan de amortajarte estando aún vivo, significa que recibirás una mala noticia que, al final, se solucionará.

MOSCA:

Los insectos, en general, simbolizan la incómoda presencia de personas molestas, pero las moscas nos advierten además de que no existe peligro que pueda considerarse pequeño y revelan la molestia que nos produce la excesiva vanidad de algunas personas que nos rodean. Matar las moscas en el sueño es una forma de manifestar el deseo de apartarnos de ellas, de hacerlas desaparecer de nuestra vida y evitarnos así problemas y molestias.

MOSQUITOS:

Las relaciones con los demás degeneran en conflictos. Serás hostigado con actitudes ásperas y descorteses y ofendido por actos rencorosos y humillantes.

MOSTAZA:

Nos encontraremos con todo tipo de contrariedades y los que nos rodean criticarán nuestra forma de vida. Las relaciones personales se verán afectadas negativamente, pero más adelante veremos mejorar ostensiblemente la situación.

MOSTRADOR:

No trates de emprender ningún negocio ni jugar a la lotería. Guarda tu dinero para mejor ocasión.

MOTÍN:

Habrá un cambio importante y posiblemente definitivo de tus condiciones. Tus ventajas disminuirán y quedarás en situación difícil y confusa. Debes ser valiente y decidido para salir airoso en tus proyectos.

MOTOCICLETA:

Los cambios que se producirán en tu vida tendrán un alcance más reducido, con consecuencias menos notables.

MOVIMIENTO:

Todo movimiento indica circunstancias favorables para tus intereses. En caso contrario, la importancia de las inquietudes que vivirás estará en relación directa con las trabas físicas que encuentres durante el sueño.

MUCHACHA:

Perspectiva de felicidad, cándida frescura, ingenuidad en las ideas, los pensamientos, los actos, franqueza y honestidad, a condición de verla vestida de blanco o de color claro. En el caso contrario, es preferible actuar prudentemente con sus relaciones. Verla llorar o de mal humor indica contrariedades, decepciones. El deseo largamente acariciado no se satisfará.

MUCHACHO:

En el sueño de un hombre advierte de malas intenciones, proyectos perniciosos, preocupaciones e inconvenientes. Te enfrentarás con serios problemas. Volver a ser muchacho, en el sueño de un hombre, implica nostalgia del tiempo pasado, disgusto por los errores cometidos o los fracasos sufridos desde tu adolescencia, necesidad de recrear una vida diferente más acorde con tus deseos y tus necesidades. En el sueño de una joven, sin embargo, es promesa de un próximo encuentro, o posibilidad de ruptura con la persona amada.

MUCHEDUMBRE:

Si en el sueño ves a gran cantidad de personas, significa que no tardarás en recoger el fruto sembrado con tu constancia y trabajo, aunque debes procurar no enorgullecerte demasiado por ello.

MUDANZA:

Suele significar una decepción afectiva, familiar o profesional. Deseo de cambio, modificaciones en perspectiva, aunque no te serán necesariamente favorables.

MUDO:

Tanto si en el sueño eres tú el mudo como si lo es otra persona, es augurio de dificultades familiares que te causarán una tremenda sensación de impotencia.

MUEBLES:

Según aparezcan los muebles en el sueño, puede ser mal o buen augurio. Cuando aparecen bonitos y bien cuidados, quiere decir que estamos pasando o que vamos a pasar por una época en la que nos veremos favorecidos por la fortuna y disfrutaremos de un desahogo financiero que no esperábamos. Esto nos llevará a una situación estable que servirá también para darnos paz de espíritu. Por el contrario, si los muebles están rotos y sucios, el sueño predice tiempos difíciles, sobre todo en el aspecto económico, y que nos veremos rodeados por una situación de mala suerte que deberemos dejar pasar con paciencia, pues llegarán tiempos mejores. Si los muebles son robados, es señal de que vamos a tener pérdidas económicas y si se queman, auguran mala suerte.

MUELA:

Que se te caiga una muela en sueños augura la muerte de algún conocido.

MUELLE:

Presagia próximas modificaciones en tus condiciones de vida. Gestiones o sucesos inesperados alterarán de manera feliz o penosa tus deseos o tus proyectos. Etapa intermedia de una situación irreversible.

MUÉRDAGO:

Presagio de felicidad y de protección en tu vida.

MUERTE:

El sueño de la muerte sólo nos indica que algo desaparece de nuestro horizonte. Raras veces su significado onírico coincide con el real. Siendo ancianos la presencia de la muerte suele ser más frecuente en sueños, sin que por ello anuncie la muerte de nada. Más al contrario, hay autores que aseguran que soñar con la muerte es símbolo de vitalidad.

MUJER:

Cuando se trata de una mujer desconocida, según la forma en que se nos presente, tendrá diferentes significados. Si es una mujer hermosa, augura encuentros satisfactorios que nos llevarán a establecer lazos afectivos muy beneficiosos para nosotros; por el contrario, si la mujer es desagradable, vieja o fea, augura infortunio. Tendremos éxito en nuestros negocios y en nuestra vida laboral si se nos aparece en sueños una mujer inteligente. Se producirán graves inconvenientes si soñamos que estamos discutiendo o peleando con una sea cual sea el que gane la pelea. Si se trata de una embarazada, es augurio de buenas e inesperadas noticias y si está fatigada, es señal de que se avecina una enfermedad.

MULA:

La calidad de la mula y la manera segura o vacilante con la que camine y la dirijamos nos indican claramente lo que presagia en el sueño, que habrá que interpretar con respecto a la viabilidad de nuestros negocios.

MULATO:

Ver en sueños a un mulato es señal de riquezas y prosperidades.

MULETAS:

Este sueño denota falta de confianza en las propias cualidades, excepto si se abandonan las muletas durante el sueño, en cuyo caso lo que presagia es la recuperación de la propia confianza y seguridad. Pero si en el sueño vemos a otra persona usando muletas cuando en la vida real sabemos que nos las necesita, lo más seguro es que percibamos su propia inseguridad, así como que precisa nuestro consejo y ayuda.

MULTA:

Si eres tú quien la paga, recibirás agasajos en tu trabajo o negocios. Ver que es otra persona quien la paga, anuncio de pleitos.

MUNICIONES:

Te verás en la disyuntiva de reivindicar algo que te parece justo o mirar más por tus intereses.

MUÑECA:

Para una mujer, soñar con muñecas es señal siempre de que se quiere volver a la infancia, a una época en la que no había preocupaciones y en la que nos veíamos protegidos por los demás, un tiempo en el que no teníamos que hacer frente a las responsabilidades que en la actualidad nos abruman. Puede ser una invitación a tomarse un pequeño descanso, a relajarse, lo que permitirá que después tomemos las cosas con mejor ánimo y así podamos ser más felices. Para los hombres suele tener un significado distinto y es síntoma claro de que el que sueña con muñecas tiene un carácter pueril, inmaduro, que le impide resolver sus problemas con madurez, lo que le hace la vida más difícil.

MUÑECO DE NIEVE:

Alguien cercano a ti no te estima como te parece que debería hacerlo. Serás objeto de burlas y menosprecio.

MUÑÓN:

Un grave peligro te acecha.

MURALLA:

El penoso período de dificultades por el que atraviesas actualmente llegará a un feliz desenlace. Serás bien aconsejado y obtendrás ayuda de una persona que te prodiga su amistad y su estima. Esperanzas de éxito para dentro de poco.

MURCIÉLAGO:

Está por venir un período difícil, repleto de contrariedades, de angustia, tristeza y pena. Soledad moral, pequeñas molestias de salud.

MURMULLOS:

Si oyes murmullos en sueños, es presagio de que sufrirás calumnias y malas intenciones.

MUSEO:

El mundo de tus relaciones va a abrirse a nuevas esferas. El estudio te resultará muy útil para empezar a frecuentar a personas distintas. Es símbolo de inquietudes culturales.

MUSGO:

Inquietudes afectivas y financieras. Próximas contrariedades que podrían significar modificaciones importantes y definitivas.

MÚSICA:

Será favorable o no según sea la letra de la canción oída. Cuando tan sólo se percibe la melodía, será necesario averiguar la letra de la canción soñada, a fin de descubrir en ella el mensaje del sueño. Esto es especialmente válido cuando nos despertamos con una determinada melodía o canción en la mente.

MÚSICO:

Si ves a un músico en tus sueños, indica que estás buscando quien pueda reconfortarte y ayudarte en las penurias que estás pasando en este momento.

MUSLOS:

Verlos implica decepción y humillación. Es posible que se te retrasen los proyectos, que tengas preocupaciones afectivas, problemas profesionales, promesas no mantenidas, certezas que no se cumplen.

MUTILACIÓN:

Si mutilas a una persona en sueños, te verás abrumado por los sufrimientos a causa de uno de los tuyos, que actúa por despecho o celos. Si, por el contrario, te ves mutilado, significa que las penurias padecidas por terceras personas debilitarán tus recursos. Temores de desfallecimiento, salud perturbada, desconcierto.

NABO:

Es un mal augurio sobre todo en el terreno en el que están implicados los afectos. Anuncia infidelidades. Perderemos amigos.

NÁCAR:

Están por venir próximas dificultades.

NACIMIENTO:

Este sueño simboliza el comienzo de algo nuevo, nuevos negocios o sociedades, relaciones que se inician o un cambio radical en tu comportamiento. También es señal de que vas a recibir buenas noticias o de que va a aparecer inesperadamente alguien en tu vida que será beneficioso. Debes aprovechar este momento para iniciar algún negocio o para llevar a cabo un cambio en tu situación laboral.

NADAR:

Soñar que uno mismo está nadando en el mar o en un estanque de agua limpia, es señal de placeres y comodidades. Si quien nada lo hace en un mar borrascoso o en un río caudaloso, augura próximos peligros. Si soñamos que estamos aprendiendo a nadar, sugiere que mantenemos unos fuertes lazos de dependencia respecto de otras personas.

NAFTALINA:

Trata de proteger tus intereses de la codicia de gente de tu ámbito, pues no están a salvo en estas nuevas circunstancias.

NAIPES:

Jugar a los naipes anuncia engaños y desilusiones. En el caso de que en tu sueño juegues con amigos, procura no emprender ningún negocio con ellos.

NALGAS:

Si el hombre o la mujer que las contempla sueña con las nalgas de una persona de distinto sexo, es signo de lujuria.

NARANJA:

Siempre se trata de un presagio venturoso y sumamente positivo que nos habla de amor y matrimonio. Todo ello, claro está, siempre a condición de que flores y naranjas se hallen en todo su esplendor, pues si las flores se hallan marchitas o las naranjas pasadas, se trata de amores que se extinguen o que no hemos sabido aprovechar.

NARCISO:

Esta flor es una clara señal de vanidad y egocentrismo. Puede significar que vamos a correr un grave peligro por habernos dormido en los laureles o que estamos perdiendo tanto el tiempo en vanagloriarnos que no somos capaces de ver el peligro que nos acecha. También simboliza la infidelidad. Se recomienda ser humilde para no cansar a las personas cercanas.

NARCÓTICOS:

Es un sueño que nos advierte de que estamos en peligro de caer en negocios turbios que nos desilusionarán y de los que sólo sacaremos pérdidas financieras.

NARIZ:

Si sueñas que te falta la nariz, significa que se avecinan épocas de inestabilidad, en las que te enfrentarás con tus superiores. Si tienes más de una nariz, predice que estás en desacuerdo con el ambiente que te rodea. Si la nariz te aparece en el rostro con un tamaño desmesuradamente grande, es símbolo de soberbia y jactancia. Si el sueño consiste en que no puedes respirar, augura que tendrás contratiempos económicos.

NAUFRAGIO:

Soñar que naufragamos simboliza el naufragio de nuestros propios proyectos y esperanzas actuales, ya sean en amistad, en amor, en trabajo o en los negocios.

NÁUSEA:

Es posible que te acechen peligros que harán tambalearse tu estabilidad.

NAVAJA:

Hay que distinguir si es una navaja de afeitar o si se usa como arma. En el primer caso implica el deseo de poner mayor voluntad y sinceridad en nuestra forma de enfrentarnos a los hechos y problemas que se nos presentan, pues de lo contrario nos veremos superados por los acontecimientos, cuyo dinamismo y rapidez en evolucionar hacen necesaria una acción enérgica y decidida. La navaja, como arma, siempre presagia rupturas y separaciones violentas, pero en este caso siempre relacionadas con problemas pasionales, es decir, celos, venganzas y engaños amorosos.

NAVEGACIÓN:

Si sueñas que practicas la navegación, tienes deseos de independencia y autonomía para la realización de tus empresas.

NAVIDAD:

Se trata de un sueño de buen augurio, ya que indica que vas a comenzar un nuevo período en la vida que va a ser más satisfactorio que el que dejas atrás. Es símbolo de éxito en cualquier tipo de gestión, especialmente en las personales.

NAVÍO:

Si vas a bordo de una nave y tu viaje transcurre felizmente, la suerte te será favorable. Si ardiera durante la navegación, tendrás mucha suerte en tu vida, trabajo o negocios.

NECESER:

Tienes que tratar de acallar cuanto antes las críticas de ciertas personas.

NEGOCIO:

Si sueñas que tienes un negocio o una buena colocación o empleo y te sientes abrumado por el trabajo, esto anuncia noticias agradables y prosperidad inesperada.

Este mismo pronóstico puede aplicarse si sueñas que tu negocio va mal o está en quiebra.

NEGRO:

Soñar con el color negro es una advertencia de que vas a pasar penas, ya que este color sólo nos trae desgracias y melancolías.

NENÚFAR:

Debes tener cuidado y refrenar tu pasión, porque te puede llevar a situaciones peligrosas. Anuncia peligros inesperados que te afectarán mucho.

NERVIOS:

Si, en tu sueño, eres víctima de un ataque de nervios, significa que vas a sufrir una enfermedad pasajera sin mayores consecuencias.

NEUMÁTICOS:

Si están en buen estado, y pueden ser usados adecuadamente, representan un presagio que indica circunstancias a tu favor. En el caso contrario, significará que la marcha de tus asuntos se verá afectada negativamente por obstáculos y contrariedades.

NEVADA:

Si la nevada no es copiosa, verás cómo poco a poco tus asuntos van progresando. Si cubre árboles y casas, la evolución será más rápida y la paz y la prosperidad reinarán en tu hogar.

NEVERA:

Se trata de un símbolo de la economía familiar. Si la nevera está llena, nos revela que tus asuntos financieros van viento en popa. Si, por el contrario, se ve vacía, es signo de que estás sufriendo una falta de previsión.

Si se hunde o está destrozada, las finanzas familiares se hallan en grave peligro.

NIDO:

Es el símbolo del hogar y la familia, por lo que puede interpretarse como un signo de protección. Cuando aparece un nido de víboras, es señal de traición. Los nidos de pájaro pueden interpretarse de diferentes maneras. Así, si lo vemos lleno de pájaros o de huevos, simboliza la felicidad del hogar y que tendremos pronto nuevos nacimientos en la familia, mientras que si el nido está abandonado, simboliza el desamparo.

NIEBLA:

La niebla es siempre símbolo de inseguridad e incertidumbre. Augura falta de confianza en nosotros mismos y anuncia que vacilaremos a la hora de tomar decisiones. Ante esta situación es fundamental tener mucha prudencia para evitar las equivocaciones. Si vemos en el sueño que la niebla se levanta, quiere decir que se avecinan tiempos mejores en los que nuestros sueños se verán realizados. En el terreno de los afectos pasaremos por momentos complicados, pero los superaremos.

NIEVE:

A diferencia de la interpretación que se le da a la nevada, soñar exclusivamente con nieve es síntoma de preocupaciones. Deberás enfrentarte con circunstancias desfavorables para tus intereses y tendrás poco apoyo de los tuyos.

NINFA:

Si el sueño lo tiene una mujer, deberá guardarse de una amiga que trata de enamorar al hombre a quien ama.

Si, por el contrario, lo tiene un hombre, sus sentimientos hacia una persona que aprecia se tornarán sinceros y profundos.

NIÑERA:

Si tienes algún negocio, procura vigilar a la persona en quien has depositado tu confianza para cuidártelo.

NIÑO:

Por regla general, soñar con niños es buena señal. No obstante, debemos verlos alegres, juguetones y sanos. Si cargas con él, anuncia tristezas. Si es recién nacido, es signo de prosperidad.

NÍSPEROS:

Tendrás que trabajar con tesón y mucho esfuerzo si quieres que tus planes se hagan realidad.

NOBLEZA:

Tus esperanzas de alcanzar una posición social destacada y honorable se verán defraudadas.

NOCAUT (k.o.):

Si le haces un nocaut a un adversario, significa que has triunfado sobre esa persona en algún aspecto de la vida. Cuando nos dejan k.o. a nosotros, el sueño augura pérdidas económicas de cierta importancia.

NOCHE:

Según aparezca, tendrá uno u otro significado. Cuando es una noche clara y tranquila, es buen augurio, ya que predice paz de espíritu y tranquilidad, mientras que si se presenta oscura e inquietante, es augurio de días difíciles con abundantes fracasos. Se recomienda que seas paciente, puesto que puedes pasar por un período afectivo bastante complicado.

NOGAL:

Te advierte de diversas contrariedades. Deberás tomar precauciones si deseas proteger tu mundo habitual.

NÓMADA:

Situación precaria, sentimientos inestables, incertidumbre.

NOMBRE:

Si oyes tu propio nombre, una persona querida se encuentra desamparada. Si lo escribes, te verás obligado a contraer ciertos compromisos.

NORTE:

Debes reflexionar hacia dónde estás conduciendo tu vida. Y ver si estás obrando de forma correcta.

NOTARIO:

Anuncia la llegada de noticias respectivas a la familia que no tienen por qué ser malas. Es posible que se produzca un próximo casamiento.

NOTICIAS:

Si en sueños recibes noticias favorables, significa que te sobrevendrá una enfermedad o accidente. En cambio, si esas nuevas anuncian desgracias, predicen dichas y venturas para ti y los tuyos.

NOVELA:

Está por venir una etapa grata para tus sentimientos y tus meditaciones.

NOVICIO:

Si se sueña con un novicio, puedes considerarlo una próxima llegada de satisfacciones.

NOVILLO:

Indica seguridad, protección de tus bienes y de tus intereses, prosperidad y riqueza. Verlo encolerizado sería un mal presagio.

NOVIO:

El hombre que sueñe verse vestido de novio, dispuesto para contraer matrimonio, puede considerarlo augurio de boda frustrada o de penosa enfermedad. Si se trata de una mujer, también luciendo su vestido de boda, es infausto anuncio de próxima defunción de un familiar o de otra persona querida.

NUBES:

Según el aspecto de esas nubes en el cielo, su volumen, su densidad, vivirás circunstancias favorables o desastrosas con las que deberás convivir algún tiempo. Si son blancas, ligeras y espaciadas, traerán momentos apacibles y felices, tranquilidad en el hogar, gozo afectivo, felicidad familiar. Si son numerosas, oscuras y espesas, habrá un deterioro en tus condiciones de vida. Problemas, trastornos, incertidumbre y angustia.

NUDO:

Este sueño puede expresar el concepto de hombre no liberado, atado, inmovilizado e inerme a causa de una fuerza o poder extraño.

NUERA:

Buen augurio es soñar con una nuera, ya que este sueño significa comprensión y apoyo de alguna persona de la familia.

NUEVO:

Todo objeto o material nuevo que puedas percibir en un sueño será presagio de condiciones futuras positivas para tus deseos. Recibirás ayuda por parte de tus amigos.

NUEZ:

Representa el esfuerzo que debemos hacer para superar las dificultades. Generalmente es un mal augurio porque predice disputas en el seno de la familia. Serás objeto de las envidias de los demás. También te decepcionarán las personas en las que confiabas.

NÚMERO:

Siempre se ha creído que los sueños en los que aparecen números contienen una ayuda milagrosa para ganar en los juegos de azar, especialmente en la lotería. Sin embargo, esto no es así. La numerología es un conocimiento muy complejo de gran utilidad en otro orden de cosas, pero cuya aplicación al mundo de los sueños resulta muy problemática.

NUPCIAS:

Si soñamos con ellas, nos vaticinan la llegada de un familiar o amigo con cuya visita recibiremos grandes satisfacciones. Si estamos invitados a ellas, ingratas noticias.

NUTRIA:

Algún compañero de trabajo va a aconsejarte mal con el fin de sacar provecho de tu error.

OASIS:

Si últimamente tienes muchos problemas y sueñas con un oasis, significará que vas a empezar a disfrutar de la paz y tranquilidad que te mereces y los problemas irán desapareciendo. Si lo ves a lo lejos, es el anuncio de que se aproxima el fin de tus problemas. Abandonar el oasis significa que te verás obligado a afrontar una ardua y difícil tarea en la que sólo podrás contar con tus fuerzas.

OBEDECER:

Si te ves obedeciendo a otra persona, el sueño aconseja que seas más prudente, ya que tu espontaneidad te podría volver frágil.

OBELISCO:

Vas a ocuparte de proyectos importantes que, sin embargo, no van a satisfacerte por completo.

OBESIDAD:

Soñar que uno está obeso es síntoma de que tanto en las relaciones familiares como en el trabajo todo nos va a ir bien, ya que predice una época de éxitos que no te esperabas.

OBISPO:

Se trata de un buen augurio. Anuncia que nuestros proyectos se van a cumplir con el mayor éxito y nuestra familia se verá compensada con felicidad y tranquilidad. Es sinónimo de suerte.

OBOE:

Vas a ser partícipe de confidencias discretas. Momentos de tierna emoción.

OBRAS:

Si ves edificios públicos en obras, quiere decir que estás planteando proyectos por encima de tus posibilidades y esto te llevará a un fracaso rotundo. También es símbolo de penurias económicas producidas precisamente por los errores cometidos en el planteamiento de proyectos. Cuando nos encontramos con otro tipo de obras, es augurio de un tiempo de espera por el que debemos pasar para conseguir que nuestras ideas se afiancen y así conseguir una mejora económica y afectiva.

OBREROS:

Deberás pasar una época de mucho trabajo y esfuerzo antes de que mejoren realmente tus condiciones de vida. Si los obreros están en huelga o inactivos, quiere decir que has cometido errores de apreciación a la hora de elegir tu orientación.

OBSERVATORIO:

Te verás en circunstancias o sucesos apasionantes, momentos extraordinarios pero poco relacionados con las necesidades por las que debes preocuparte.

OBSTÁCULO:

Soñar con obstáculos es símbolo de que se te van a presentar dificultades en el trabajo que tendrás que franquear hábilmente si no quieres fracasar.

OCA:

Simboliza la satisfacción afectiva, por lo que deberás esperar un futuro lleno de felicidad en el que tus relaciones familiares serán muy satisfactorias y conseguirás grandes logros en el terreno afectivo.

OCULISTA:

Recibirás ayuda de una persona de tu entorno que te asistirá en las penosas gestiones que habrás de realizar; consuelo moral.

ODIO:

Soñar que odiamos a una persona conocida es señal de que esa misma persona también nos aborrece en la vida real. Soñar que alguien nos odia, augurio de felicidad y segura reparación de actos e injusticias que se nos han hecho.

OESTE:

Soñar con este punto cardinal en concreto siempre indica paz y tranquilidad. Si está asociado a otro sueño, podemos contar con que suavizará los aspectos negativos de aquél y aumentará los positivos.

OFICIAL:

Ver en sueños a algún oficial del ejército nos anuncia felicidad y suerte. Soñar que uno mismo lo es, promesas y dichas de amor.

OFICINA:

Si te hallas en tu propia oficina, significa que recibirás noticias gratas. Si en la oficina estás simplemente como empleado, es señal de mejora en tu trabajo y de éxito feliz en tu vida.

OFICINA DE CORREOS:

Recibirás noticias importantes. Soñar con que llevas un giro indica gastos imprevistos. Retirar un paquete, regalos que te resultarán agradables.

OÍDOS:

Soñar que oyes indica que alguien trata de hablar contigo para proponerte algo interesante para ambos. Si te zumban los oídos, vendrán malas noticias.

OJO DE BUEY:

Eres una persona que prefiere la modestia al lujo exagerado, y la tranquilidad y la soledad a la vida mundana. Con un brillo repentino y efímero, iluminado por una luna de claridad excepcional, es presagio de una próxima unión feliz y perdurable. La insuficiencia de tus medios podrá comprometer la apreciación de una situación que modificará tus intereses.

OJO DE CRISTAL:

Usar un ojo de cristal en sueños indica que la verdad que te comunicarán será parcial y falsa.

OJO DE LA AGUJA:

Problemas de relación harán que tus intereses sean opuestos a los de quienes te rodean. Será necesario tomar precauciones para contrarrestar acciones malévolas.

OJOS:

El acto de ver simboliza el acto de comprender. Si los ojos con los que sueñas son grandes y expresivos, es señal de alegría. Ojos tristes y apagados auguran tristezas. Si te miran cariñosos o insinuantes, indicio seguro de infidelidades. Si están cerrados, desconfía de alguien que te rodea. Ojos saltones significan envidias y perjuicios.

OLAS:

Si sientes que te están meciendo, indica que te estás dejando llevar por las circunstancias y dominar por otras personas con un carácter más fuerte que el tuyo. Si las olas son grandes y majestuosas, prevén paz de espíritu, y si el mar está revuelto, avisa de serios peligros. Es un sueño que tiene que ver mucho con tu capacidad de decisión.

OLIVO:

Este sueño es de buen augurio porque representa la armonía y la tranquilidad. Trae buenas expectativas para nuestra vida futura, en la que todo será éxito y triunfo, conseguido sobre todo gracias a la capacidad que vamos a tener de tomarnos las cosas con tranquilidad. Esto nos permitirá tomar decisiones muy beneficiosas. Las relaciones sociales y afectivas estarán rodeadas de un clima de confianza muy positivo. Indica que es un buen momento para iniciar una relación amorosa, ya que de ella puede surgir un amor puro y duradero.

OLLA:

Soñar con este utensilio indica la pérdida de un gran amor o amistad.

OLMO:

Este sueño es señal de pobreza, excepto para leñadores, carpinteros y los que en su trabajo tengan relación con la madera en general.

OLOR:

Es buen augurio de salud y de afecto si se huele en sueños, siempre que se trate de un olor agradable. Si fuera desagradable, deberemos cuidarnos de la salud y de los amigos.

OMBLIGO:

Si en tu sueño aparece un ombligo, es señal de peligros y acusaciones.

ÓPERA:

Si sueñas que escuchas una ópera, es indicio de vanos placeres y desidia, por lo cual tendrás que procurar ser algo más ordenado, si quieres que tus preocupaciones desaparezcan.

OPERACIÓN:

El sueño de la operación es un aviso sobre una conducta que debemos abandonar.

ORADOR:

Si sueñas con una persona que está pronunciando un discurso, procura librarte del que te haga vanas proposiciones.

ORANGUTÁN:

Soñar con un orangután, gorila, chimpancé y demás familia de los grandes monos significa que sabremos de algún amigo que critica nuestros defectos, aunque hace tal burla sin mala intención y puede traernos beneficios.

ORDEN:

Necesidades externas te imponen poner en orden tus asuntos, eliminar todo aquello que no se ajuste a tus necesidades. Esta iniciativa deberá también aplicarse a tus amistades.

ÓRDENES:

Según se presenten, significarán diferentes cosas. Cuando recibimos órdenes de un familiar, indica que en este medio gozamos de armonía, pero cuando las recibimos de una persona desconocida, predice que vamos a tener dificultades en el ambiente en que nos movemos. Cuando somos nosotros los que damos las órdenes a un familiar, augura contrariedades y que nuestros deseos no se cumplirán a no ser que pongamos en marcha una gran fuerza de voluntad y aportemos trabajo y esfuerzo. Cuando damos órdenes a personas desconocidas, es señal de afianzamiento en los negocios y de que gozamos del respeto de los demás en nuestra vida laboral.

ORDEÑAR:

Ordeñar un animal en sueños augura prosperidad, fecundidad, desahogo en el hogar, alegría y felicidad, suerte y éxito.

OREJAS:

Si en sueños ves unas orejas físicamente bien hechas o las tienes tú mismo, augurio de éxitos. Si te las limpias, alguien se ofrecerá como servidor y amigo. Si zumban se está murmurando sobre ti. Soñar con unas orejas largas, aviso seguro de que vas a cometer alguna torpeza. Orejas cortas, procura no fiarte de alguien que pretende engañarte. Verte sin orejas, malas noticias de la pérdida de una persona querida.

ORFANDAD:

Que sueñes que te quedas huérfano implica que estás en peligro de sufrir un accidente.

ORGANILLO:

A veces, soñar con un organillo nos avisa del fallecimiento de un familiar.

ÓRGANO:

Si el órgano es musical, oírlo nos indica bienestar en el hogar y en el trabajo e incluso puede anunciarnos futuro casamiento. Sin embargo, tocarlo es señal de próximo duelo.

ORGÍA:

Este sueño nos dice que tenemos que extremar las medidas de precaución respecto a los que nos rodean y que debemos saber distinguir entre los buenos amigos y otras personas que sólo quieren nuestro perjuicio.

ORINA:

Suele ser una representación real de un deseo fisiológico, aunque también se asocia este sueño con la sexualidad. En general es un mal augurio, pues predice malas relaciones con las personas que nos importan, que no nos prestarán atención y nos dejarán sumidos en el desamparo.

ORO:

Se avecina una temporada de grandes éxitos profesionales y económicos, que tendrás que pagar con conflictos personales y desavenencias con tus socios. Ser poseedor de oro augura mejoras en las condiciones de vida y que tus actividades se verán coronadas con el éxito económico. Si lo que sueñas es que encuentras oro, predice que gozarás de beneficios que serán efímeros y que te llevarán a la soledad y a la angustia. Cuando lo robas, tienes por delante una temporada en la que serán frecuentes las riñas familiares y las desavenencias con los compañeros de trabajo. Si lo que ves es que estás usando una vajilla de oro, quiere decir que tendrás fortuna y poder.

ORQUÍDEA:
Significan orgullo y pretensión.

ORTIGAS:
Soñar con ortigas es augurio de traiciones y contrariedades. Sin embargo, si las tocas, significa provecho y buenos resultados en tus asuntos.

ORUGA:
Soñar con orugas es ingrata señal de traiciones. Tus conocidos abusan de tu confianza. Engaños, hipocresía, riesgos financieros.

OSCURIDAD:
Verse entre tinieblas, sin poder distinguir nada, augura ciertas contrariedades en tu vida. Si a través de esa oscuridad vislumbras un rayo de luz, deberá interpretarse como una victoria sobre los inconvenientes que se te presenten, aunque, desde luego, con perseverancia y trabajo.

OSO:

Este sueño indica que tienes cerca un fuerte adversario que con su astucia y malas artes te hará pasar por momentos muy difíciles, ya que será una persona de poder e influyente. Tus condiciones de vida se verán en peligro a causa de la mala marcha de los negocios. En el aspecto profesional te sentirás infravalorado y esto afectará a tus relaciones personales, ya que estarás frecuentemente de mal talante. Sólo en el caso de que fueras capaz de matar al oso sería un buen presagio.

OSTRA:

Cuando aparece en buenas condiciones o con perla dentro, es un buen augurio, pues predice felicidad y éxito económico; pero si está vacía anuncia que la mala suerte se cebará con nosotros y que padeceremos en nuestras actividades inconvenientes imprevistos.

OTOÑO:

Es un símbolo de nostalgia. Nos dice que aunque hayamos pasado la época dorada de la vida, el futuro aparece ante nosotros prometedor, puesto que está lleno de paz y seguridad. Si sentimos que estamos paseando sobre un colchón de hojas caídas, augura estabilidad muy fuerte en el futuro. Por otro lado, es símbolo de paz en la familia. A pesar de todo ello, se recomienda precaución, porque pueden presentarse situaciones dificultosas que se resolverán a base de mucha inteligencia y tenacidad.

OVACIÓN:

Soñar que eres objeto de una ovación augura desengaños en la vida real.

OVEJA:

Soñar con este animal es siempre muy buen augurio. En el campo de los negocios y profesional te verás premiado con grandes éxitos, ya que alcanzarás el reconocimiento personal y una gran mejora en tus bienes. Sólo en el caso en que aparezca una oveja enferma, en malas condiciones o muerta es mal presagio, pues predice dificultades y peligro.

OVILLO:

Que en tu sueño aparezca un ovillo de cordel indica protección de tus amigos o de tus relaciones. Si es de lana, una excelente gestión de tus intereses, seguridad en tus inversiones financieras.

PABELLÓN:

Soñar con un pabellón es de mal augurio si estás iniciando un negocio. Sin embargo, si no pierdes la esperanza ante las contrariedades que te van a surgir, éste podrá llegar a funcionar satisfactoriamente.

PACER:

Si en tu sueño ves a un animal pacer en el campo, te indica el retorno a la calma, al reposo provechoso.

PACTO:

Soñar con hacer un pacto con el diablo es indicio de éxito, pero debes conseguirlo legalmente si no quieres sufrir de ansiedad.

PADRE:

La figura del padre refleja tanto lo consciente como lo inconsciente. Asimismo es símbolo de autoridad y de poder, pero también de protección y de cariño. Esta

385

figura es un reflejo fidedigno de nuestra vida y el significado del sueño irá en función del estado en que aparezca y de que lo asociemos a situaciones agradables o desagradables. También este sueño tiene un gran significado respecto a las relaciones que tenemos con la sociedad, pues esta figura es la imagen del poder ante el que a veces no queremos inclinarnos. De todos modos, siempre que aparecen en el sueño el padre o la madre, auguran que se van a producir acontecimientos importantes y generalmente inesperados que harán cambiar nuestra vida.

PADRINO:

Deberás brindar apoyo y socorro a una persona conocida. Tu amistad le será muy valiosa para atenuar su soledad y desconcierto.

PAGAR:

Si sueñas que pagas a tus acreedores, es signo de que vas a hacer una próxima mudanza de domicilio. Si pagas una deuda, tranquilidad y consuelo.

PÁGINA:

Soñar con las páginas de un cuaderno o de un libro significa que te serán comunicadas noticias cuyo contenido puedes tener que lamentar.

PAÍS:

Soñar con un país o con un lugar cualquiera de un país tendrá consecuencias directas sobre la premonición. Dadas las características propias de cada uno de ellos, es difícil hacer la enumeración. Tú mismo tendrás que hacer la interpretación según tus propios sentimientos, impresiones o intuiciones respecto al país considerado y sus habitantes.

PAISAJE:

Soñar con un paisaje bonito y luminoso está asociado a las cosas buenas de la vida, mientras que los tenebrosos están asociados a las malas. Cuando nos vemos contemplándolo, quiere decir que estamos marcando un compás de espera, un período de reflexión que será bueno para nuestras futuras decisiones.

PAJA:

Si la vemos en cantidad y bien almacenada, augura éxito y abundancia de bienes, pero si está esparcida y desordenada, no sabemos cuidar nuestros bienes y, por ello, nos arriesgamos a perderlos.

PÁJARO:

Soñar con pájaros volando y dando vueltas por el cielo refleja impaciencia, deseo de libertad y, también, que situamos muy alta nuestra meta en la vida. Pero si los soñamos en su vuelo de emigración, significa que deseamos fervientemente conocer nuevos horizontes o, por lo menos, que se produzca un cambio radical en el ambiente en que vivimos. Soñar con un pájaro enjaulado es un claro indicio de que nos consideramos con una libertad muy limitada; pero si además de enjaulado tiene una pata o un ala rota, o se halla temblando de frío, es nuestra misma alma la que está prisionera.

PAJE:

Recibirás una proposición amorosa que puede perjudicarte y debes eludir. Mantén seguridad y confianza en la vida que llevas.

PALA:

Seguramente tu situación no es tan firme y agradable como mereces, pero, con constancia, lograrás grandes ventajas.

PALACIO:

Si sueñas con que vives en un palacio, no te faltarán problemas que amarguen tu vida. Tus aspiraciones no se verán realizadas ni tus deseos concretados.

PALACIO DE JUSTICIA:

Algunas de tus dificultades podrían verse traducidas en litigios con intervención judicial. Inquietudes, desconcierto y pesares.

PALANCA:

Te van a ofrecer ayuda y apoyo para resolver tus dificultades con determinación.

PALCO:

Si sueñas con el palco de un teatro, quiere decir que serás reconocido y estimado, pero por eso mismo serás objeto de cotilleo por parte de conocidos envidiosos y mediocres.

PALETA DE PINTOR:

Es símbolo de nostalgia de recuerdos felices y tiernos momentos. Propósitos para lograr nuevos momentos de felicidad.

PALMA:

Es uno de los símbolos clásicos de fecundidad, regeneración y victoria.

PALMADAS:

Tendrás noticias que influirán bruscamente en tus hábitos y producirán algunos conflictos familiares.

PALMERA:

Se concretarán viejos proyectos. Alegría y felicidad por una realización que esperabas hace tiempo. Si la palmera tiene buena apariencia y está cargada de frutos, es síntoma de sentimientos afectivos profundos y duraderos. Armonía conyugal, comodidad en el hogar, prosperidad.

PALO:

Verlo en sueños es señal de penas. Apoyarse en él, anuncio de enfermedades. Apalear a alguien, augurio de beneficios, pero, si en sueños eres tú quien los recibe, sinsabores y pleitos.

PALO DE UN VELERO:

Es augurio de buenas noticias, suerte y felicidad, numerosos proyectos, esperanzas.

PALOMA:

Es el símbolo de la paz por excelencia. También significa amor, armonía, conocimiento, esperanza y recuperación de la felicidad perdida. Según el color que tenga, debe interpretarse de diferentes maneras. Sólo en el caso de que soñemos que la paloma arrulla será mal presagio, pues augura el fallecimiento de una persona muy querida.

PALOMAR:

Si sueñas, simplemente, con un palomar, es advertencia de que debes vigilar a tus hijos.

PAN:

Si el pan que ves o comes es blanco, significa provecho para el rico y escasez y perjuicio para el pobre, pero si es moreno, será todo lo contrario. El que sueña que come pan dulce tendrá agasajos y fiestas familiares.

PANADERO:

Es augurio de felicidad y de bienestar en el hogar. Estarás al abrigo de necesidades materiales. Provecho en tus actividades, suerte. Pelearse con el panadero implica pérdida de bienes, desgracia.

PANORAMA:

Soñar con un hermoso panorama es anuncio de un próximo viaje.

PANTALLA:

Si sueñas con una pantalla, es demostración de que eres muy susceptible y dudas de algunas personas que te rodean. Júzgalas bien y obra en consecuencia.

PANTALONES:

Este sueño nos sugiere autoridad. Se debe interpretar en función de la forma que tengan los pantalones. Cuando vemos que otra persona lleva puestos los nuestros, quiere decir que estamos temerosos de que alguien usurpe nuestra autoridad o bien de que alguien ocupe nuestra posición, ya sea en el trabajo o en la sociedad. Debemos tener cuidado si vemos que los pantalones se nos quedan cortos, porque indica que nuestras ideas están caducas y que por ello tendremos enfrentamientos innecesarios con otras personas. Si soñamos que los perdemos, es un mal augurio porque presagia el fracaso en los negocios. Si somos nosotros los que nos los quitamos, indica que de alguna manera estamos dejando el campo libre a alguien para que nos adelante y para que saque beneficio de nuestros fallos.

PANTANO:

Sólo si lo ves lleno y limpio puede significar prosperidades. Vacío y encenagado, es sinónimo de miserias. Ten cuidado con la marcha de tus negocios.

PANTERA:

Soñar con una pantera es siempre un mal presagio. Suele representar a una mujer astuta que se acerca a nosotros con fines poco claros, pues pretende manipularnos y perjudicarnos. Para los hombres puede querer decir que se verán manejados por cierto tipo de relaciones sexuales. En términos generales, este animal es símbolo de astucia y traición, de la que vamos a ser objeto. Por ello deberemos ser especialmente cautos, ya que nuestra vida social puede estar seriamente amenazada.

PANTOMIMA:

Si soñamos que representamos una pantomima, habremos de procurar en nuestra vida real aprovechar mejor nuestro tiempo.

PANTORRILLA:

Si están bien formadas, sanas y normales, anuncio de viaje. Si ves unas pantorrillas delgadas, no alterarás tu estado actual, aunque tal vez sean augurio de amores afortunados.

PAÑO:

Si el paño con que soñamos es fino y de buena calidad, esto es anuncio de que nuestra conducta será estimada. Paños corrientes o vulgares acusan pobreza que, aunque honrosa, no nos servirá para nada.

PAÑUELO:

Un pañuelo sucio, indicio de penas. Blanco y bien limpio, señal de gratas compañías. Si fuera de color rojo, riñas amorosas o matrimoniales. Un pañuelo negro, significado de luto.

PAPA:

Es un feliz augurio soñar con el papa, pues este sueño nos proporcionará grandes alegrías.

PAPAGAYO:

Soñar con un papagayo es indicio de que no tardarás en desenmascarar a un falso amigo.

PAPEL:

Puede tener diversos significados. Si es blanco, señal de alegría. Si se trata de papeles de negocios, disgustos y pleitos. Papel de cartas, buenas noticias. Si fuera de periódico, dificultades inesperadas. Cuando aparece en grandes cantidades y desordenado, es señal de inquietud y predice estados de angustia. El papel mojado implica desconsideración y desprestigio. Cuando vemos que los papeles se destruyen, es signo de que hemos de tomar decisiones rápidas para solucionar nuestros asuntos.

PAQUETE:

Soñar que recibes un paquete indica buenas noticias, una modificación ventajosa en tu manera de vivir. Las decisiones sensatas y meditadas te permitirán orientar tu situación social hacia diferentes posibilidades.

PAQUETE POSTAL:

Recibirlo: negocios interesantes y fructíferos, cambios ventajosos en un futuro próximo. Enviarlo: molestias y trastornos a corto plazo.

PARACAÍDAS:

Pronto saldrás de tus problemas y dificultades, pues tomarás la iniciativa para introducir cambios en tu vida.

PARAGUAS:

Es un símbolo de protección ante las adversidades de la vida. Cuando el paraguas aparece en buenas condiciones, indica que en nuestros proyectos estaremos apoyados por personas con las que guardamos íntima relación. Sin embargo, cuando aparece deteriorado, avisa para que nos prevengamos porque algún allegado puede aprovechar nuestra amistad para perjudicarnos, por lo que nos sentiremos muy defraudados.

PARAÍSO:

Este sueño indica que, aunque sea de manera inconsciente, tenemos el deseo de una vida más fácil en la que podamos conseguir nuestros anhelos con el mínimo esfuerzo. También es augurio de una época de felicidad y alegría en la que nuestros proyectos profesionales se verán coronados por el éxito.

PARÁLISIS:

Este sueño casi siempre revela que en la vida real nos hallamos sumidos en una grave indecisión o en la imposibilidad de resolver un conflicto o problema importante. O quizá se trate de una derrota en la vida a la que creíamos poder sobreponernos de inmediato, pero no ha sido así.

PARARRAYOS:

Este sueño nos indica que estamos en una situación problemática y se nos pide que obremos con precaución para tomar las justas decisiones.

PARCHE:

No tardarás en encontrarte con la persona a la que has estado buscando durante tanto tiempo y con la que hallarás la felicidad.

PARDO:

Es un color que infunde serenidad. Es el símbolo de la tierra y de la maternidad. Se avecinan unos tiempos muy tranquilos en los que podremos llevar a cabo nuestras empresas sin grandes sobresaltos. Fortuna en el amor.

PARED:

Soñar que tú mismo construyes una pared es señal de que tu vida seguirá más o menos como hasta ahora. Si la ves derrumbarse, pueden realizarse tus esperanzas e ilusiones respecto a una mejora.

PARIENTE:

La vista en sueños de algún pariente siempre anuncia sorpresas o noticias, sea cual sea el grado de parentesco que lo una al soñador. Soñar vivos a parientes ya fallecidos siempre anuncia algún acontecimiento, bueno o malo, según su expresión tranquila o agitada.

PÁRPADO:

Soñar con párpados es señal de abundancia.

PARQUE:

Este sueño augura que tendremos momentos apacibles y felices después de una larga temporada de penas y sufrimiento. También induce a la reflexión.

PARRA:

Promesa de riqueza, de ganancias, prosperidad y fortuna.

PARRILLA:

Es un sueño que anuncia angustias e incertidumbres, graves querellas, sufrimientos y desamparo moral.

PARTIDA:

Casi siempre representa nuestro deseo de romper con la situación actual. Tenemos una necesidad perentoria de romper con el pasado y de comenzar una nueva etapa de nuestra vida que, por otro lado, se presenta llena de buenos augurios, sobre todo a largo plazo. La toma de decisiones será muy importante para conseguir estos beneficios.

PARTITURA MUSICAL:

Si lo que haces en el sueño es escribirla, esto denota que tendrás grandes alegrías y satisfacciones. Si lo que haces es leerla o ejecutarla, ten por seguro que el dominio de personas extrañas desacreditarán las iniciativas personales que te interesan.

PARTO:

En general, este sueño indica dicha y tranquilidad. Asistir a él, aumento de fortuna, siempre en proporción al número de nuevos seres que veas nacer. Parto feliz, señal de prosperidad. Sólo en el caso de que el parto fuera muy difícil y hasta hubiera que recurrir a una cesárea, augura contrariedades.

PASAPORTE:

El viaje que tenías pensado hacer va a tener que retrasarse por discusiones y litigios con las autoridades administrativas.

PASAS:

Recolectar o comer pasas es siempre un mal sueño. No esperes más que sinsabores y contrariedades.

PASCUAS:

Celebrar las tradicionales fiestas de Pascua te indica que no tardarás en verte involucrado en unos amoríos desdichados. Si quien sueña es mujer, pronto encontrarás un hombre con el que podrán presentarse muchas posibilidades de matrimonio.

PASEO:

Si lo damos en solitario, quiere decir que no estamos contentos con la situación que nos rodea, por lo que haremos uso de todos los medios posibles para que nos libren de ella. Esta situación estará acompañada de una sensación de soledad y de pena. Si damos un paseo con una persona que goza de nuestra estima, el sueño augura que próximamente vamos a tener un encuentro o una reconciliación con alguien que nos importa mucho y que esto servirá para que entremos en una época muy feliz de nuestra vida. Si el paseo se da con personas desconocidas, augura un cambio de situación que nos beneficiará.

PASILLO:

Vas a pasar de una situación a otra diferente. Si el pasillo está limpio e iluminado, el cambio será para bien y si está sucio y oscuro, no será muy beneficioso.

PASOS:

Si ves en sueños huellas de pasos, es un mensaje de prudencia hacia una tercera persona. Serás sometido a una atenta vigilancia. Debes temer próximas acciones en contra de tus intereses. Oír pasos augura noticias próximas.

PASTAR:

Ver a un animal pastando es una promesa de evolución positiva en tu situación social y financiera.

PASTEL:

Hacer o comer pasteles o pastelillos significa goces y satisfacciones. Si vemos a niños comerlos en una fiesta familiar, habremos de cuidar de nuestros hijos o hermanos menores, que podrán ser víctimas de algún accidente lamentable. Si se nos cae al suelo el pastel que comemos, contrariedades.

PASTELERÍA:

Soñar con una pastelería es síntoma de próximas contrariedades que podrían tener consecuencias sobre tu comportamiento hacia los demás y derivar en problemas de salud que perturbarán tus actividades.

PASTILLA:

Verlas o tomarlas nos anuncia un próximo regalo.

PASTOR:

Indica que tienes madera de líder y que debes aprovechar esta circunstancia para hacer realidad tus ilusiones valiéndote del apoyo de los demás.

PATADA:

Si sueñas que das patadas a alguien, recibirás algunas pequeñas ventajas en tu situación actual.

PATATAS:

Verse comiendo patatas en sueños indica que los proyectos o asuntos que actualmente tienes pendientes lograrán magníficos resultados que mejorarán tu vida actual.

PATINAR:

Este sueño significa que te hallas en una situación comprometida que te empujará a tomar decisiones difíciles y algo arriesgadas. Debes aprovechar tus capacidades para salir airoso del trance. Si patinando te caes, tienes que procurar no cometer imprudencias.

PATIO:

Soñar con el patio de la propia casa es señal de una grata visita de unos amigos. Si se tratase de un patio muy grande, signo de prosperidad. Un patio de cárcel anuncia pérdida de dinero.

PATO:

Soñar con patos es señal de chismes y habladurías. Cazarlos, llegada de beneficios y tranquilidad en tu vida. Si sueñas que los comes, indicio de buenas noticias.

PAVO:

El pavo es un símbolo de abundancia y fertilidad, pero cuando aparece en nuestros sueños, anuncia que se acerca alguna fiesta familiar.

PAVO REAL:

Soñar con esta ave es símbolo de vanidad y de presunción; significa que estamos rodeados de personas falsas e hipócritas. Si lo ves haciéndole la rueda a su pareja, señala un matrimonio conveniente y ventajoso.

PAYASO:

Si soñamos que hacemos el payaso, es un reflejo de que estamos desperdiciando nuestras fuerzas manteniendo relaciones con personas que no nos van a aportar nada positivo. También es un indicio de soledad y abandono. Significa asimismo que somos víctimas de las malas intenciones de algunas personas que no nos quieren bien, pero no debemos hacerles caso. Es importantísimo recuperar la confianza en uno mismo.

PAZ:

Si sueñas que existe paz y tranquilidad en el hogar, deberás mantener tu buena conducta para lograr que perdure.

PECES:

Los peces son un símbolo claro de lo que nos depara el destino. Cuando son de gran tamaño y están vivos, auguran éxitos y el cumplimiento de nuestros deseos, pero si vemos que intentamos pescarlos y que se escurren de las manos, nos indica que se avecinan desilusiones y épocas difíciles. Es de buena suerte comer pescado y de mala matar peces o verlos muertos.

PECHO:

Si el pecho del hombre con quien sueñas es velludo, indica prosperidad y ganancias. Si es mujer quien lo sueña y es casada, viudez inesperada. Unos pechos femeninos exuberantes, señal de salud y larga vida.

PEDALEAR:

Pedalear en sueños indica posibilidades de cambiar a tu favor ciertas condiciones de tu existencia, lo que supondrá esfuerzos de adaptación y de voluntad por tu parte.

PEDRADA:

Tanto si la das como si la recibes, es señal de amoríos y aventuras fáciles con mujeres de conducta dudosa.

PEGAR:

Si es uno mismo quien pega a alguien, es señal de paz hogareña. Pegarle a la esposa en sueños indica la posibilidad de adulterio por parte de ella. Si se pega a un animal, cometerás faltas graves.

PEINADO:

Peinar a una persona es señal de riñas y disgustos. En el caso de que peines a un niño, augurio de buena salud para tus hijos y éxito en sus estudios.

PEINARSE:

Peinarse es un sueño de buen augurio, ya que predice que tu situación va a cambiar para mejorar y, sobre todo, que tus negocios prosperarán favorablemente.

PEINE:

Si el peine únicamente se ve, augura discordias con tus relaciones, calumnias, maledicencia, engaños y traiciones.

PELADILLAS:

Si sueñas que comes peladillas, es anuncio de próximas alegrías y fiestas, bien en tu casa o en la de personas de tu estimación.

PELEA:

De manera general, asistir a una pelea o participar en ella durante un sueño no será favorable ni para tus intereses ni para tus relaciones afectivas. Indica por el contrario verdaderas enemistades, reales disensiones a las que no serán ajenos los celos, el rencor y el odio. Tendrás que tomar precauciones para preservar tus bienes.

PELELE:

La forma en que has conducido tus negocios, el espíritu de indecisión del que has dado prueba, la inconstancia de tus esfuerzos te serán reprochados y dañarán en alguna medida tus finanzas.

PELÍCANO:

Esta ave es sinónimo de abnegación y sacrificio.

PELÍCULA:

Cuando sueñas que ves una película, quiere decir que tus proyectos se frustrarán por circunstancias ajenas y que esto influirá negativamente en tu posición, pues no lograrás situarte donde querías. Se avecinan preocupaciones.

PELIGRO:

Si sueñas que estás en peligro pero logras evitarlo, es señal de que vas a mejorar tu situación y de que el éxito coronará tus proyectos.

PELIRROJO:

Si ves a alguien con los cabellos rojos o la piel con pecas, es señal indicativa de una persona celosa, de poca confianza, cuya frecuentación sólo traerá sinsabores.

PELLIZCAR:

Tendrás algunas pequeñas heridas en el amor propio, sin mayor gravedad.

PELO:

Los autores antiguos consideraban que este sueño era un buen augurio, sobre todo para las mujeres cuando soñaban que tenían un pelo largo y bonito; para los demás predice una buena situación económica en la que, sin embargo, no se sentirán a gusto. Según los autores más modernos, vernos cubiertos de pelo es señal de primitivismo, lo que quiere decir que actuamos sin pensar. Pero si lo que soñamos es que no tenemos pelo, manifiesta debilidad de carácter e inmadurez.

PELOTA:

Verte jugando con ella significa un retorno a la infancia y también que estás necesitado de protección. Debes prestar mayor atención a tus asuntos y no despreocuparte, ya que sólo así conseguirás salir a flote.

PELUCA:

Preocupación por esconder tus verdaderas intenciones bajo aspectos benévolos. Engaños, mentira, hipocresía.

PELUQUERO:

Si quien te atiende en el arreglo de tu cabello es persona limpia y elegante, es significado de prosperidad en tu trabajo o negocio. Un peluquero desaliñado y sucio indica todo lo contrario. Si el peluquero fueras tú, augurio de enfermedad.

PENA:

Si sueñas que sientes una profunda pena, recibirás inmediato consuelo. En el caso de que seas tú quien la provoca entre familiares, tú mismo serás quien la remedie entre las personas afectadas por ella.

PENDIENTES:

Es síntoma de relaciones y sentimientos superficiales. Infidelidad, problemas sentimentales, noticias desagradables. Si es uno: su perfil, su apariencia determinarán la importancia de las dificultades que deberás superar. Una joven que sueñe con unos zarcillos no tardará en contraer ventajoso matrimonio. Si se tratara de una casada, significa que tendrá disgustos con el esposo.

PENITENCIA:

Augura malas noticias, contrariedades, enojos familiares.

PENSAMIENTO:

Soñar con esta flor significa que en estos días alguien se acuerda de ti pero, además, incita a la reflexión y la meditación, tan esenciales para pensar bien.

PENSIÓN:

Soñar que vives en una pensión augura un período de aislamiento, de pesares, de separación afectiva, y también algunos problemas de salud.

PEÑASCO:

Si en el sueño te hallas en la cima de un peñasco, pronto se realizarán tus más queridos deseos. Si trepas a él, buen augurio para tus aspiraciones. Si sueñas que desciendes de él con violencia, señal de contrariedades.

PEPINILLOS:

Ciertos amigos tuyos te defraudarán con sus actitudes y su comportamiento. Tu sinceridad será puesta a prueba.

PEPINO:

Si comes pepinos en sueños, sufrirás penas sentimentales que dejarán profundas huellas en tu corazón. Ofrecérselos a una persona desconocida, señal de que, involuntariamente, motivarás penas o disgustos a un familiar o amigo a quien verdaderamente estimas.

PEQUEÑO:

Todo aquello que en sueños aparece más pequeño de lo natural indica diversas contrariedades en tus actividades y en tus proyectos, susceptibles de arrojar resultados diferentes de los deseados.

PERA:

Si la vemos en el árbol cuando ya está madura, augura éxito y felicidad, pero es anuncio de mala suerte que nos veamos comiendo una pera, pues están por venir contrariedades y malas noticias. También son indicio de separación y de penas cuando las vemos roídas por los gusanos.

PERCHERO:

Estás en un descanso entre dos períodos muy activos de tu vida. Tendrás que coger fuerzas para empezar a planear nuevos proyectos.

PERDER:

Si el que sueña ve que se pierde o se extravía en un camino o en una ciudad, es señal de obstáculos que se le presentarán inopinadamente. En cambio, si soñamos que hemos perdido alguna cosa, será augurio de un feliz hallazgo.

PERDIZ:

Este sueño revela relaciones y amistades placenteras. Matarla anuncia engaños o fraudes por parte de un amigo o socio. Comerla es signo de riquezas, aunque también depresión moral por algún suceso imprevisible.

PERDONAR:

Conceder el perdón a una persona por una mala acción que haya cometido es señal de penas y lutos.

PEREGRINACIÓN:

Estás pasando por unos momentos de intranquilidad y preocupación. Si te separas de los peregrinos, seguramente conseguirás alejar los pensamientos que te agobian.

PEREJIL:

Anuncio de ilusiones truncadas y falsas esperanzas.

PERFUME:

Si soñamos con perfumes agradables, significa que nos vamos a ver favorecidos por los actos de las personas que nos rodean, que vamos a alcanzar el éxito en las actividades profesionales y que conseguiremos lograr nuestros objetivos sin demasiado esfuerzo. En el caso de que el perfume que olemos sea desagradable, el sueño nos avisa de que tendremos algunas dificultades, pues personas con cuyo apoyo contábamos nos lo van a retirar, con lo cual nos será más difícil alcanzar el éxito. Pero éste llegará de todos modos a pesar de los inconvenientes.

PERGAMINO:

Tu posición se va a ver comprometida por serias contrariedades. Las inscripciones que aparecen sobre este documento te darán indicaciones más precisas. Surgirán litigios sobre tus bienes y posesiones. Temor de intervención judicial.

PERIÓDICO:

Es señal de comunicación y de noticias. A veces puede indicar el deseo que tienes de sufrir un cambio o la necesidad de buscar información para decidir sobre cuestiones que te tienen preocupado. También este sueño puede avisar de inminentes peligros a los que deberás estar muy atento.

PERIODISTA:

Vas a contar con toda la información necesaria para conducir adecuadamente tus negocios. La precaución exigirá que la mantengas en secreto para una mayor eficacia.

PERLA:

Soñar con perlas indica advenimiento de tristezas, penuria y hambre. Si estás ensartándolas para hacer un collar, el pronóstico no será tan lamentable, aunque de todos modos es señal de soledad, decaimiento y fastidio. Si las perlas fuesen falsas, pérdida de ilusiones.

PERRO:

Por lo general es el símbolo de la fidelidad y la compañía, como lo son los perros en la realidad. Sin embargo, hay que ser prudentes, ya que puede aparecer en nuestros sueños como fiel guardián de algo que deseamos, por lo que se pondrá en contra de nosotros. A veces representa el deseo que tenemos de ser amados y la necesidad de tener a alguien que comparta nuestra vida porque nos encontramos solos. Cuando es bueno y fiel, anuncia la paz en el hogar y la avenencia con los amigos. Si está perdido y resulta amenazante, nos avisa de que un peligroso y fuerte adversario nos va a perjudicar y nos causará problemas. Cuando nos vemos mordidos por un perro, augura el éxito a nuestros enemigos, lo que, por supuesto, será perjudicial para nuestros intereses.

PERSECUCIÓN:

Si persigues a una persona en sueños, padeces los inconvenientes de una decisión desacertada, graves errores que te ocasionarán sinsabores financieros. Si durante la persecución atrapas a tu adversario, tus preocupaciones disminuirán, aunque sufras algunos perjuicios.

Si resulta que eres tú el perseguido, significa que tus adversarios tratan de ser conciliadores en relación con la liquidación de un negocio, pero conviene que estés alerta para no ser víctima de ellos.

PERSIANAS:

Si están abiertas, se avecinan circunstancias felices. Tus gestiones serán provechosas para tus intereses. Si están cerradas, vendrá un período de soledad y pesares. Obligaciones familiares, separación afectiva, ruptura.

PERSONAJE:

Si sueñas que recibes la visita de un alto personaje, es señal de honor y consideraciones. En general, ver a una persona que ocupa altos puestos indica alegría y consuelo.

PÉRTIGA:

Tener éxito saltando con pértiga quiere decir que tus proyectos se concretarán de la mejor manera posible.

PESADILLA:

Las fronteras entre la pesadilla y el sueño son difíciles de precisar. Puede tratarse de un trastorno provocado por una fuerte emoción, una fiebre alta o una enfermedad. Sería interesante conocer la premonición en función de los aspectos sensibles de quien sueña.

PESCADO:

Dependiendo de la situación en que se encuentre, va a indicar cosas diferentes. En términos generales es bueno comer pescado, sobre todo si está asado. Cuando se presenta en conserva, es claro signo de que los proyectos que tenemos en marcha o los que vamos a empezar van a sufrir un retraso, aunque esto no nos impedirá alcanzar el triunfo con ellos. Si el pescado está en malas condiciones, supone penas y es un claro presagio de que la enfermedad va a hacer presa de nosotros o de alguna persona que nos es muy querida. El acto de pescar representa el deseo de ver cumplidas nuestras aspiraciones más secretas, para lo que debemos relajarnos y mostrarnos más naturales. Si aparece una pescadería, predice que vamos a tener problemas con nuestros socios en los negocios o con los compañeros de trabajo, lo que dañará nuestra situación financiera. Y, finalmente, si lo que aparece en el sueño es un pescadero, augura que alguien de nuestro entorno se va a aprovechar de nosotros y que tendremos que hacer todo tipo de concesiones para que se vean reconocidos nuestros derechos y nuestros méritos.

PESEBRE:

Si lo que se ve es un pesebre lleno, es seguridad de éxito y continuidad en tus negocios. Si está vacío, molestias y trastornos diversos harán peligrar tus bienes y la continuidad de tus actividades.

PESO:

Si soñamos que levantamos grandes pesos, nuestros esfuerzos merecerán un justo premio.

PESTAÑAS:

Si sueñas que tienes unas pestañas muy cortas, un acontecimiento inesperado te hará sentir una gran pena.

PESTE:

Si en sueños te ves atacado por esta enfermedad, pronto alcanzarás una envidiable situación debido a una herencia, regalo o suerte en la lotería.

PÉTALO DE FLOR:

Eres una persona de una sensibilidad extrema.

PETARDO:

Si eres tú mismo quien lo lanza en una reunión de gente, anuncia que debes perseverar en tu trabajo para llegar a alcanzar una situación envidiable.

PETICIÓN:

Un complot causará algunos perjuicios entre tus relaciones, mientras que a ti no te dejará en condiciones de reorganizar tus actividades.

PETIRROJO:

Es símbolo de una amistad discreta y sincera sobre la que deberías apoyarte.

PETRIFICACIÓN:

Este sueño indica que estás con las manos atadas para llevar a cabo los proyectos que deseas. Te conviene relajarte y poner en tus actos amor y ternura, pues sólo así solucionarás tus problemas. La vida será más fácil si eres capaz de poner las cosas en su punto justo.

PETRÓLEO:

Algunas relaciones a las que prestas poca atención te aportarán consejos útiles y apoyos serios para resolver un asunto delicado.

PIANO:

Ver un piano es indicio de próximas horas de felicidad. Oírlo tocar, si el fragmento interpretado es agradable, significa que recibirás buenas noticias. Un aire triste sería mal presagio. Cuando eres tú mismo quien lo toca y la interpretación es alegre y grata, y la ejecutas con placer y facilidad, quiere decir que tendrás grandes satisfacciones en tu vida íntima.

PICADURA:

Si sueñas que sufres picaduras de insectos, te verás inmerso en discusiones encarnizadas y virulentas debido a las rivalidades existentes.

PICAPORTE:

Agarrar un picaporte en sueños es signo de decisiones acertadas y eficaces. Si está deteriorado, fracaso, mala suerte.

PICHÓN:

Es un símbolo de amor sincero, de paz y bienestar.

PICNIC:

Indica que disfrutarás de la vida en familia.

PICO:

Soñar con esta herramienta significa que uno es persona activa y trabajadora. Si se trata del pico de una montaña, indicio de éxitos en nuestro trabajo.

PIE:

Unos pies limpios son señal de buenas amistades. Si están sucios, implica que frecuentas malas compañías de las que debes alejarte. Pies heridos o cortados, penas y sinsabores. Si están atados, es augurio de parálisis.

PIEDRA:

Siempre ha representado, por sus características físicas, la solidez y la perdurabilidad de las cosas y de los sentimientos pero, en general, es mal presagio. Cuando en un sueño aparecen piedras cuyo origen es volcánico, es símbolo del endurecimiento de los sentimientos. Aquellas que provienen de meteoritos indican que gracias a nuestra intuición vamos a ser capaces de llevar a cabo grandes proyectos. Usar una piedra de afilar es señal de que no vamos a proceder de forma adecuada en la resolución de problemas por falta de honestidad por nuestra parte. Si aparece la piedra pómez, es un aviso de que debemos prestar atención a los consejos que se nos dan, pues ellos nos pueden llevar a la resolución de conflictos que teníamos planteados. Cuando se es poseedor de piedras preciosas, es buen augurio, ya que indica que las circunstancias obran en nuestro favor; también nos dice que tendremos un considerable incremento en nuestras posesiones y que nuestros negocios prosperarán, así como que seremos objeto de premios y honores; pero en el caso de que perdamos las piedras preciosas, nos veremos sumidos en un período de mala suerte y de serias dificultades. Si nos vemos arrojando piedras, sean cuales sean sus características, a otra persona, el sueño prevé que vamos a pasar por momentos de vergüenza y humillación a causa de nuestros actos, que no serán acertados y nos perjudicarán gravemente. Cuando nos las arrojan a nosotros, es símbolo de humillaciones y en el caso de que nos veamos comiéndolas, sólo podemos esperar un rotundo fracaso en los negocios y, además, nos veremos rodeados por el rencor.

PIEL:

Si sueñas con una piel fina y saludable, indica alegría y serenidad. Si aparece avejentada y arrugada, puede ser el reflejo del temor al propio envejecimiento y augura contrariedades. Cuando sueñas con la piel de un animal, si ésta es valiosa y se utiliza para abrigar a las personas, es un sueño de buen agüero.

PIERNAS:

Verse con piernas mal formadas, enfermas, deformes, heridas o amputadas es presagio de dificultades cuya importancia estará relacionada con el estado de las piernas. Verse con una pata de palo es signo de mala suerte. Tu situación se verá gravemente comprometida por el fracaso de tus gestiones en un asunto delicado.

PIJAMA:

Simboliza la alegría del hogar, el placer de estar en casa. Debes desconfiar de los celosos.

PILA:

Si se trata de una pila de agua bendita, vaticina el fin de nuestras penas y aflicciones.

PILAR:

Eres consciente de tus responsabilidades y las asumes, usando los medios necesarios para ello.

PÍLDORAS:

Pueden ser síntoma de consuelo moral o desagrado, según el placer o el rechazo que experimentes al tomarlas.

PILLAJE:

Augura circunstancias cuyas consecuencias pueden ser nefastas para tu hogar y tus bienes.

PILOTO:

Va a haber cambios importantes en tus condiciones de vida que podrían modificar ciertas costumbres tuyas.

PIMIENTA:

Si sueñas con ella o la tomas como condimento en alguna comida, es señal de que algún peligro se cierne sobre ti.

PIMIENTO MORRÓN:

Denota cierto individualismo y un carácter agresivo y autoritario.

PINCHARSE:

Que tú mismo te pinches con una aguja en un sueño es un mal síntoma, ya que anuncia contrariedades, inestabilidad en tu actual situación y descrédito de tu persona.

PINGÜINO:

Vas a tener dificultades en los negocios que, por suerte, se van a solventar pronto.

PINO:

Soñar con pinos te asegura un buen estado de salud. En el caso de que soñaras que los están cortando, es augurio de malas noticias.

PINTAR:

Si es uno mismo quien pinta, es señal de larga vida. Ver pintar a otra persona significa que tendrás un afortunado encuentro con un amigo.

PINTOR:

Si en sueños te ves como un pintor, quiere decir que el reconocimiento de una tarea ardua llegará a su debido momento. Tus méritos serán apreciados y tu posición social estará de acuerdo con tus deseos.

PINTURA:

Si el tipo de pintura que vemos en el sueño es realista y en el cuadro se ven claramente los paisajes o personas, es un magnífico presagio. Pero si la imagen representa en cambio un tipo de pintura incomprensible e indescifrable, lo debemos interpretar como un mal augurio. También debemos dar diversos significados al sueño en función de los colores que encontremos en la pintura: los claros y luminosos son buen augurio y los oscuros, malo.

PINTURA (maquillaje):

Si eres tú quien se pinta, significa que te va a costar disimular tus verdaderas intenciones con respecto a los demás. Si ves pintarse a otras personas, esto implica engaños, deslealtad, doblez, traición de quienes te rodean.

PIÑA:

Si haces uso de la paciencia, lograrás tus metas. Cuando te ves comprando una, indica alegría en la familia y la posibilidad de hacer un largo viaje que será muy agradable.

PIOJO:

Quien sueña con piojos recibirá dinero en abundancia.

PIPA:

Augura una época de bienestar interior, serenidad ante los acontecimientos de tu vida, sabias decisiones, acción lenta pero minuciosamente meditada. Romper la pipa sería de mal augurio.

PIRAGUA:

Tendrás que tomar medidas si quieres librarte de aquello que te molesta.

PIRÁMIDE:

Tendrás ambiciones o proyectos que no están en relación con los medios de los que dispones. Tus fuerzas se agotarán al tratar de alcanzar una calidad inaccesible. Problemas conyugales.

PISADA:

Si ves huellas de pisadas en sueños, o bien sin verlas las oyes, significa que llevarás a cabo un asunto que puede beneficiarte mucho, que descubrirás un importante secreto que no esperabas, o tal vez que serás víctima de una gran traición por parte de personas muy queridas.

PISAPAPELES:

Tienes que ser más prudente en tus gestiones. La sensatez deberá imponerse sobre la audacia irreflexiva de tus adversarios.

PISAR:

Soñar que pisas el suelo, yendo descalzo, es anuncio de jugosos negocios.

PISCINA:

Cuando es de agua limpia, verla o estar metido en ella es señal de cosas gratas. Si el agua estuviera turbia, vaticina contrariedades y disgustos.

PISO:

Si el piso está en buen estado, es síntoma de desahogo en el hogar. Sin embargo, si está sucio o deteriorado, cuídate de las desavenencias familiares.

PISTA:

Por fin vas a tener medios para resolver tus dificultades; tendrás perspectivas de desaparición de tus preocupaciones, aunque la tarea no resultará muy fácil.

PISTOLA:

Surgirán oposiciones en tu ambiente familiar o profesional. Exigencias laborales o financieras te impondrán gestiones indispensables para proteger tus intereses. Un arma encasquillada es señal de mala suerte.

PISTÓN:

Según el estado de esta pieza y del uso que de ella se haga, este sueño destaca la necesidad de examinar más atentamente los temas relacionados con tus actividades. De otro modo, por negligencia al considerar ciertos detalles que parecen secundarios, corres el riesgo de fracasar en tus gestiones.

PIZARRA:

Soñar con una pizarra anuncia obstáculos imprevisibles.

PLAN:

Si en sueños has concebido un buen plan de trabajo o de negocios, no dudes en ponerlo en práctica, ya que posiblemente sea un éxito.

PLANCHA:

Augura una época de trabajo y perseverancia.

PLANCHAR:

Si en el sueño estás planchando ropa, tus relaciones con la familia van a ir a mejor. Los aspectos negativos se atenuarán para dar paso a relaciones afectivas más ricas.

PLANETA:

La visión de un planeta, en un sueño, anuncia cambios importantes en tu situación. Sucesos positivos o negativos influirán inevitablemente sobre tu forma de vivir.

PLANTA:

Los sueños donde aparecen plantas auguran una salud magnífica y una buena marcha de los negocios y en la vida laboral.

PLANTACIÓN:

Encontrarse en una plantación indica que pronto tendrás la eficaz ayuda de una persona con quien no contabas.

PLATA:

Este sueño augura que obtendrás un beneficio importante a través de una mujer, o que será ella misma la que te beneficiará. Riqueza, próximas ganancias y prosperidad en los negocios.

PLÁTANO:

El plátano es un símbolo sexual masculino, lo que además queda acentuado por su dulzura y su procedencia de países cálidos.

PLATO:

Se trata de un sueño favorable si el plato está lleno. Seguridad de riqueza y desahogo económico. Un plato vacío o roto augura, sin embargo, dificultades financieras, inconvenientes y ataques familiares.

PLAYA:

Soñar con una hermosa playa, suave y arenosa, vaticina alegrías y fiestas. Si aparece llena de guijarros, inconvenientes de los que saldremos apenas nos lo propongamos. Si lo que soñamos es que llegamos a una después de un naufragio, es un claro símbolo de salvación y de que vamos a alcanzar la seguridad que veníamos persiguiendo desde hace tiempo.

PLAZA:

Encontrarte en una plaza en sueños es indicio de que las molestias o inconvenientes que ahora te preocupan no tardarán en desaparecer.

PLEITO:

Es síntoma de pérdida de tiempo y dinero.

PLOMADA:

Tus decisiones han sido bien reflexionadas, tus actos son equilibrados y eficaces.

PLOMO:

Si sueñas con plomo, indica que hay cierta incomprensión por parte de tu pareja.

PLUMA:

Las plumas blancas auguran dinero. Las negras, estancamiento en la felicidad que esperabas. Amarillas, disgustos. Verdes, quebrantos. Sucias, desgracias. Verlas volar, señal de fiestas.

PLUMERO:

Vas a depender de personas que no te van a tratar bien.

POBRE:

Ver en sueños a un pobre mendicante es significado de buena fortuna para ti, máxime si le ayudas con una limosna. Si eres tú mismo el pobre, es un indicio de felicidad pasajera.

POCILGA:

Toma precauciones en tus negocios si no quieres verte con innumerables preocupaciones.

PODAR:

Si sueñas que estás podando un árbol o un arbusto, quiere decir que debes escoger con cuidado nuevas amistades.

PODREDUMBRE:

Soñar con alimentos podridos es una advertencia de que deberías cuidar tu salud.

POEMAS:

La interpretación de este sueño debe tener en cuenta el tema y el mensaje implícito en él.

POLEA:

Contarás con una valiosa ayuda para arreglar un asunto delicado.

POLICÍA:

Augura relaciones difíciles con tus allegados. Innumerables preocupaciones que degenerarán en penosas discusiones. En el campo de los negocios vas a experimentar pérdidas muy importantes y fracasos económicos que van a afectar a gran parte de tu vida.

POLIGAMIA:

Vas a pasar una época de humor y carácter inestables. Indecisión, inconstancia o infidelidad amorosa.

POLILLA:

La negligencia te hará ignorar riesgos monetarios de poca importancia, pero cuya repetición acarreará daños nocivos para tus intereses.

POLÍTICA:

Indica que te defraudarán todas las personas en las que habías depositado tus esperanzas, ya sean de tu círculo privado o apenas conocidas. El sueño recomienda gran prudencia a la hora de manifestar tu personalidad, ya que cualquier debilidad va a ser aprovechada por tus enemigos.

POLLITOS:

Este sueño revela la necesidad o el deseo de prodigar tu afecto, o bien la aspiración al matrimonio y la maternidad.

POLLO:

Soñar con un pollo blanco es señal de la próxima llegada de algún hijo o de parientes muy allegados. Si ves muchos pollos, reunidos, cuídate de los chismes.

POLVO:

Se trata de un sueño de mal agüero que sólo predice desgracias. Éstas serán mayores o menores según la cantidad de polvo que aparezca. Si se muestra en abundancia, significa que se avecinan desgracias gravísimas en la vida de quien sueña, situaciones que incluso te harán tomar un rumbo completamente diferente. Mala suerte en los negocios y desgracias en general.

POLVORÍN:

Anuncia que graves amenazas pesan sobre la estabilidad de tu situación. Si ves estallar el polvorín, es señal de grandes desgracias.

POLVOS (cosmética):

Tienes un deseo de enmascarar ciertas verdades bajo un aspecto agradable para el espíritu.

POMELO:

Tus relaciones afectivas sufrirán los altibajos de humor de tu pareja y los azares de la vida cotidiana.

POPA DE UN BARCO:

Si en el sueño te encuentras en la popa de un barco, quiere decir que sientes tristeza por las amistades perdidas. Meditaciones constructivas sobre el devenir. Te encuentras en la frontera de un nuevo destino.

PORCELANA:

Si sueñas con objetos de porcelana, tiene el significado de un próximo casamiento. Si las figurillas o platos estuvieran rotos, amenaza de pleitos, desavenencias y contrariedades.

PORRA:

Exigencias externas te obligarán a utilizar medios que resultan desproporcionados para el objetivo en sí. La eficacia de tu acción se apreciará cuando hagas entrar en razón a tus enemigos.

PORTAFOLIO:

Si llevas un portafolios en sueños, lo más probable es que te encuentres agobiado por deudas y compromisos.

PORTAMONEDAS:

Debes procurar dedicarte con más cuidado a tu trabajo o negocios; de lo contrario, se irán a pique.

PORTERO:

Soñar con el portero de nuestra casa es señal cierta de chismorreos y maledicencias.

PÓRTICO:

Si ves un pórtico cerrado, significa que tus gestiones serán infructuosas, decepción, desilusión. La amistad se verá comprometida. Apremios financieros. Si, por el contrario, está abierto, te brindarán ayuda y comprensión.

POSADA:

Si te encuentras allí en el sueño, quiere decir que después de un período de penas y sinsabores va a venir un cambio favorable a tu vida. Tendrás éxito en tus gestiones y triunfarás sobre tus adversarios.

POSADERO:

Las relaciones amables con quienes te rodean no deben disminuir la desconfianza indispensable para la continuidad de tus negocios.

POSTIGOS:

La imagen de unos postigos cerrados es sinónimo de tristeza y pena, de desconfianza e inseguridad. Si están abiertos, indican confianza, felicidad y alegría de vivir.

POSTIZO:

Si sueñas con postizos, pelucas, barbas, bigotes, etc., pronto te darás cuenta de que una persona en quien confiabas te está engañando.

POSTRE:

Tendrás un momento de relajación y apoyo sincero por parte de una persona querida en un período complicado y agitado de tu vida.

POTRO:

Te hallas en un momento de gran felicidad para las relaciones afectivas y el círculo familiar.

POZO:

Por regla general, ver un pozo es un buen augurio, ya que pronostica que vas a tener éxito económico y te dice también que es un buen momento para iniciar negocios. Si aparece lleno de agua, predice que tu posición social se va a ver muy favorecida y si lo que sueñas es que sacas agua de él, vaticina que pronto vas a entablar nuevas relaciones muy beneficiosas. Sin embargo, ver el pozo agotado y en malas condiciones no augura nada bueno, ya que predice una época de mala situación económica y serios conflictos en otros terrenos. Si caes en uno, es señal inequívoca de fracaso, por lo que en este caso se recomienda mucha astucia.

PRADERA:

Es un momento muy adecuado para probar suerte con los juegos de azar, siempre y cuando lo hagas con prudencia.

PRECIPICIO:

Ver un precipicio siempre supone que vamos a tener fracasos en el mundo de los negocios ocasionados por fuertes trabas insalvables. En nuestra vida profesional no es de esperar nada bueno, ya que nos veremos amenazados por competidores que serán más fuertes que nosotros y nos ganarán la partida. En el campo afectivo y familiar estaremos tan rodeados de problemas que no sabremos por dónde empezar a solucionarlos. Sólo en el caso de que nos alejemos del precipicio, veremos que las cosas se empiezan a arreglar y recuperaremos nuestra confianza.

PREDICADOR:

Soñar con un predicador en un sermón dando buenos y hermosos consejos es señal de alegría para tu alma y contento para tu corazón.

PREGONERO:

Ver al pregonero lanzar su pregón en la plaza del pueblo indica desavenencias conyugales. Procura andar con el mayor tacto para evitarlas.

PREGUNTAS:

Si en sueños te las hacen a ti, es indicio de curiosidades y torpes recelos.

PREMIO:

El valor de las cifras que puedas recordar debería definir la premonición.

PRENDA:

Si en sueños recibes algo en prenda, en una situación difícil y compleja, poseerás argumentos suficientes para preservar tu posición y hacer que tus adversarios respeten tus derechos. Si das algo en prenda, quiere decir que algunas promesas o un compromiso irreflexivo amenazan con perjudicar el resultado de un asunto delicado.

PRENSA:

Tus proyectos se convertirán en realidad y podrás contemplar el futuro bajo mejores auspicios.

PRESIDENTE:

Si se trata del presidente del gobierno, significa que las esperanzas de un empleo para el cual habías recurrido a varias influencias no se concretarán. Si es el presidente de una empresa, augura circunstancias favorables e imprevistas de las que surgirán perspectivas diferentes de las que habías considerado, y que supondrán un éxito inesperado.

PRESTAMISTA:

Si en sueños se te aparece un prestamista, ten por seguro que habrá un cambio favorable en tu vida. Si por cuestiones de dinero sueñas que estás peleándote con él, deberás rectificar tu actual conducta con tus familiares, ya que con ellos te estás portando incorrectamente.

PRESTIDIGITADOR:

Guárdate de familiares o amigos que quieren aprovecharse de tu bondad para jugarte una mala partida.

PRIMAVERA:

Este sueño indica que tras un período difícil por el que has pasado o estás pasando va a abrirse ante ti un futuro prometedor lleno de esperanzas y de alegrías que también te será beneficioso en el terreno material.

PRIMO:

Si se sueña con un primo, es señal de que pronto habrá un matrimonio en el seno de la familia. Soñar con una prima significa que tendrás alguna aventurilla amorosa, pero con una persona que no será de tu conveniencia.

PRÍNCIPE:

Este sueño te aconseja que pongas los pies en el suelo y que no te embarques en proyectos que son imposibles de realizar.

PRISIÓN:

Soñar que una persona amiga tuya se halla en prisión significa que ésta acaba de conseguir una mejor situación en su actual estado. Estar uno mismo internado en la cárcel anuncia que debes cuidarte de ciertas amistades que pueden perjudicarte.

PRISMÁTICOS:

Si eres tú quien mira por los prismáticos, significa que conducirás tus empresas con gran clarividencia y no descuidarás ningún detalle que resulte necesario para una evolución positiva. No ignorarás nada sobre el comportamiento de tus adversarios. Si eres observado con prismáticos en sueños, corres el riesgo de ser molestado por gente celosa y mezquina, habladurías ociosas e inoportunas.

PROA DE UN BARCO:

Vas a sufrir cambios importantes que borrarán un largo período de preocupaciones y pesares. El renacimiento de tus esperanzas y una nueva concepción de tus proyectos modificarán favorablemente el resultado de tus esfuerzos.

PROCESIÓN:

Presenciar el desfile de una procesión es señal de felicidad y larga vida. Formar parte de ella augura un brillante porvenir.

PROFANACIÓN:

Profanar en sueños un lugar sagrado es muy mal presagio. Ciertos actos irreflexivos e incontrolados te causarán desastres irreparables.

PROFECÍA:

No se debe hacer caso de las profecías que se nos presenten en sueños, a menos que se manifiesten con toda claridad.

PROFESOR:

Si sueñas que eres un profesor y que impartes clases a tus alumnos, esto significa que no tardarás en salir airoso de las preocupaciones y problemas que tienes en la actualidad.

PROHIBICIÓN:

Se trata de una advertencia de un próximo peligro contra el cual sería deseable que estuvieras prevenido.

PROMESA:

Si te hacen una promesa en sueños, no confíes demasiado en la actitud de los demás. Si eres tú quien hace la promesa, significa que darás pruebas de deslealtad en tus palabras y en tus actitudes, por lo que tu entorno se volverá hostil.

PROMETIDO:

La persona que sueña que se ha prometido no tardará en recibir bendición nupcial.

PROPIEDAD:

Si en sueños ves que, por herencia o regalo, recibes en propiedad una casa o un terreno, es anuncio de boda.

PROPIETARIO:

Si eres propietario en sueños de una o varias casas, significa que tu actual estado de vida cambiará. Soñar con el propietario del inmueble en el que vives es síntoma de próximas contrariedades en el trabajo.

PROPINA:

No desdeñes los pequeños consejos, pues podrían ayudarte a evitar algunos trastornos.

PROSTITUTAS:

El sueño relacionado con prostitutas es señal de ambigüedad, por lo que deberemos tener muy claras las ideas que vamos a llevar a cabo, ya que los negocios se nos presentarán dudosos y la vida afectiva tampoco aparece con demasiada claridad.

PROTECCIÓN:

Solicitar protección de alguien indica fracasos y humillaciones. Si eres tú quien la ofrece a otra persona, indica que tal vez uno mismo tenga que solicitarla.

PROTESTA:

Tanto si eres tú quien protesta como si ves a un grupo de personas protestando, este sueño te anuncia que vas a pasar dificultades para pagar tus deudas y cumplir con tus compromisos.

PROXENETA:

Si realizas operaciones ilícitas, serás usado y explotado sin darte cuenta.

PROYECTIL:

Si resultas víctima de un proyectil, significa que, ante nuevas situaciones, sufrirás por tu timidez.

PROYECTOR:

Vas a descubrir secretos que tendrás que revelar para que no repercutan en tu trabajo.

PRUDENCIA:

Si sueñas que te comportas prudentemente en algún acto de tu vida, debes procurar continuar haciéndolo en la vida real.

PUENTE:

Soñar con puentes siempre indica un cambio en la situación que estamos viviendo y debemos entender que vamos a concluir un período de nuestra vida para entrar en otro que en ocasiones será más importante. Cuando es un puente sólido y bien construido, es muy buen augurio, ya que nos dice que debemos avanzar sin miedo, pues estamos en un magnífico momento en el que cualquier cosa que hagamos nos saldrá bien. Si vemos que entramos en un puente pero encontramos trabas, quiere decir que en la nueva etapa de nuestra vida nos encontraremos con dificultades, pero que a pesar de todo conseguiremos llegar a la otra orilla salvándolas y lo que aparece ante nosotros es todo de signo positivo. Sólo en el caso de que nos encontremos un puente en malas condiciones, habremos de temer dificultades. Por último, pasar por debajo es de mal agüero, pues presagia fracasos.

PUERRO:

Vas a causar graves peleas familiares.

PUERTA:

Cuando la encontramos cerrada, es símbolo de fracaso y desavenencias afectivas. Si la vemos abierta, es señal de felicidad y suerte. Si está en malas condiciones, es un mal augurio, pues veremos afectadas negativamente nuestras posesiones y nuestros negocios empezarán a marchar mal, en el terreno afectivo tendremos problemas y seremos víctimas del desamor.

PUERTO:

Soñar con un puerto, al ser un punto de entrada y salida, tiene una estrecha relación con el nacimiento y la muerte. Generalmente es un buen augurio, pues pronostica modificaciones en nuestra forma de vida que nos conducirán por caminos felices y exitosos.

PULGA:

Simbolizan pequeñas molestias y trastornos diversos. Las relaciones con las personas de tu entorno se ven contrariadas por palabras malévolas.

PULMÓN:

Si en sueños te duelen los pulmones, es anuncio de enfermedad. Ver el pulmón de un animal en una carnicería significa que recibirás una inesperada visita no deseada pero que podrá favorecerte.

PÚLPITO:

Si en el sueño te encuentras encima de un púlpito, significa que pronto recibirás una agradable sorpresa.

PULPO:

Soñar con un pulpo es muy mal presagio. Amenaza un peligro próximo. Tus adversarios intrigan y atentan contra tus intereses.

PUNTAS:

Todas las cosas puntiagudas tienen un parentesco simbólico con su propia forma, es decir, simbolizan una agresión, real o potencial.

PUÑAL:

Te advierte de actos malévolos que pueden llegar a perjudicarte. Rencor, celos. Si lo usas vencerás a tus adversarios pero, aun así, esto dejará secuelas en tus negocios. Si eres herido, recibirás malas noticias, posiblemente la pérdida de un pariente, de una situación ventajosa o una ruptura afectiva.

PUÑETAZO:

Dar o recibir puñetazos es indicio de que tu libertad peligra.

PUÑO:

Se trata del símbolo de la amenaza, la tozudez y la tacañería. Augura peleas y deberemos temer actos de venganza que se perpetrarán contra nosotros. No debemos hacer caso de los rumores. A causa de malas gestiones ajenas a nosotros, tendremos problemas económicos que deberemos afrontar con serenidad.

PUPILA:

Si son grandes, pronto recibirás gratas noticias de una persona que desde hace mucho tiempo no has visto ni tratado. Pupilas pequeñas, señal de indiferencias y desprecios.

PUPITRE:

Es un presagio de cambio de condición en un futuro próximo.

PURÉ:

Soñar con puré indica preocupaciones financieras y desamparo moral.

PURGATORIO:

Es augurio de mala suerte y de desgracia. Cambios importantes, con un período de crueles sufrimientos. Enfermedad, desamparo moral.

PÚRPURA:

Si se sueña con este color, es anuncio de honores, triunfos y dulces amores que serán correspondidos.

PUS:

Recibirás malas influencias de algunos de los tuyos en la conducción de tus asuntos. Tus relaciones afectivas se deteriorarán.

PÚSTULAS:

Ciertos desacuerdos con tus allegados te llevarán a adoptar actitudes negativas u hostiles, que incidirán, sin embargo, sobre el éxito de tus proyectos.

QUEBRAR:

Soñar que quiebras un objeto indica mala suerte, acontecimientos desagradables, desavenencias, separación o contrariedades inoportunas. También augura fracaso en los negocios y pérdidas económicas.

QUEHACERES DOMÉSTICOS:

Realizarlos indica un deseo de apartar las contrariedades, las numerosas preocupaciones que te abruman.

QUEJA:

Presagia próximas dificultades que influirán negativamente en tus afectos y tus finanzas. Problemas afectivos y económicos. Nos espera un período de soledad y abandono. La salud también se resentirá. Debes procurar no inmiscuirte en casos o asuntos de otras personas, llevado por tu espíritu conciliador, ya que no te aportará beneficio alguno.

QUEMADURAS:

Si nos soñamos con quemaduras en el cuerpo o percibimos su dolor, lo primero que debemos hacer al despertar es comprobar la posible existencia de una inflamación o enfermedad inflamatoria tan incipiente que en estado de vigilia todavía no haya dado señales de su existencia. De no ser así, las quemaduras siempre presagian disputas que pueden desencadenar la pérdida de bienes o de amistades. Para otros, vernos en sueños quemados o quemándonos sugiere que en nuestras actividades estamos manteniendo un ritmo muy alto, por lo que se nos aconseja bajarlo para no llegar a situaciones de estrés que serían perjudiciales. Se recomienda calma y serenidad.

QUEMAR:

Quemar en sueños un objeto, forraje, una vivienda o cualquier otra cosa de valor es mal presagio. Indica preocupaciones financieras, pérdida de dinero o de bienes, separaciones o rupturas.

QUEPIS:

Cuando lo lleva una persona, es de mal augurio porque presagia dificultades en todos los frentes, mientras que si lo vemos colgado de una percha o guardado, significa que dichas dificultades se van a superar. En este caso presagia tranquilidad y paz.

QUERELLA:

Si la querella es entre hombres, vaticina celos. Entre mujeres, penas y tormentos. Si es entre un hombre y una mujer, relaciones amorosas.

QUERIDA:

Una querida o amante que aparezca en sueños indica que habremos de dedicar más tiempo y amor al cuidado de nuestro hogar.

QUESO:

Soñar con queso bueno indica desahogo financiero y comodidad en el hogar. Tus recursos tendrán el nivel adecuado para permitirte contemplar el porvenir con serenidad. Las penurias pasadas se borrarán. Si el queso está en mal estado o es de mal gusto, presagiaría malestares y dificultades económicas.

QUIEBRA:

Éste es uno de los muchos sueños cuyo significado suele ser el opuesto. Así, declararse en quiebra en sueños, sin tener en cuenta los elementos oníricos complementarios, puede significar la esperanza de una notable mejora en tus condiciones de vida, mejores posibilidades financieras, actividades profesionales fructíferas y ganancias de dinero.

QUIJADA:

Unas quijadas perfectas vaticinan buena salud y afectos sinceros. En el caso de que la quijada apareciera rota, anunciaría un accidente, aunque no grave. Si fuera mujer la que sueña con una rota y hasta sangrante, tendrá un altercado con una persona allegada.

QUIMONO:

Soñar con un quimono indica que gracias a nuestra constancia y valor veremos que triunfamos ante nuestros adversarios en situaciones muy difíciles. Es un buen momento para entablar relaciones sentimentales.

QUINIELA:

Jugar a la quiniela anuncia esperanzas frustradas. Si aciertas y obtienes un premio, es claro indicio de problemas de dinero.

QUINTA:

Una quinta frondosa, con hermosos trigales o plantaciones, es augurio de bienestar, herencia o enlace ventajoso.

QUIOSCO:

Si es un quiosco de música, indica consuelo para el alma, paz para el corazón y nostalgia de antiguos recuerdos. Si es de periódicos y revistas: acontecimientos que te obligarán a tomar una decisión en uno u otro sentido.

QUISTE:

Deberás ser rápido en la toma de decisiones respecto a tus asuntos, ya que de otro modo tendrás algunos disgustos. Hay cosas que requieren de tu urgente atención.

QUITANIEVES:

Soluciones inesperadas te permitirán reactivar proyectos condenados a la inercia. Esperanza de próximo éxito.

QUITAR (la mesa):

Preocupaciones familiares, disolución de una pareja, posible divorcio, enfermedad y miseria moral.

RÁBANO:

Soñar con rábanos anuncia próximas y gratas noticias. Comerlos, indicio de vida apacible y serena. Si la persona que sueña está enferma, pronto alivio.

RABO:

Quien sueñe con un rabo recibirá muy buenas noticias o bien un inesperado obsequio.

RADIO:

Oír la radio indica noticias susceptibles de modificar tu situación actual.

RADIOGRAFÍA:

Una persona de tu entorno que te aprecia te revelará hechos o circunstancias cuya gravedad ignorabas. Por tu propio interés tendrás que tomar ciertas medidas indispensables para mantener las buenas relaciones.

RÁFAGA DE VIENTO:

Contrariedades penosas y repentinas crearán inestabilidad en tu vida. Deberás emprender ciertas acciones, indispensables para disminuir los riesgos con los que te enfrentarás en tus gestiones.

RAÍCES DE ÁRBOL:

Son símbolo de contrariedades diversas, de las innumerables preocupaciones de la vida cotidiana, pero también de la estabilidad de una situación según sea el tamaño, el grosor y las circunstancias. La visión de las raíces de un árbol durante un sueño deberá ser interpretada considerando el contexto. Por ejemplo, raíces de un árbol de follaje espeso, florido o cargado de frutos: en este caso es favorable e indica un largo período de estabilidad y tranquilidad. Si el árbol está desnudo y seco: mala suerte, infortunio.

RALLADOR – RALLAR:

Indica penas y pesadumbre. Las amistades te decepcionan. Esfuerzos poco productivos o negativos para tus negocios.

RAMAJE – RAMAS:

Con follaje verde y espeso: progreso en la solución de tus dificultades, profundas esperanzas en la continuidad de mejores circunstancias. Ramas y follaje secos: amargas decepciones, fracaso.

RAMERA:

Cualquier mujer pública que se nos aparezca en sueños augura honores y beneficios que habremos de recibir.

RAMILLETE:

Recibir un lindo ramillete en sueños predice pequeñas satisfacciones. Si eres tú quien lo ofrece, falsa noticia.

RAMO (de flores):

Un ramo o un ramillete de flores siempre es una llamada al amor y al sentimiento, ya sea porque lo deseamos o porque lo presentimos. Pero que contenga las flores que adoramos o detestamos y que estén lozanas o mustias son detalles que nos indicarán si el mensaje del sueño es favorable o desfavorable.

RANA:

Oír el croar de las ranas indica que debes desconfiar de personas que te rodean y te halagan, ya que pueden perjudicarte con sus envidas. Si sueñas que las comes, símbolo de prosperidad.

RAPTAR:

Ser raptado presagia mala suerte en los negocios. Tus rivales tratan de perjudicarte por medios dudosos o ilegales. Raptar a una persona amada: éxito en el campo afectivo, promesa de unión feliz y duradera. Raptar a una persona desconocida: mala suerte, peligro cercano. Asistir al secuestro de alguien: acontecimientos imprevistos te sorprenderán y provocarán un clima pasional, perjudicial para tus intereses.

RAQUETA:

Ver una raqueta en sueños siempre implica contrariedades y disgustos, así como chismes sobre los secretos de la familia.

RASCACIELOS:

Verlo o entrar en él siempre augura éxitos, comienzo de proyectos importantes y esperanzas cumplidas. Otra cosa es que sueñes que se derrumba, lo que es sinónimo de fracaso, mala suerte y desesperación.

RASCAR:

Si sueñas que te rascas, significa que los resultados obtenidos en tu trabajo crean envidias y celos en tu entorno. Lograrás desbaratar los ardides en tu contra.

RASGAR (documentos):

Es síntoma de decepción, trabas, penas y pesares, contrariedades en los negocios, proyectos retrasados.

RASGUÑO:

Vas a sufrir contrariedades por culpa de los tuyos. Te verás afectado por celos, maldad, desaprobación, reproches y engaños.

RASO:

Desahogo financiero, comodidad en el hogar, éxito en tu vida íntima, alegría familiar.

RASTRILLO:

Utilizarlo en sueños es un excelente presagio. Reúnes todas las condiciones para tener éxito. Los elementos equívocos de un pasado dudoso han desaparecido a cambio de perspectivas agradables y promesas de prosperidad.

RASTRO:

Todo rastro de manos, de pasos, de pintura, de tinta, etc., te señalará cierto comportamiento particular en tu entorno, que puede provocar choques o rivalidades por celos. Maldad, despecho. Las molestias pueden llegar a perturbar tu relación.

RATA:

Soñar con ratas o ratones indica siempre robo o engaño. Deberás ser muy precavido en los días sucesivos. Hay gran peligro de que seas objeto de un robo. También puede indicar traiciones, por ello cuídate de quienes te rodean, de los empleados que tratan de perjudicarte. Y también de algún amigo de los que te agasajan, ya que lleva malas intenciones.

RAYA (el pez):

Vas a tener que desbaratar los ardides de ciertos compañeros si deseas unas mejores condiciones.

RAYAR:

Tus intereses financieros se verán afectados. Problemas de salud, cansancio moral.

RAYO:

Simboliza las circunstancias que nos son impuestas y que por alguna razón somos incapaces de eludir. Significa inmediatez y que los sucesos que esperas se van a producir en un plazo de tiempo muy corto. También avisa de que vas a recibir noticias inesperadas. Es negativo verlo caer sobre alguna de nuestras propiedades, pues significa que nuestros bienes resultarán dañados. Cuando sólo vemos su luz, clara y precisa, predice que vamos a comenzar una nueva época de nuestra vida que va a ser favorable para nosotros.

REBAÑO:

Para la gente que vive del campo, soñar con rebaños en buenas condiciones es símbolo de riqueza, y si éstos no tienen buen aspecto, predice fracasos y pérdidas económicas. Sin embargo, para el resto de las personas el sueño avisa de que tenemos una personalidad débil y de que nos escondemos entre los demás para que nuestras carencias no sean visibles. Éste es un sueño muy frecuente entre las personas que viven en grandes ciudades.

REBELIÓN:

Encontrarse en esta situación permite suponer graves conflictos de autoridad. Tendrás ciertos choques con tus superiores jerárquicos o con personas influyentes. Las apreciaciones posteriores serán contrarias a tu causa. Las conclusiones serán funestas para tu destino.

REBOSAR:

Si en sueños ves rebosar un recipiente, tendrás perjuicios financieros sin consecuencias graves.

REBUZNO:

Oír rebuznar es síntoma de noticias desagradables, de rumores chocantes.

RECAUDADOR:

Puede significar que entras en dificultades con las autoridades legales, o con personas poderosas que tienen influencia sobre tus negocios. Preocupaciones de dinero, apremios financieros.

RECETA:

Es posible que te venga bien un cambio en el modo de actuar. Piensa que puede que no seas dueño de todas las verdades.

RECIBIR:

Si recibes un ramo de flores, simboliza una buena y firme amistad de la persona que te las envía. Si se trata de la visita de algún desconocido, procura desconfiar de alguien extraño que pueda visitarte ofreciéndote lucrativos negocios.

RECIBO:

Recibirlo significa que la prudencia con la que actúas hará que se aprueben y justifiquen tus gestiones o tus propósitos. Darlo quiere decir que tus acciones no serán discutidas. Deberás tomar sabias precauciones contra la mala voluntad de tus rivales.

RECIPIENTE:

Según el contenido y su cantidad, así como el uso al que esté destinado, podrás definir la premonición. Un recipiente lleno es sinónimo de suerte y éxito, de un feliz porvenir. Vacío, de infortunio, mala suerte, enfermedad. Roto, de tristeza, angustia y separaciones afectivas.

RECLINATORIO:

Soledad moral, desamparo, pesares.

RECLUTA:

Si te ves vestido con el uniforme de recluta, pronto volverá la paz entre marido y mujer o con la persona con quien te has prometido.

RECOMPENSA:

Si es hombre quien sueña que recibe una recompensa, obtendrá un valioso obsequio. En caso de ser mujer, es un símbolo de grata satisfacción y contento, ya que su amor será correspondido.

RECONCILIACIÓN:

El sueño significa lo que significa en realidad. Indica que vamos a tener unas relaciones personales muy favorecidas y felices. Por otro lado, si rechazamos una reconciliación, se nos avecinan problemas familiares y afectivos.

RECORTAR:

Se presentan problemas, reproches, discusiones. Intenciones malévolas cuestionarán tu integridad y tu saber.

RED:

Es la representación más clara del deseo y del egoísmo en el terreno sentimental. Cuando la vemos significa que tenemos grandes deseos de apoderarnos de cosas que tienen los demás o de quitarles el amor de otras personas para que nos lo den a nosotros. Si estamos atrapados en una red, es aviso de que vamos a ser víctimas de falsedades y traición. Es una clara señal de que tenemos problemas en el terreno afectivo, en el que no nos sentimos lo suficientemente seguros, situación que desencadenará escenas penosas de celos y discusiones que no llevarán a ninguna parte y con las que haremos mucho daño a las personas que queremos. No debemos exigir a los demás más de lo que pueden darnos.

RED DE CAZAR MARIPOSAS:

Habrá novedades agradables, alegrías de corta duración. Un encuentro amoroso te brindará placeres pero sin continuidad.

RED DE PESCA:

Una red repleta de peces augura prosperidad en tus negocios, mejora en tu situación. Si está vacía es síntoma de mala suerte. Fracaso de tus empresas, se avecinan apremios financieros.

REDUCTO:

Si se sueña con un reducto, es señal de que los envidiosos y enemigos que nos amenazaban pronto habrán de caer eliminados.

REEMBOLSO:

Si realizas un reembolso en sueños, significa que los litigios llegarán a su fin marcando así la terminación de tus preocupaciones por un asunto delicado.

REENCONTRAR:

Se van a modificar favorablemente los acontecimientos, y esto permitirá abrigar esperanzas de solucionar tus problemas.

REFORMATORIO:

Es síntoma de trabas familiares o profesionales, discusiones, litigios, apremios ante la justicia, riesgo de proceso.

REFUGIO:

Este sueño indica que vamos a recibir un apoyo que nos permitirá salir de momento de una mala situación en la que nos hemos metido. Si soñamos que estamos buscando uno, augura que pasaremos por momentos delicados llenos de preocupaciones y contrariedades, mientras que si conseguimos entrar en él, quiere decir que podremos sobrellevar lo anterior gracias al apoyo que encontraremos en otras personas.

REGADERA:

Si está llena de agua pura, te encontrarás en condiciones financieras muy favorables. Si está perforada, vacía o llena de agua nauseabunda, preocupaciones inminentes.

REGALO:

Recibir u ofrecer un regalo vaticina advenimiento de cosas o noticias buenas que alegrarán tu corazón.

REGAÑAR:

Si sueñas que regañas o que te regañan, es indicio de violencia o de ruptura de relaciones con un familiar o amigo al que estimas mucho, lo cual te causará gran dolor y pesadumbre.

REGAR:

Estar regando flores en un jardín o en la casa augura dichas en el amor. En el caso de ser legumbres o verduras, procura guardarte de habladurías y chismorreos. Regar la calle anuncia penas y contrariedades.

REGATA:

Está por venir un período de luchas y conflictos en el que deberás solucionar los problemas con tu sola determinación, igual que tus adversarios.

REGIMIENTO:

Es presagio de circunstancias desfavorables en grados diversos, según la situación del regimiento. Si está descansando, es advertencia de un peligro eventual contra el cual deberías estar prevenido. Si está en marcha, significa que hechos desafortunados van a modificar tus proyectos, causándote apremios particularmente penosos. Si está desfilando, augura un período de cambio favorable y de nuevas perspectivas de felicidad.

REGISTRO:

Soñar que un registro se lleva con orden es indicación de que los asuntos de la casa van todas bien. Un registro desordenado señala todo lo contrario.

REGOCIJO:

Esta placentera emoción anuncia en cambio dificultades y numerosas contrariedades, consecuencias del fracaso de tus gestiones para mejorar tu situación o provocar un cambio. Amigos con los que contabas te fallarán. Desamparo, mala suerte, graves problemas financieros.

REGRESO:

Regresar a nuestra casa junto a la familia, después de una larga ausencia, significa que pronto tendremos un agradable encuentro con una persona estimada.

REHÉN:

Estarás sometido a fuertes presiones que pretenden imponerte condiciones distintas a las que buscas. Peleas por intereses familiares o profesionales. Aceptar los principios de una negociación te conduciría a una pérdida grave y a una sumisión incondicional.

REINO:

Soñar con un reino es fracaso de esperanzas mal fundadas. Pero no debes desanimarte, ya que la constancia todo lo vence.

REÍR:

Es presagio de lágrimas. Y si soñamos que reímos a carcajadas, augura graves penas y disgustos que no esperábamos.

REJA:

Como todo lo que representa un impedimento, cuando aparecen en sueños presagian obstáculos y dificultades que nos veremos obligados a superar y que serán proporcionales a la robustez de la reja. Dado lo «ilógico» de los sueños, la reja puede estar constituida por cualquier clase de material y poseer diversos colores o texturas, todo lo cual serán datos que nos ayudarán a aclarar la naturaleza de dichas dificultades u obstáculos.

REJUVENECER:

Es una muestra de vitalidad, de que biológicamente no estamos acabados y todavía nos quedan ilusiones y proyectos que llevar a cabo. Pero, a veces, este «rejuvenecimiento» lo es también en lo que vivimos en el sueño, que tampoco se corresponde con la edad biológica del que sueña. Este sueño, que es típico de quienes no se resignan al declinar de su vida y posibilidades, debería hacernos meditar en el tema y hacernos comprender que en la vida real corremos el riesgo de caer en situaciones y comportamientos impropios, que en los demás sólo inspirarán risa o lástima.

RELACIONES SEXUALES:

Si se sueña con unas relaciones sexuales normales, según el concepto que tiene la sociedad de la normalidad a este respecto, es sólo reflejo de los deseos que tenemos reprimidos.

RELÁMPAGO:

Vendrán noticias súbitas, sucesos imprevistos, contrariedades, preocupaciones, disputas, peleas con familiares o relaciones profesionales. Tus finanzas pueden sufrir algún daño.

RELEVO:

Soñar que uno mismo es relevado en un trabajo indica que serás objeto de atenciones por parte de amigos. Si eres tú quien releva a otra persona, vas a tener confianza en ti mismo.

RELIGIÓN:

Señal que indica tu deseo de modificar tu comportamiento en la vida cotidiana. Aspiras a mejores principios morales y a relaciones humanas más acordes con tu nivel de exigencia.

RELIGIOSO:

Si en nuestro sueño se nos aparece un religioso, esto es, un fraile o una monja, esto nos vaticina que recibiremos ayuda y consuelo en nuestro dolor o necesidades.

RELINCHOS:

Oír relinchos en un sueño señala un peligro inminente contra el cual será necesario tomar precauciones de urgencia.

RELIQUIA:

Este sueño te avisa de que has de procurar cuidar tus bienes, so pena de caer en la miseria.

RELLANO:

Encontrarse en un rellano es sinónimo de estabilidad o estancamiento de tus negocios en espera de un próximo cambio evolutivo desfavorable.

RELOJ:

El reloj tiene un claro simbolismo que refleja nuestro comportamiento. En el caso de verlo atrasado, dice que somos propensos a dejar cosas pendientes y a resolver todo a última hora, mientras que si lo vemos adelantado, augura estrés y tensiones con los que debemos tener cuidado, ya que podrían afectar seriamente a nuestra salud. Ver un reloj siempre indica que se aproxima una importante etapa de la vida que puede ser buena o mala según los elementos que rodeen al sueño. Cuando está en buen funcionamiento, anuncia que podemos esperar del futuro situaciones buenas, mientras que si lo que aparece es un reloj que se para o está roto, debemos prever la mala suerte y la desgracia. Si nos vemos dando cuerda a uno, quiere decir que tenemos gran confianza en nuestros proyectos y que las circunstancias que nos rodean son favorables para iniciar cualquier actividad.

RELOJ DE ARENA:

Es símbolo de próximas penurias, separación afectiva, ruptura, grave enfermedad de una persona amada que hace temer un final doloroso y cruel.

RELOJERO:

Si eres tú el relojero en sueños, indica que debes procurar eliminar pequeños asuntos que te molestan y preocupan y que a la larga pueden perjudicarte.

REMAR:

Este acto es el reflejo de nuestros esfuerzos. Cuando aparecen los remos en buen estado, quiere decir que gracias a nuestro empeño vamos a conseguir todo aquello en lo que hayamos puesto nuestras esperanzas. Nuestras gestiones se verán beneficiadas por agentes externos que aparecerán de forma imprevista. Si los remos están rotos, a pesar de nuestro empuje difícilmente se cumplirán nuestras esperanzas, ya que estamos en un momento nefasto que nos será muy difícil remontar.

REMENDAR:

Tu situación seguirá siendo poco envidiable y deberás estar dispuesto a tomar otra orientación más favorable a tus expectativas.

REMIENDO:

Si llevas remiendos en el traje o ves a otro que los lleva, significa que recibirás un chasco que tú mismo te has buscado.

REMO:

Es de buen augurio si lo usas con facilidad y si está en perfecto estado. Este sueño anuncia acontecimientos felices en tu vida afectiva o profesional. Si está quebrado, en mal estado o es difícil de manipular, es señal de contrariedades, de trastornos, de pruebas. Problemas de todo tipo.

REMOLACHA:

Augura satisfacciones diversas, alegrías, pequeños placeres, dinero seguro, éxito en tus actividades, aspiraciones satisfechas.

REMORDIMIENTOS:

Inquietud por una situación cuyas circunstancias no has apreciado lo suficiente.

RENACUAJO:

Las intrigas destinadas a combatir tus intereses y a socavar tu posición social nacen en tu medio profesional. Preocupaciones afectivas a las cuales deberías prestar toda la atención necesaria.

RENDICIÓN:

Rendirse equivale a renunciar a seguir luchando y resignarnos a acatar las decisiones de otro, estén o no de acuerdo con nuestros principios y convicciones morales.

RENOS:

Buenos augurios para el porvenir. Éxitos promisorios reconfortarán tus aspiraciones y asegurarán el buen desarrollo de tus actividades.

RENTA:

Dejar de cobrar una renta augura aumento de fortuna. En cambio, si sueñas que la cobras, habrá mengua en tu dinero.

RENUNCIA:

Toda forma de renuncia, en tus actividades o en tu vida íntima, indica un período durante el cual padecerás un cierto cansancio físico y moral. Sería necesario tomar precauciones para atenuar este estado de cosas.

REPIQUE:

Oír en sueños un repicar de campanas demuestra que eres una persona muy vanidosa. Procura cambiar.

REPOSO:

Soñar que uno mismo está plácidamente reposando es indicio de acosos y persecuciones.

REPROCHES:

Aunque parezca paradójico, ser objeto de reproches por parte de los demás es buen augurio, ya que predice que pasaremos por una época en la que veremos nuestros deseos cumplidos y en la que alcanzaremos nuestras metas con relativa facilidad.

REPTIL:

Es sin duda el símbolo por excelencia de los bajos instintos, refleja los sentimientos viles y la frialdad desprovista de amor en ellos. Es mal augurio en los negocios, ya que representa a los enemigos en el campo profesional; por ello, si vemos reptiles fuertes y con buena salud, debemos prever ataques de los contrarios que nos van a dejar en muy mala situación. Pasaremos por pruebas que serán muy dolorosas y de las que nos recuperaremos con bastante lentitud. Se recomienda mucha precaución en todos los actos, pues este sueño augura cambios en nuestro modo de vida que pueden ser muy perjudiciales. Si vemos gran cantidad de reptiles, significa que todas las premoniciones de este sueño se agravan.

RESBALAR:

Se trata de una manifestación de inseguridad, miedo y angustia. Si nos vemos resbalar, quiere decir que nos encontraremos envueltos en dificultades y el equilibrio que tengamos en esta situación nos avisará de la resolución positiva o negativa que tendrá el problema. Es mal presagio caerse y ver resbalar a otros, porque anuncia que vamos a mantener una actitud negativa ante alguien a quien vamos a perjudicar.

RESCATAR:

Simboliza el deseo que tenemos de salir de situaciones comprometidas. Debemos pedir toda la ayuda que sea necesaria y no dejar que nuestro orgullo nos perjudique. En el terreno profesional deberemos hacernos valer más ante los superiores y los compañeros.

RESFRIADO:

Los problemas familiares, las controversias, las discusiones perturbarán tus relaciones con los demás. Pérdida de dinero.

RESINA:

Soñar con resina es síntoma de contrariedades en general.

RESPIRACIÓN:

Es un buen augurio salvo que no puedas respirar fácilmente, hecho que indica cierta angustia frente a una situación difícil.

RESPONDER:

Según la manera en que lo hagas, obtendrás una mejor comprensión y un fortalecimiento de los vínculos o, por lo contrario, provocarás discusiones lamentables.

RESTAURANTE:

Recobrarás amistades con las que iniciarás nuevos proyectos que no llegarán a buen puerto. Errores de juicio, decepción, desilusión.

RESUCITAR:

Si ves un muerto que resucita, es indicio de malestares y perturbaciones en tu vida.

RETABLO:

Soñar con un retablo augura que el viaje que tenías planeado no llegará a realizarse, aunque este fracaso, al parecer, te aportará muchas satisfacciones y alegrías.

RETAMA:

La retama, en sueños, significa que recibirás una noticia que, de momento, habrá de producirte gran contento, aunque más tarde te ocasionará sinsabores y disgustos.

RETO:

Si sueñas que provocas un desafío, es señal de que serás objeto de infamias y maledicencias.

RETRASO:

Significa que existe una descompensación entre lo que hacemos y lo que queremos hacer. Esto ocasionará contratiempos en nuestras actividades que nos conducirán a fracasos de los que no conseguiremos salir.

RETRETE:

Significa la necesidad que tenemos de librarnos de las cosas que nos perjudican y nos molestan, lo que puede llevarnos a una situación de estrés si no lo conseguimos. Generalmente es un sueño de mal agüero, ya que presagia noticias desagradables y problemas judiciales de los que no se obtendrán los resultados esperados. También contaremos con la oposición familiar y nos enfrentaremos a fuertes discusiones a causa de objetos materiales. Pero también puede ser el centro de nuestra purificación psíquica, donde nuestra conciencia se libera de un lastre.

RETROCEDER:

Vaticina litigios, discusiones y desacuerdos con personas influyentes que tienen derecho a opinar sobre la gestión de tus negocios.

REUNIÓN:

Es presagio de dificultades imprevistas que centrarán la evolución de tus proyectos. Tus esperanzas no se harán realidad. Será necesario que reorganices tus actividades y preveas soluciones diversificadas, a fin de poder enfrentarte con los próximos acontecimientos.

REVOLUCIÓN:

Ver una revolución en sueños indica que en la casa de uno mismo anda todo revuelto, por lo que habremos de serenarnos y rectificar nuestra conducta.

REVOLVER:

Es augurio de celos injustificados.

REYES:

Son el arquetipo de los padres llevados a su máxima dignidad. Todo lo relacionado con ellos tiene una fuerte ligazón con los sentimientos que tengamos hacia nuestros progenitores.

REZAR:

Indica sentimientos de culpa. También dice que estás buscando ayuda en lo divino o en lo irracional para que te saque de los apuros en los que estás metido.

RIACHUELO:

Si es de agua clara, indica que lograrás un buen empleo, que deberás aceptar, ya que puede llegar a ser la base de tu triunfo. En el caso de que el agua esté sucia o turbia, te auguran males ocasionados por tus enemigos.

RIBERA:

Ver la ribera de un río indica muy buenas perspectivas en tu porvenir. Si en tu sueño llegas a alcanzar la parte opuesta, eso será señal de gratas satisfacciones y progreso en tu estado de vida. De no lograr alcanzarla, se presentarán desgraciadamente obstáculos en tu camino.

RICO:

Si sueñas que eres rico, vaticina que se te presentará algún problema desagradable donde trabajas y que puede llegar a perjudicarte.

RIEGO:

Tus esfuerzos serán provechosos y te asegurarán el entendimiento y la comprensión de quienes te rodean. Regar flores, plantas o verduras es una indicación muy positiva. En cambio, si otra persona riega, significa que no tendrás el dominio de la situación, pese a tus deseos. Te amenazan inconvenientes y experimentarás sus sinsabores.

RIEL:

Se te va a presentar una buena oportunidad de hacer un buen negocio y ganar mucho dinero. Pero piénsalo con cuidado antes de llevarlo a cabo.

RIENDAS:

Indican que ejercemos dominio pleno sobre nuestras vidas y sólo en el caso de que se rompan o las perdamos anuncian que corremos un grave riesgo de desequilibrio psicológico.

RIFA:

Trata de rectificar tu actual proceder, ya que tu carencia de responsabilidad y competencia puede acarrearte serios disgustos. Rigor en las relaciones sociales, rectitud moral, formación intelectual.

RINOCERONTE:

Tus rivales se mostrarán agresivos y violentos. Deberás adoptar precauciones para proteger tu situación. Posibles conflictos, consecuencias desastrosas.

RIÑA:

Soñar que riñes con tu pareja es presagio de boda.

RIÑONES:

Simbolizan la fuerza, el poder y la resistencia física. También predicen que seremos triunfadores en las empresas que iniciemos.

RÍO:

Ver un río o navegar por él significa que gozarás de una etapa de progreso y fortuna. Si sueñas que se desborda, un grave peligro te amenaza.

RIQUEZA:

Los sueños de riqueza suelen ser una compensación falaz e ilusoria de la mediocridad o pobreza de la vida real, una huida ante las duras realidades de la existencia. Pero a veces pueden indicar que no nos resignamos, que lucharemos por conseguirla.

RISA:

La risa en sueños sólo anuncia tristezas y pesares.

RIVAL:

Los rivales que aparecen en los sueños raras veces son reales. Lo que ocurre es que en nuestro interior estamos generando sentimientos no amistosos acerca de otra persona y, como conscientemente nos negamos a reconocer la realidad de dichos sentimientos, se los endosamos a la figura del rival, creado con dicha finalidad en el sueño.

RIZAR:

Si sueñas que tienes los cabellos rizados, presagia asuntos del corazón delicados y complicados. Los sentimientos se mezclarán con problemas de relaciones interesadas. Se intentará provocar una ruptura, te calumniarán.

ROBAR:

Robar uno mismo en sueños es indicio de problemas que se te presentarán y que pueden perjudicarte. Si sueñas que te roban, es señal de mejora en tu actual situación y estado financiero.

ROBLE:

Es el símbolo de la fuerza y el poder. Debe interpretarse como una gran energía que hace que triunfemos en los asuntos que llevamos entre manos y además simboliza la fuerza de carácter que nos permitirá afrontar sin miedo las dificultades de la vida. Cuando aparece seco o talado, indica que estamos padeciendo un debilitamiento de nuestro carácter y mala suerte. La visión de este árbol en sueños es un buen augurio para los negocios, ya que presagia éxito en todas las gestiones.

ROCA:

Escalar una roca es indicio de arduas dificultades para llegar a alcanzar el deseado triunfo. Si sueñas que la bajas, augura la pérdida de seres que te son muy queridos.

ROCÍO:

Ver rocío siempre es un buen presagio. Augura felices acontecimientos y anuncia que tu vida va a sufrir gratos cambios importantes. Entrarás en una época en la que sentirás una gran alegría de vivir.

RODILLAS:

Son símbolo de orgullo, autoridad y posición social. Si sueñas que te arrodillas ante alguien, es una evidente señal de sumisión e inferioridad. Cuando están heridas o débiles, significa falta de personalidad o inmadurez.

Cuando aparecen sanas, son signo inequívoco de viajes inesperados.

ROJO:

Cuando en tu sueño predomina el color rojo, tu alma se halla dispuesta a la acción, y ésta tanto puede manifestarse como amor o como odio, como conquista y opresión o como entrega. Existe ante todo una relación afectiva, buena o mala, y muchas veces un trasfondo sexual. Sólo el contexto del sueño nos dirá en qué sentido debemos interpretar este color.

ROMERÍA:

Si sueñas que vas de romería, estás viviendo momentos malos, de arduas preocupaciones y necesidad. Pero ten en cuenta que este acto de ir de romería, llevado por tu religiosidad y fe, llegará a tener un buen premio.

ROMPECABEZAS:

La complejidad de una situación requerirá método y paciencia para alcanzar los resultados deseados. Tus adversarios usarán toda su astucia para contrarrestar tus esfuerzos, mediante maniobras particularmente hábiles.

ROMPER:

En los sueños, romper un objeto o verlo roto siempre presagia una ruptura, peleas, discordias y disgregación física, moral o espiritual. Sin embargo, existen casos en que dicho sueño puede ser positivo y es cuando lo que se rompe son objetos que simbolizan servidumbre o dependencia, como ocurre con los nudos, brazaletes, cintos o collares.

RON:

Promesa de una mejora notable en tus relaciones y de una comprensión recuperada.

RONCO:

Oír una voz o un sonido ronco significa que hay amenaza de un peligro cercano.

ROPA:

Soñar con ropa hace referencia a la atención que se le concede a la apariencia. Si vemos ropa blanca que está nueva y limpia, significa que vamos a tener comodidad y dicha familiar, mientras que si la vemos sucia o rota, predice momentos muy difíciles a causa de problemas económicos. Cuando tiene mal olor, augura discusiones y peleas.

ROSA:

Es el símbolo de los sentimientos y de la pasión. Cuando la vemos en capullo, augura que vamos a encontrar un amor que nos hará muy felices, y si las cogemos pronostican una próxima boda para el que sueña. Es un mal augurio pincharse con las espinas, ya que anuncia penas y sinsabores. En función del color en que aparezcan, tendrán distintos significados: blancas, pureza; rojas, pasión ardiente; amarillas, celos; rosadas, ternura y amor.

ROSARIO:

Ver en sueños un rosario es señal de próximas ganancias en el negocio. Si es una mujer quien sueña con un rosario, aviso de traiciones.

ROSTRO:

El rostro puede aparecer de diversas formas. Cuando se trata de un rostro agradable y sonriente, es buen augurio, ya que pronostica que es un buen momento para los negocios y una etapa de serenidad en nuestra vida privada. Cuando es severo, podemos esperar el fracaso y si está arrugado, es augurio de próximas penas que nos afectarán mucho.

RUBÍ:

Refleja los buenos sentimientos en su máxima intensidad. Augura un amor duradero y fuerte, lazos indestructibles con los miembros de nuestra familia.

RUBIO:

Ver a una persona rubia en sueños es indicio de que los problemas y necesidades que en la actualidad te agobian pronto habrán de terminarse, llevando a tu corazón paz, felicidad y descanso.

RUECA:

Es sinónimo de placeres familiares, bienestar afectivo, gozo íntimo.

RUEDA:

Es el símbolo de las vueltas que da la vida. Generalmente es un buen augurio, ya que pronostica que vamos a sufrir cambios pero siempre para mejorar. Éste es un buen momento para iniciar proyectos y relaciones, puesto que ambos se verán coronados por el éxito. También podemos probar fortuna con los juegos de azar.

RUEDO:

Soñar con un ruedo vaticina inconstancia en amores y trabajos.

RUGIDO:

Deberás cuidarte de alguien que dice ser tu amigo y trata de perjudicarte. Si eres tú mismo quien ruge, tendrás poder para vencer a tus enemigos.

RUIDO:

Percibir ruidos es señal de alegría y contento. Si eres tú quien los produce, intrigas por culpa de familiares o amigos.

RUINAS:

Estamos presos de la melancolía y sentimos que cosas que han pasado y que ya no tienen la más mínima importancia se han anclado firmemente en nosotros. Como su propio nombre indica, es un mal augurio, pues anuncia fracaso y destrucción.

RUISEÑOR:

Si en sueños escuchas el armonioso canto del ruiseñor, es presagio de bienestar y amorosos goces.

RULETA:

Intentarás acciones audaces y convincentes que, por razones que no dependen de ti ni de tu voluntad, concluirán en la decepción y el fracaso.

RUPTURA:

Soñar que nos enfadamos con alguien significa que pronto recobraremos la amistad de una persona con la que rompimos relación hace tiempo.

RUSO:

Si vemos a un ruso en sueños, significa que nos ciega el egoísmo, el cual nos impide prosperar en nuestro trabajo o negocio.

RUTA:

Trazar una ruta para efectuar un viaje o vernos en sueños caminando por una carretera, senda o camino es augurio de éxitos, aunque éstos nos costarán trabajo antes de conseguirlos.

SÁBADO:

Soñar con el día sábado significa que todas las cosas buenas que haya tenido ese sueño te van a suceder en realidad al día siguiente.

SÁBANAS:

Si están en buen estado, representan el éxito en las empresas, mientras que si aparecen sucias o rotas, indican fracaso en los negocios. Cuando las vemos lavadas, aconsejan que nos apartemos de las malas compañías, mientras que si nos vemos envueltos en una sábana, avisa del fallecimiento de un familiar.

SABAÑONES:

Si los tienes significa que vendrán momentos difíciles, todo tipo de contrariedades; te ha faltado prudencia a la hora de tomar tus decisiones.

SABIO:

Si uno mismo sueña que es un sabio, es invitación de que debemos mejorar nuestros estudios e ilustración. Estar hablando con una persona culta e inteligente vaticina que recibirás un fuerte desengaño de un ser querido.

SABLE:

Soñar con un sable es siempre señal de disputas, querellas y traiciones.

SABOTAJE:

Tus relaciones sociales pasan por un pésimo momento y degenerarán en penosos conflictos sin solución.

SACACORCHOS:

Tal vez llegues a ser rico jugando a la lotería, aunque has de hacerlo siempre con prudencia.

SACERDOTE:

En todo momento debe relacionarse este sueño con la religión, bien por la vinculación que tengamos con ella o bien por lo que ésta afecte a nuestras vidas. También es representación de la relación que tiene nuestro mundo interior con Dios y es reflejo de nuestro comportamiento. Al igual que el sueño del padre, éste también puede simbolizar la autoridad y vernos ayudados por un sacerdote es señal de que vamos a recibir apoyo de nuestros allegados para la consecución de nuestros fines. Es una figura que, si se presenta fuera de contexto o en actitudes que no le son propias, indica sufrimientos morales insalvables y avisa de que debemos recurrir a todas las ayudas posibles, incluso la profesional, porque la situación por la que estamos pasando nos va a llevar a un callejón sin salida.

SACIAR:

Anuncia un período satisfactorio para todos los asuntos que te preocupan. Suerte y éxito.

SACO:

Si está lleno, indica abundancia, riqueza, provecho, desahogo financiero. Si está roto o deteriorado, quiere decir que tus proyectos no harán que se cumplan todas las esperanzas que tenías.

SACRAMENTOS:

Es indispensable que consideres las circunstancias en que recibes los sacramentos. Pero, de manera general, este sueño parece indicar problemas graves de salud y un largo período de enfermedad.

SACRILEGIO:

Si cometes sacrilegio, el sueño te está avisando de que eres demasiado confiado.

SAL:

Como en el mundo real, la sal es el símbolo de la conservación y la permanencia. Si la derramamos, predice esterilidad y si nos la dan o la ofrecemos, es señal de amistad. Algunas veces, sobre todo si se derrama, puede ser augurio de dificultades financieras y contrariedades en la vida familiar.

SALA:

Una sala amplia y bien arreglada significa alegría y vida apacible y serena. Pero si esa estancia fuera pequeña y de mal aspecto, tendrás problemas y contrariedades.

SALA DE AUDIENCIAS:

Las contrariedades producidas por un asunto preocupante podrán suprimirse totalmente.

SALA DE BAILE:

Gasto de dinero, tus actividades serán dudosas, relaciones comprometedoras.

SALAMANDRA:

Las personas que te rodean están dispuestas a ayudarte sin pedir nada a cambio.

SALARIO:

Tu posición social sufrirá un cambio beneficioso. Tus ingresos mejorarán, trayéndote seguridad y tranquilidad de espíritu. Te sentirás reconfortado.

SALAZÓN:

Estás a punto de sufrir molestias de todo tipo, que serán irritantes y nefastas para tu vida cotidiana.

SALCHICHA:

Nuevas perspectivas para la realización de algunos de tus proyectos, suerte y éxito, ganancias financieras. Los ingresos así obtenidos brindarán mayor bienestar a tu familia.

SALCHICHÓN:

Indica simplicidad en tu vida íntima, alejada de toda consideración de orden material. Soledad al abrigo de relaciones falsas e interesadas.

SALDOS:

La validez de tus argumentos y la constancia de tus esfuerzos no serán apreciadas como lo esperas. Deberás hacer ciertas concesiones para ser admitido en un medio hostil a tu personalidad.

SALERO:

Algunas amenazas pesan sobre tus relaciones afectivas y amistosas. Próximas discusiones que pueden comprometer tu felicidad.

SALIR:

Esta acción, realizada sin dificultades, y en cualquier lugar, indica nuevas perspectivas para tus iniciativas y tus proyectos. En caso contrario, las trabas significarán preocupaciones graves de orden afectivo o familiar, pérdidas de dinero o problemas de salud.

SALITRE:

Significa que sufrirás problemas familiares, dificultades de dinero, cansancio moral o alguna enfermedad.

SALIVA:

Es posible que tus amigos te decepcionen.

SALMÓN:

El salmón representa la fuerza, el valor y el coraje con que nos enfrentamos a la vida, así como el instinto de conservación. Adquiriremos riquezas y éxitos gracias a nuestra paciencia y valentía. Se aconseja prudencia a la hora de entablar relaciones de cualquier tipo, pues en muchos casos es mejor vivir en soledad.

SALMOS:

Recibirás consejos sensatos y un sólido apoyo de una persona allegada. Consuelo moral.

SALÓN:

Este sueño hace referencia a la intimidad de la familia. Es hora de hacer balance de los sucesos pasados, y plantearte nuevas perspectivas de futuro. Alegría y felicidad.

SALPICADURA:

Si al pasar un coche sobre un charco resultaras salpicado, es aviso de que debes comportarte con la mayor corrección con los amigos, trabajo y acciones que debas llevar a cabo.

SALSA:

De gusto agradable y de preparación refinada significa que te encontrarás en un período propicio para los placeres de la vida, después de largas horas de preocupación. Felicidad en el hogar, seguridad financiera.

SALTAMONTES:

Los saltamontes simbolizan las plagas e invasiones devastadoras y los suplicios morales y espirituales. En los sueños, si bien un saltamontes aislado se limita a presagiar ligeras e insignificantes molestias, cuando soñamos con grandes cantidades de ellos, siempre anuncian desastres materiales, morales o espirituales.

SALTAR:

Simboliza los deseos de superación que tenemos, lo que indica que cuando nos vemos saltar, estamos superando los problemas con los que nos enfrentamos. Para algunos autores es señal de mala suerte, y en lo que todos coinciden es en que si lo que hacemos en el sueño es ver saltar a otras personas, es señal de triunfo sobre los opositores y enemigos.

SALTIMBANQUI:

Las relaciones con los demás no están de acuerdo con tus deseos. La codicia y la perfidia serán tus principales adversarios. Ácidas burlas contra tus actos y tu conducta. Personas sin escrúpulos tratan de aprovecharse de tu confianza.

SALUD:

Gozar de buena salud en sueños es anuncio de malas noticias; es posible que algún familiar se halle gravemente enfermo.

SALUDAR:

Saludar a alguien presupone un próximo encuentro con esa misma persona. Se mencionarán problemas graves, importantes, que afectarán a tu porvenir y tus responsabilidades. Los litigios podrían ser resueltos. Conflictos evitados o retrasados.

SALVAJE:

Soñar con un salvaje, para algunos autores, supone un componente primitivo y regresivo de nuestra personalidad que refleja el temor o la resistencia al avance y que puede ser una advertencia para que no sigamos adelante en nuestros proyectos hasta que alcancemos mayor madurez. Para otros significa que se avecinan graves problemas de mucha importancia y perjuicios financieros de difícil solución. Si nos vemos a nosotros mismos como salvajes, debemos prever que nos aislarán en nuestro medio social y afectivo, circunstancia que nos afectará profundamente produciendo cansancio y fatiga.

SALVAR:

Si eres salvado por una persona, significa que, debido a circunstancias favorables, te beneficiarás con la ayuda y asistencia de alguien cuyos consejos serán sumamente valiosos para la solución de tus problemas. Si eres tú quien salva a una persona, quiere decir que, para manejar una situación particular y delicada, serán necesarios una gran habilidad y conocimientos perfectos, méritos éstos de los que estás bien dotado.

SANATORIO:

Si en el sueño estás internado en un hospital, vaticina que en tu hogar pasarán angustiosos momentos de depresión económica y contrariedades en el trabajo o negocio. Procura cuidar tus intereses.

SANDALIAS:

Soñar que ves o llevas unas sandalias nuevas es indicio de que hay una persona dispuesta a facilitarte una ayuda que puedes necesitar. En el caso de que sean ya muy viejas y usadas, tu actual situación no mejorará en lo más mínimo.

SANDECES:

Si sueñas que, ante una persona o en una reunión, estás diciendo o haciendo sandeces, debes procurar cuidarte para evitar que alguien se aproveche y abuse de tu situación.

SANDÍA:

Debemos estar preparados ante una época que se avecina en la que tendremos múltiples problemas. Será necesario tener mucho cuidado con la salud.

SANGRE:

La sangre simboliza la vida y los sentimientos elevados, aun cuando en los sueños adopta su sentido más material, por lo que suele revelar el miedo a las enfermedades y accidentes, así como la preocupación por la integridad física. En las muchachas, esta preocupación se extiende al temor a la desfloración o a los problemas menstruales.

SANGUIJUELA:

Es señal de múltiples contrariedades que van a perturbar tu vida cotidiana y a modificar de algún modo tu medio ambiente. Puede ser el anuncio de vuelcos más inquietantes.

SANTO:

Representa un buen presagio y es beneficioso para la vida. Indica que tenemos las condiciones necesarias para que nuestra vida transcurra como un camino de rosas y dice que no debemos desviarnos, pues si seguimos ese camino estaremos libres de sobresaltos y gozaremos de tranquilidad.

SAPO:

Este sueño tiene las mismas interpretaciones que el de la rana pero aumentadas.

SARAMPIÓN:

Problemas varios, contrariedades múltiples que perturbarán una salud que ya es frágil por culpa de las penurias sufridas.

SARCÓFAGO:

Augura un período de pena y nostalgia, anhelos de vida feliz, tiernos recuerdos de una persona desaparecida.

SARDINA:

Si la persona que sueña es casada, las sardinas indican que, con el marido o la mujer, se desarrollarán escenas de celos, aunque sean injustificados. En el caso de ser uno mismo quien las pesca, anuncio de una desagradable noticia.

SARNA:

Soñar con la sarna es siempre sinónimo de contrariedades familiares, relaciones afectivas difíciles, choques y disputas, preocupaciones y pesares.

SARTÉN:

Señal de reconciliación con una persona a quien estimamos. Si quien sueña con este utensilio es casado, debe procurar rectificar su manera de proceder con precaución para evitarse graves dificultades con su consorte.

SASTRE:

Relaciones amorosas contrariadas, deslealtad, mentiras, disimulo.

SÁTIRO:

Si sueñas con una persona conocida que se te presenta como un sátiro, procura apartarte de ella, desoyendo los consejos que pueda darte.

SAUCE:

El sauce llorón, como indica su nombre, es uno de los típicos símbolos de la tristeza, aun cuando también lo es de la inmortalidad, pues es de hoja perenne.

SAUNA:

Vas a sufrir problemas de salud persistentes y molestos.

SAXOFÓN:

Habladurías de poca monta, cotilleo fútil, rumores de todo tipo, que obstaculizarán tu camino y tus relaciones con los demás.

SECADO:

Esta operación señala modificaciones notables en tus relaciones con los demás. Reconciliaciones afectivas o amistosas. Recibirás una ayuda inesperada en gestiones delicadas, gracias a la cual tu posición será menos inestable de lo habitual. Próxima mejora.

SECRETARIA:

Significa que recibirás ayuda y apoyo en tus gestiones, confidencias útiles para tus empresas. Protección discreta pero valiosa para la marcha de tus negocios.

SECRETO:

Te revelarán informaciones confidenciales de gran importancia, que deberás mantener en secreto. Tu confianza será puesta a prueba y juzgada por personas influyentes.

SED:

Si sueñas que tienes sed, casi siempre refleja una necesidad real. Otras veces indica que eres una persona ambiciosa, no en el deseo de apetecer riquezas ajenas, sino con ansia de prosperar en tu trabajo. Si no pudieras mitigar tu sed por no encontrar agua para beber, es anuncio de pesares y desgracias. Poder satisfacerla, adquisición de bienes.

SEDA:

Este tejido sugiere placeres físicos, erotismo. Augura satisfacciones. Es un buen momento para el amor.

SEDUCTOR – SEDUCIR:

Próximas contrariedades afectivas. Tentativas diversas modificarán negativamente las relaciones conyugales.

SEGAR:

Ver segar indica que pronto iniciaremos una labor que nos habrá de resultar muy beneficiosa.

SEGURO:

Contratar un seguro significa que algunos acontecimientos cercanos serán nefastos para tus bienes y tus recursos financieros. Previsible perjuicio o pérdida.

SELLO:

Algunos asuntos que tenemos pendientes se verán coronados por el éxito. Cuando es un sello de correos, indica problemas jurídicos que se resolverán favorablemente para nosotros.

SEMBRAR:

Soñar que uno mismo está sembrando un campo es señal de paz y de prosperidad en su vida. Aumento de familia.

SEMILLAS:

Son la imagen de los proyectos. Cuando son de buena calidad indican el éxito y evolución favorable para todo tipo de situaciones.

SEMINARIO:

Anuncia falsedades y traiciones provenientes de familiares o amigos íntimos.

SÉMOLA:

Indica una futura abundancia de bienes, desahogo financiero, ganancias, alegría y felicidad, seguridad de vida apacible y dichosa.

SENDERO:

Tus negocios progresarán pero lo harán de forma lenta. Tendrás que vencer algunas dificultades.

SENTENCIA:

Procura no ser curioso ni meterte donde no te llamen; de lo contrario, adquirirás costumbres y vicios que te perjudicarán.

SEÑALIZACIÓN:

Toda indicación visual, oral o hecha mediante carteles, y que define la existencia de un peligro, representa la seguridad de que en breve plazo te encontrarás con dificultades particulares, cuyos inconvenientes te serán imputados.

SEÑALAR:

Si señalas en sueños a otra persona, significa que tu modo de proceder no es muy correcto, por lo cual tendrás que corregirte en tu manera de ser y obrar, refrenando tus impulsos, ya que, de lo contrario, sólo obtendrás pérdidas y contrariedades.

SEPARACIÓN:

Si sueñas que te separas de tu pareja, será señal de dificultades y fracasos en tu trabajo o negocio.

SEPIA:

Va a dar comienzo un período preocupante, contrario a tus esperanzas.

SEPULCRO:

Si visitas un sepulcro en sueños, es augurio de un accidente. Ver a una persona amiga o conocida ante él, señal de que necesita de nosotros y debemos acudir en su ayuda.

SEPULTURERO:

Te van a dar noticias alarmantes. Atravesarás instantes crueles y dolorosos.

SEQUÍA:

Soñar con un lugar o terreno seco anuncia que una persona en quien tenemos depositada nuestra confianza divulgará algún secreto nuestro que podrá causarnos graves inconvenientes y perjuicios.

SERENATA:

Formar parte de un grupo de personas que están dando una serenata vaticina terribles celos con uno de los seres amados que nos rodean.

SERMÓN:

Puede que te sientas culpable por algo. Trata de recordar sobre qué trataba el sermón y de ahí podrás sacar la conclusión.

SERPENTINA:

La alegría y jolgorio que se demuestra en el acto de lanzar serpentinas perdurará durante mucho tiempo.

SERPIENTE:

Tiene significación fálica. También tiene que ver con el conocimiento y la sabiduría. Este animal augura que vamos a adquirir conocimientos beneficiosos.

SERRÍN:

Este sueño es de feliz augurio, pues tenerlo puede ser motivo de que encuentres por la calle alguna joya de valor o dinero.

SERRUCHO:

Procura apartar de tu mente esa idea fija que tanto te preocupa, ya que su solución vendrá por sí sola y felizmente terminarán los malos momentos pasados, llevando paz y tranquilidad a tu espíritu.

SESOS DE ANIMAL:

Si comes sesos de animal en sueños, quiere decir que sufres riesgo de accidente o una salud delicada.

SETAS:

Las setas en su estado natural indican obstáculos en tu vida. Guisadas y dispuestas para comerse, próxima liberación de los problemas en los que te has metido.

SETO:

Ver un seto significa que se nos presentarán pequeños obstáculos de los cuales acabaremos saliendo airosos.

SEXO:

Los sueños de relaciones carnales son muy frecuentes y la mayoría de las veces son el reflejo de necesidades reales no suficientemente satisfechas, especialmente cuando nuestra pareja onírica es la nuestra de la vida real o se trata de alguien desconocido. Cuando dicha pareja es alguien conocido pero con el cual no es fácil que el sueño se haga realidad, nos delata nuestra atracción hacia esa persona. Pero otras veces los sueños sexuales adquieren connotaciones de una sexualidad particular y morbosa que no debe tomarse al pie de la letra, pues suele indicar el cansancio por una vida sexual monótona y los deseos de innovaciones en ella. Lo que sucede es que para hacer más perceptible dicha situación, el inconsciente nos muestra situaciones extremas.

SIDRA:

Soñar con sidra es premonición de próximas discordias familiares, peleas por asuntos de intereses, reproches, disensiones, posible enfermedad.

SIEMBRA:

Augura el éxito financiero y mejoras en tus condiciones de vida dentro de muy poco tiempo. Suerte y éxito.

SIERRA:

La sierra simboliza la tentación de finalizar de una manera radical con situaciones o conflictos, casi siempre de tipo familiar, de trabajo o de intereses. Lo que serremos en el sueño nos indicará cuál es el problema o la situación que debemos zanjar de una vez para siempre.

SIETE:

Soñar con el número siete simboliza bienestar y llegada de agradables noticias.

SILBAR:

Silbar en sueños indica que alguien trata de desprestigiarnos con chismes y habladurías.

SILENCIO:

Cuando destaca anormalmente en un sueño, simboliza complejo de culpabilidad respecto al sueño que estamos teniendo. También augura que se avecina una temporada muy calmada en la que nos sentiremos muy a gusto.

SILLA:

Vas a llevar a buen término tus proyectos. Sostén afectivo, comprensión familiar. Caerse de una silla o verla rota significa la llegada de una enfermedad.

SILLÓN:

Reposar en él es anuncio de un magnífico empleo. Si la persona que sueña con él es de avanzada edad, indica paz y tranquilidad, aunque deberá abstenerse de sus vicios.

SIRENA:

Soñar con una sirena es demostración de poder sexual. Oír un canto señala que debes cuidarte de una mujer que trata de apartarte con fines no muy honestos. Sea como sea, son creaciones del inconsciente, símbolos del deseo en su aspecto más doloroso, el que lleva a la autodestrucción.

SIRVIENTA:

Soñar con que tienes una sirvienta augura contrariedades y privaciones.

SOBRE:

Soñar con un sobre de correspondencia está fuertemente asociado con la recepción de noticias. También augura cambios en nuestra existencia y nos recomienda que hagamos algunas reformas en nuestros proyectos. La forma del sobre, las señas, el remitente, el material, el color y diversas circunstancias más dan distintos significados. Si se asocia a situaciones agradables, es buen augurio, malo en caso contrario. Las diversas informaciones que contiene el sobre serán motivo de análisis individual, ya que tienen una estrecha relación con las situaciones de la persona y con su subconsciente.

SOBREVIVIR:

Si eres tú el superviviente, significa la llegada de sucesos contrarios a tus esperanzas que serán, sin embargo, insuficientes para destruir cosas esenciales. Estas duras pruebas exigirán nuevas perspectivas y motivaciones, distintas de las precedentes, a fin de mantener apartados a tus adversarios. Encontrar a un superviviente significa que la dureza con la que tratas a los demás, la manera de imponer tus argumentaciones reivindicativas no bastarán para eliminar cierta presión amenazadora de un rival particularmente tenaz.

SOBRINO:

Se trata de un presagio favorable para mejorar los vínculos familiares y afectivos. Mejoras económicas.

SOFÁ:

Si tienes hijos procura no tener que llegar a avergonzarte por el mal comportamiento de alguno de ellos.

SOFOCAR:

Estar sofocado augura contrariedades, impedimentos, cansancio por haber mantenido una lucha difícil y sin resultados aparentes. Tus adversarios ejercen sobre ti una presión muy fuerte. Ver a una persona sofocada significa que lograrás vencer tus dificultades y tener autoridad absoluta sobre tus enemigos.

SOGA:

Es indicio de una larga y penosa enfermedad.

SOL:

Suele aparecer en nuestros sueños, pero casi siempre como un complemento. Cuando es el centro de nuestros pensamientos, se presta a múltiples interpretaciones. Si hablamos de un sol radiante, sin la presencia de nubes, es un signo favorable que augura éxitos en las diversas facetas de la vida. Si lo vemos en el cénit, nos dice que nuestros proyectos se verán cumplidos en toda su amplitud y que nos esperan buenos tiempos para las relaciones. Cuando lo vemos ocultarse, es señal de que algo va a acabarse; en diferentes situaciones, esto puede ser buen o mal augurio. Los eclipses auguran fallecimiento o graves enfermedades. Ver el sol en posiciones extrañas o haciendo un recorrido anormal es de mal agüero, sobre todo para las personas a las que estimamos.

SOLDADO:

Es un sueño que simboliza el deber, las obligaciones y la jerarquización social en que vivimos. Es de mal agüero, pues avisa que vamos a pasar por situaciones difíciles en las que nos sentiremos observados por los demás, quienes a su vez reprobarán nuestra conducta; también se pondrá en duda la legitimidad de nuestras posesiones. Se avecinan noticias tristes y la enfermedad hará presa de nosotros o de alguien muy querido.

SOLEDAD:

Si en sueños nos vemos solos y abandonados, significa que nos veremos metidos en líos y chismes que nos traerán quebraderos de cabeza.

SOLTERO:

Suerte afectiva, perspectivas de unión feliz. Puede tratarse también de la preocupación del que sueña por independizarse.

SOMBRA:

Estar en sueños bajo la sombra de un árbol es sinónimo de temor a las circunstancias de la vida, falta de coraje y firmeza. Abandonar ese lugar sombreado significaría por lo tanto que vas a tomar decisiones acertadas, iniciativas provechosas. Ver tu propia sombra vaticina preocupaciones y penas. Ver la sombra de personas extrañas, temores injustificados.

SOMBRERO:

Por lo general tiene que ver con la importancia que demos a nuestra apariencia y según se presente en el sueño así debe interpretarse. Cuando soñamos que llevamos puesto uno, indica que gozamos de la protección necesaria para realizar nuestros proyectos y es una imagen de respetabilidad. Quitarse el sombrero significa que buscamos un descanso y una tranquilidad que son necesarios para dar una nueva orientación a nuestras actividades. Soñar con uno de plumas es señal de frivolidad.

SOMBRILLA:

Es sinónimo de proyecto de viajes y de esparcimiento familiar, bienestar en el hogar, felicidad de vivir.

SOMNÍFERO:

Tratar de huir de tus responsabilidades no las va a hacer desaparecer.

SONÁMBULO:

La cantidad y la importancia de las penurias vividas te han vuelto insensible a la pena y a los pesares.

SONREÍR:

Es un presagio de un feliz entendimiento entre los miembros de tu familia o con los amigos íntimos. Satisfacción en las esferas que te interesan particularmente.

SOPA:

Comer sopa en sueños es indicio de que si has perdido salud o dinero, volverás a recuperarlos. Pero si se te cae, tus esperanzas se verán frustradas.

SOPLAR:

Cuando soplamos sobre un fuego para mantenerlo vivo, indica que estamos haciendo un esfuerzo considerable por mantener vivas nuestras ilusiones, mientras que si soplamos para apagarlo, el sueño muestra que estamos totalmente desilusionados y sin fuerzas para seguir luchando. Debemos ser animosos.

SORDO:

Te sentirás herido por noticias de índole muy particular. Tu posición social podría peligrar. Graves riesgos de desavenencias profundas y de perturbaciones familiares, posible enfermedad.

SORTIJA:

Soñar con una sortija indica siempre superioridad y poder. Si uno mismo la recibe como obsequio, señala bienestar y dicha. Regalarla a otra persona significa que pronto tendrás que prestar ayuda a un familiar o amigo.

SOTANA:

Este sueño significa que desconfías de alguien que asegura ser un buen amigo tuyo, ya que está trazando sus planes para poder perjudicarte.

SÓTANO:

Cuando nos hallamos en uno, es símbolo de que se avecinan contrariedades y sinsabores que nos harán difícil la vida. Pero si logramos salir de él, es señal de que nuestra situación mejorará y de que recibiremos propuestas muy interesantes en el campo laboral.

SUBASTA:

El hecho de asistir a una subasta en sueños augura la pérdida de tu puesto. Ingresos financieros disminuidos, deudas, soledad.

SUBIR:

Verse realizando esta acción es presagio de tu voluntad de hallar soluciones acertadas para las tareas que debes cumplir. La facilidad con que alcanzarás el objetivo fijado, así como las dificultades encontradas, serán otras tantas indicaciones útiles para tu premonición.

SUBMARINO:

Vas a vivir una situación muy delicada. Para proteger tus intereses, deberás actuar de manera decisiva y eficaz. Inquietudes, problemas financieros, relaciones afectivas o familiares poco favorables.

SUBTERRÁNEO:

Se trata de un mal augurio, excepto si logramos salir a la luz del sol y el ambiente del sueño es agradable, en cuyo caso puede augurar un período de prueba o dificultades antes de lograr una nueva y mejor situación.

Pero en caso contrario, siempre denota que se está atravesando una situación de pesimismo y desconfianza en el porvenir y, en el peor de los casos, augura el fracaso de nuestras ambiciones.

SUCIEDAD:

En los sueños, la suciedad siempre refleja un sentimiento de culpabilidad o la advertencia de que nos amenaza un peligro, ya sea físico o moral.

SUDARIO:

Mal augurio es soñar con un sudario, ya que pronostica la muerte de un familiar o de un buen amigo.

SUDOR:

Esta reacción física indica graves problemas cuyas repercusiones afectarán a tu resistencia física y a tu salud. Sufrirás penas y disgustos.

SUEGRO:

Es mala señal soñar con un suegro, ya que algún amigo te conminará a que cumplas inminentemente con tus compromisos, amenazándote con la intervención judicial. Sin embargo, si sueñas con la suegra, recibirás buenos consejos de una persona que te estima y podrá ayudarte.

SUELDO:

Recibir un sueldo en sueños es indicio de éxito en los estudios, negocios o trabajo.

SUEÑO:

Soñar que estás dormido es indicio de que te verás envuelto en un trance desagradable, pero si duermes con tu esposa, recibirás gratas noticias de un familiar o amigo.

SUERO:

Serás víctima de algunas contrariedades, disputas, preocupaciones de dinero, inquietud y angustias.

SUERTE:

Considerarse, en sueños, una persona a quien le sonríe la suerte puede, por el contrario, ser síntoma de futuros sinsabores, decepciones, preocupaciones múltiples y maldad de falsos amigos que actuarán contra tus intereses por celos.

SUÉTER:

Verlo o llevarlo en sueños es sinónimo de dolores y penas.

SUFRIMIENTO:

Soñar con el sufrimiento traerá precisamente eso, sufrimiento. Anuncia malas relaciones con las personas a quienes tenemos afecto, malevolencia hacia nosotros por parte de los demás y actuaciones de falsos amigos por las que nos veremos muy perjudicados.

SUICIDIO:

Soñar con suicidarse es mal augurio y pronostica perjuicios materiales y morales para la persona que sueña. Vamos a sufrir pérdidas personales muy importantes en nuestro ambiente familiar y también vamos a experimentar pérdidas económicas.

SUJETAR:

Si en el sueño estás sujeto, estás a punto de sufrir serias dificultades. Se llevarán a cabo varias tentativas contra ti y te tenderán trampas y prepararán obstáculos. Si eres tú quien sujeta a otra persona, indica que demuestras cierto egoísmo. Tu falta de reconocimiento hacia los demás te resultará perjudicial.

SULTÁN:

Si ves a un sultán en sueños, puede significar que algunas personas de tu entorno te van a defraudar debido a una actitud y un comportamiento que no están a la altura de la confianza y la sinceridad de tus sentimientos hacia ellos. Si eres tú el sultán, quiere decir que conducirás tus negocios con total falta de escrúpulos, considerando a tus adversarios con desprecio y codicia.

SUR:

Este punto cardinal es sinónimo de éxito y gloria; vamos a alcanzar nuestras metas en todas aquellas actividades que nos planteemos.

SURCO:

Si es un surco de trazo profundo, indica que tus asuntos irán cada día por mejor camino, aunque deberás tener paciencia y perseverancia para llegar a conseguir tu ansiado bienestar.

SURTIDOR:

Es augurio de amores sinceros y nobles. Llegará, sin tardar, una época feliz de tranquilidad para tu espíritu.

SUSPIRO:

Algo que estás esperando va a tardar en llegar. Decepción, descontento, grandes sufrimientos.

TABACO:

Cuando vemos este producto en sueños, no podemos esperar nada bueno, ya que es de mal agüero y pronostica que vamos a tener problemas en los negocios a causa de nuestros enemigos, que aprovecharán nuestros momentos de debilidad para conseguir sus fines. Tampoco es un buen momento para las relaciones afectivas y familiares, pues se verán muy perjudicadas por culpa de nuestro carácter irascible. Cuando aparece un estanco, indica que causas ajenas a nosotros harán tambalearse nuestros proyectos y que nuestras esperanzas se verán defraudadas en todos los campos.

TABERNA:

Quiere decir que se avecina una época de espera después de una temporada agitada, un período en el que tomaremos decisiones que favorecerán los proyectos que tengamos en marcha. Es un buen momento para iniciar nuevas amistades.

TABIQUE:

Es buen augurio cuando lo estamos construyendo y malo si lo derruimos. Si se cae es señal de mala suerte.

TABLA:

Cuando la tabla aparece sola, podemos esperar que se produzcan buenas condiciones para las empresas que estemos dispuestos a empezar, mientras que si la cortamos augura impedimentos y trabas de todo tipo. Cuando vemos que agregamos una tabla a otras, indica que es el momento de asociarnos para conseguir éxito en los negocios, porque lo haremos con personas beneficiosas.

TABURETE:

Recibiremos ayuda y apoyo que, a pesar de ser de poca importancia, será suficiente para que salgamos airosos de los problemas en los que estábamos metidos.

TALADRO:

Si tienes algún caso o asunto pendiente de resolver, pronto recibirás una solución favorable.

TALCO:

Tu salud es deficiente. Dirás algunas palabras duras hacia personas de tu entorno.

TALISMÁN:

Una relación íntima te evitará momentos difíciles, o por lo menos te los aliviará.

TALLARINES:

Trabas financieras, complicaciones familiares, relaciones afectivas tensas, anuncio de un clima pasional poco propicio para el diálogo y la comprensión.

TALLER:

Soñar con un taller donde la gente trabaja indica que tus deseos no tardarán en cumplirse. En cambio, si el taller con el que sueñas estuviera desierto por no ser horas laborables, debes procurar comportarte bien en tu trabajo, para evitar que te despidan.

TAMBOR:

Ver tambores en un desfile militar o deportivo augura que te invitarán a una fiesta en la que conocerás a una persona que te gustará, aunque, tal vez, no llegue a corresponderte. Si es uno mismo quien lo toca, se verá metido en chismes y murmuraciones.

TAMPÓN:

Malas noticias comunicadas por una persona influyente que actúa por cuenta de un organismo oficial. Contrariedades en un futuro próximo.

TAPIA:

Saltarla demuestra que tus convicciones son firmes y no debes desanimarte hasta conseguir lo que deseas.

TAPICERÍA:

Constantes satisfacciones por la marcha de tus negocios y por los resultados obtenidos.

TAPÓN:

Ten cuidado con instrumentos cortantes o punzantes, que pueden ser motivo de desgracia.

TARDE:

La noche que se aproxima oculta peligros o traiciones. Acontecimientos adversos, que marcarán un cambio notable en tus costumbres, serán fuentes de preocupaciones y de dificultades con efectos negativos.

TAROT:

Tienes bastantes inquietudes sobre tu destino que te gustaría resolver. No desesperes y ten paciencia.

TARTAMUDEAR:

Has de ser más decidido si no quieres que esto te procure serios inconvenientes.

TARTAMUDO:

Si sueñas que eres tartamudo, augura una rápida solución de los asuntos que ahora te agobian.

TATUAJE:

Tienes un claro deseo de impresionar y de seducir.

TAXI:

Es una señal de cambio que será casi siempre para mejor, ya que este sueño sirve de confirmación a nuestras esperanzas. Las perspectivas que se abren ante nosotros son favorables.

TAZA:

Es síntoma de los placeres del hogar. Comprensión mutua, relaciones afectivas felices. Romperla sería un mal presagio.

TÉ:

El arreglo de un asunto delicado exigirá diplomacia, cortesía y mucha paciencia.

TEATRO:

Sea cual sea nuestro papel en la obra de teatro que aparece en el sueño, lo que debemos analizar aquí son los actos que transcurren en la obra, ya que influirán en gran medida en nuestra vida cotidiana. Si la acción se desarrolla en un ambiente favorable y feliz, podemos esperar beneficios; por el contrario, si lo que prima es el drama, augura acontecimientos penosos en el futuro. Para muchos autores soñar con el teatro es un claro símbolo de frustración y auguran que vamos a tener un fracaso estrepitoso en nuestras gestiones, y también pérdidas económicas.

TECHO:

Simboliza la protección de tus posesiones y bienes, así como la seguridad de tu familia y el desahogo en el hogar. Un techo en buen estado indica que la gestión de tus negocios se llevará a cabo bajo circunstancias favorables. Serenidad familiar. Un techo que se desmorona significará una enfermedad grave, fallecimiento en la familia, pérdida de una persona amada.

TECLA:

Soñar con las teclas de un piano significa próximas riquezas. Si se trata de teclas de una máquina de escribir, mejora de nuestra situación actual.

TEJADO:

Si tienes una necesidad y piensas recurrir a solicitar un préstamo para remediarla, guárdate de hacerlo y busca el apoyo de algún familiar o amigo.

TEJAS:

En buen estado significará que serás protegido contra los azares de la vida cotidiana. Harás uso de tus ventajas para brindar mayor comodidad a tu hogar. Felicidad en la familia.

TEJER:

Gracias a tu laboriosidad, te encaminarás hacia una posición social conforme a tus ambiciones y merecida por tus conocimientos. Mejores perspectivas para el futuro.

TEJO:

Cuando este árbol aparezca en sueños, siempre es de mal agüero y hace temer pérdidas, accidentes y duelos.

TELA:

Comprar o vender telas es augurio de que tu situación financiera mejorará rápida e inesperadamente. Felicidad en tu vida y grandes prosperidades.

TELAR:

Gracias al coraje, la obstinación y una lucha constante, alcanzarás una posición social envidiable. Contarás con la estima de los tuyos, a quienes brindarás alegría y felicidad.

TELARAÑA:

Dice que debemos tener mucho cuidado con nuestros adversarios, ya que en estos momentos están preparando trampas contra nosotros para hacernos caer en situaciones de las que nos será muy difícil salir y que tendrán nefastas consecuencias.

TELAS:

Cuando las telas se presentan de buena calidad y bonito colorido, podemos esperar que se avecinen buenos tiempos con grandes éxitos; si, por el contrario, se presentan sucias y estropeadas y se asocian con sentimientos desagradables, indican un futuro decepcionante en el que veremos cómo fracasan uno a uno nuestros proyectos.

TELÉFONO:

Soñar con este aparato va asociado a sensaciones agradables porque predice que vamos a entablar relaciones favorables que van a influir beneficiosamente en nuestro modo de vida; también augura buenas noticias. En el terreno de los negocios podemos esperar éxito y ganancias.

TELEGRAMA:

Pronto tendrás noticias cuya solución reclamará una intervención inmediata y eficaz.

TELESCOPIO:

Tus costumbres te alejan de la realidad de tus negocios. Participar en actividades ajenas a tus intereses puede ser perjudicial para la gestión de éstos.

TELÓN:

Soñar con el telón de un teatro es indicio de que debes hablar y portarte con franqueza en asuntos de trabajo o negocio, con lo cual saldrás ganando.

TEMBLOR:

Si se trata de que la tierra tiembla, es anuncio de riquezas y larga vida. Si es un temblor por miedo o enfermedad, debes procurar cuidarte para evitar alguna contrariedad o dolencia que pudiera sobrevenirte.

TEMPESTAD:

Es siempre un sueño de mal agüero. Cuando la vemos acercarse, podemos esperar que nuestras condiciones de vida cambien negativamente, porque la situación de nuestros negocios sufrirá un empeoramiento que acarreará también mermas de dinero que irán acompañadas de gastos imprevistos. En el terreno sentimental y familiar tampoco cabe esperar nada bueno, ya que se avecinan fuertes riñas familiares que nos obligarán a tomar partido por una u otra persona, situación que queríamos evitar pero que no hemos podido a causa de nuestra falta de decisión.

TEMPLO:

Si en sueños estás orando en un templo, recibirás injurias y desengaños. Entrar en él significa que no tardarás en lograr lo que esperas, siempre que tu comportamiento se haga digno de merecer ese premio.

TENAZAS:

Problemas con personas de tu entorno, comentarios ácidos, ideas dudosas, actitudes contrarias a tus intereses, reacciones hostiles a tus gestiones.

TENEDOR:

Si sueñas con tenedores, pronto recibirás un ingreso que te ayudará a liberarte de algunas pequeñas deudas contraidas. Por otra parte, deberás cuidar tu aseo diario para evitar que tu pelo o piel se vean atacados por molestos parásitos.

TENIENTE:

Este sueño anuncia un próximo viaje que resultará beneficioso y fructífero para ti. No obstante, ten cuidado con chismorreos que pueden perjudicarte.

TERCIOPELO:

Este tejido guarda una relación muy estrecha con los bienes económicos. Cuando se presenta una tela bonita de vivos colores, sólo podemos esperar una buenísima situación social que se verá amparada por grandes éxitos financieros. Por el contrario, si la tela está raída o agujereada, indica que debemos protegernos contra la maledicencia y las malas artes para no resultar seriamente perjudicados. También augura que nos encontraremos rodeados de ciertas comodidades que nos cogerán por sorpresa.

TERMITAS:

Las termitas simbolizan el trabajo persistente, organizado y previsor, pero en este caso se trata de un trabajo destructor, por lo que en sueños simbolizan la existencia de una labor destructora, lenta, clandestina e implacable de la que eres víctima.

TERMÓMETRO:

Aplicarte en sueños un termómetro para comprobar la temperatura de tu cuerpo augura próxima enfermedad.

TERNERA:

Ver en sueños una o más terneras es aviso de que recibirás un cruel desengaño por parte de una persona a la que estimabas mucho.

TERRAZA:

Si en el sueño estás en una terraza, contemplando el paisaje, quiere decir que eres de carácter vanidoso. Vas a tener que cambiar si quieres prosperar.

TERREMOTO:

Es un fiel reflejo del desequilibrio. Augura inseguridad y temor e indica que debemos transformar nuestro carácter para alcanzar cotas de estabilidad, ya que las bases en las que tenemos fundamentadas nuestras ilusiones no son sólidas, por lo que cualquier contingencia, por nimia que sea, va a hacer que se tambalee nuestra vida. Si está asociado a sensaciones desagradables, demuestra que estamos pasando por un período de abatimiento que nos hace estar muy tristes. Este sueño también marca un cambio repentino en nuestra situación causado por sucesos que no esperábamos. Generalmente este cambio se inclina hacia circunstancias menos favorables en las que sufriremos pérdidas afectivas y monetarias. También es un sueño que anuncia desgracias, enfermedades y muerte.

TESORO:

Encontrar un tesoro es un sueño de mal agüero, ya que pronostica que se avecinan preocupaciones graves y decepciones por parte de personas en las que confiábamos. También señala que nuestros esfuerzos no valdrán para otra cosa que para beneficiar a nuestros enemigos. Se avecinan pérdidas económicas y dificultades familiares.

TESTAMENTO:

Siempre predice que vamos a pasar por situaciones familiares complicadas, llenas de disputas que se originarán a causa de intereses materiales. Será muy difícil aclarar nuestra situación, por lo que las pérdidas afectivas pueden ser definitivas y, en muchos casos, habrá que recurrir a la justicia para aclarar las cosas. En el campo de los negocios no tendremos mejor suerte, porque éstos se verán dañados por diversas circunstancias. Se recomienda paciencia para superar esta etapa difícil, pues llegarán tiempos mejores.

TIBURÓN:

Adversarios ávidos y combativos, trastornos financieros. Tu situación será agitada por ataques solapados y peligrosos. Incertidumbre, angustia.

TIENDA:

Soñar con una tienda abarrotada de mercancías es indicio de ganancias en los negocios y mejora en el trabajo.

TIENDA DE CAMPAÑA:

Simboliza un momento de aislamiento de tus relaciones y de los temas que te preocupan. Período de reflexión propicio para tomar nuevas disposiciones.

TIERRA:

Cuando aparece un terreno cultivado que está dando buenos frutos, representa prosperidad y felicidad, mientras que abandonado es señal de fracaso. Es frecuente el sueño en el que nos vemos cubiertos de tierra, que siempre es de mal agüero, pues predice humillaciones y pérdidas económicas.

TIESTO:

Pronto tendrás noticias de una persona amada.

TIGRE:

Es de mal augurio soñar con un tigre, ya que nos avisa de que un enemigo poderoso, a quien hacía tiempo que no veías, se va a presentar de nuevo en tu vida.

TIJERAS:

Por lo general este sueño hace referencia a los deseos inconscientes que tenemos de poner fin a una situación o a una relación. Es mal augurio porque la mayoría de las veces predice separaciones, peleas familiares y situaciones muy conflictivas.

TILO:

Es símbolo de tranquilidad, serenidad, amistad y ternura. Nuestros amigos nos quieren. Si padecemos alguna enfermedad, augura que nuestra salud va a mejorar ostensiblemente.

TIMBAL:

Si en sueños se te aparece un timbal, significa que eres una persona irresponsable que anda importunando a los amigos pidiendo continuamente favores. Trata de conformarte con lo que tienes y de mejorar a base de tu propio trabajo.

TIMÓN:

Símbolo de seguridad y de rumbo definido, por lo cual cuanto le suceda al timón en nuestros sueños debe aplicarse a la seguridad y buena dirección en el rumbo de nuestra vida.

TINIEBLAS:

Hallarse entre tinieblas significa que tus asuntos mejorarán considerablemente, siempre que des a tu trabajo la dedicación que requiere. De todos modos, procura velar por tu salud.

TINTA:

Soñar con tinta augura, generalmente, buenas noticias, siempre que no se vierta o derrame, ya que en este caso anuncia discordia. Si la tinta es negra, pronostica la próxima llegada de un familiar o amigo que estimamos. Si es roja, indica que nuestra conducta puede ser objeto de un malentendido. Verde, símbolo de esperanza.

TINTORERÍA:

Si en sueños mandas tus trajes o vestidos a la tintorería para que los limpien o tiñan, significa que debes portarte con más responsabilidad en tu manera de actuar y proceder con tus amistades, algunas de las cuales te consideran vanidoso e inconsecuente.

TIÑA:

Contrariedades diversas debidas a las relaciones de quienes te rodean.

TÍO:

Discusiones por intereses, rivalidades familiares.

TIRABUZONES:

Si, en sueños, ves un hermoso peinado con tirabuzones, te avisa que debes proceder con la mayor cordura en una fiesta próxima, a la que serás invitado, procurando no abusar de los vinos y licores que puedan ofrecerte, ya que, tal vez como consecuencia de esto, llegarías a dar un espectáculo desagradable que dañaría tu buena reputación.

TIRANTES:

Este sueño seguramente indica que acabas de salir airoso de tus problemas o enfermedad. Mantente firme y decidido para no volver a incurrir en tales situaciones.

TIRITAR:

Suele ser una advertencia de próximas dificultades.

TIROTEO:

Te verás mezclado en asuntos conflictivos apartados de tus intereses y con relación a los cuales corres el riesgo de tener que tomar una posición determinada.

TÍTERES:

Si sueñas con títeres, procura estar atento a una proposición que te harán y que deberás rechazar para evitar disgustos y contrariedades.

TIZA:

Tendrás ciertas molestias de salud sin gravedad y problemas ocasionales de dinero.

TOALLA:

Soñar con una toalla es un claro aviso de que no tienes que confiar en algunos parientes o amigos que te rodean o a quienes piensas recurrir en un momento de necesidad solicitando su ayuda. Procura evitar su trato para no tener que hallarte ante ellos en una situación violenta y pasar vergüenza.

TOBILLOS:

Si son normales es un presagio feliz de éxito y satisfacción. Verlos atrofiados, heridos o quebrados significa la llegada de dificultades, reveses de la fortuna, enfermedad, desaparición de un pariente.

TOBOGÁN:

La conducción de tus negocios te someterá a duras pruebas. El dominio de tus sentimientos y de tus decisiones será prenda de éxito.

TOCADOR:

Verse ante el espejo de un tocador significa que hay un grave peligro, tal vez de muerte, para un familiar o amigo.

TOCINO:

Si en sueños ves lonchas de tocino, es indicio de que eres persona desordenada y debes rectificar tu proceder para rehacer tu vida.

TOLDO:

El problema que tienes y las preocupaciones que te agobian llegarán pronto a su fin.

TOMATE:

Este sueño indica que no debes arriesgarte a hacer ninguna apuesta, como tienes por costumbre.

TOMILLO:

Contrariedades familiares, penas.

TONEL:

Ver un tonel lleno es anuncio de prosperidad, pero si estuviera vacío indicaría apuros financieros.

TOPO:

Ver en sueños un topo es aviso de que tendrás que cuidar más tus negocios, ya que hay una persona que socava tu tranquilidad, tratando de perjudicarte.

TOQUE DE QUEDA:

Acontecimientos súbitos impondrán prudencia, problemas graves te trastornarán.

TÓRAX:

Si en el sueño aparece uno mismo con un tórax muy desarrollado, es símbolo de salud y fuerza; pronto recibirás proposiciones de un amigo o familiar que te apoyará en el logro de tus propósitos.

TORBELLINO:

Se interpreta que este sueño tiene mucho que ver con las vueltas que da la vida. Los acontecimientos tomarán un rumbo nuevo que no tiene por qué favorecernos ni perjudicarnos; simplemente cambiarán las cosas. Llevaremos una vida muy activa en la que el aburrimiento no tendrá lugar. Si no queremos padecer perjuicios en nuestros negocios, debemos actuar deprisa y tomar rápidas decisiones. Nos veremos involucrados en situaciones que no tendrán nada que ver con nuestra forma de vida pero que no nos afectarán ostensiblemente. En términos generales se aconseja prudencia en esta etapa.

TORERO:

Es hora de hacer intentos valientes y arriesgados para aportar una solución conveniente a las relaciones alteradas por conflictos delicados y profundos.

TORMENTA:

Es signo anunciador de próximas dificultades que abarcan las esferas que te interesan particularmente y que producirán algunos daños.

TORNEO:

Obtener la victoria en una competición sería un excelente presagio para la conducción de tus empresas. Tu reputación se extenderá más allá del círculo de tus relaciones habituales. Vivirás felices circunstancias.

TORNILLO:

Ver tornillos o manipularlos es augurio de éxito en los negocios y triunfo en amores.

TORNO:

Una situación difícil te demandará mucha atención y meditación. La paciencia y la determinación te asegurarán la solución de tus problemas.

TORO:

Soñar con un toro significa que recibirás inesperados beneficios de un alto personaje. Si los ves en manada, se te presentarán asuntos molestos de los que, por fortuna, saldrás airoso. Ver al toro muerto es señal de que no debes inmiscuirte en proposiciones inconvenientes.

Si lo ves lidiar en un coso taurino, desconfía de ciertas amistades que te invitarán a formar parte de un negocio.

TORPEDO:

Este sueño suele indicar el temor o el deseo de «torpedear» un asunto, de destruir o inutilizar algo o a alguien que se ha convertido en un obstáculo para el que sueña.

TORRE:

La torre aconseja que nos atrincheremos en nuestro interior porque no debemos mostrar las debilidades de nuestro carácter a las personas que conocemos, ya que es posible que se aprovechen de ello para su propio beneficio.

TORRENTE:

Sueño de mal augurio, ya que, si la persona que lo sueña se cae a él, podrán presentársele muchos peligros.

TORTA:

Ver o comer tortas en sueños es señal de que se te presentarán disgustos familiares, aunque no de mucha trascendencia.

TORTILLA:

Si estás preparándola, significa que una persona conocida, interesada en tus negocios, te visitará. Comerla es sinónimo de preocupaciones de dinero, problemas afectivos o familiares.

TÓRTOLA:

Soñar con tórtolas indica perfecta armonía entre esposos y, entre solteros, halagadoras promesas que habrán de llevarse a cabo muy pronto.

TORTUGA:

A pesar que en Oriente la tortuga posee un simbolismo cosmológico de una extraordinaria riqueza y es un animal sagrado, entre nosotros, los occidentales, se limita a simbolizar la longevidad y la protección, esta última gracias a la serena tranquilidad de que hace gala al poder replegarse dentro de sí misma, escapando así a todos los peligros.

TORTURA:

Si eres víctima de una tortura en sueños, quiere decir que soportarás la cólera violenta de alguno de los tuyos, cuyos errores recaerán pesadamente sobre tus intereses. Sufrimiento moral. Si eres tú quien la inflige a una persona, quiere decir que perjudicarás de manera injusta y cruel a alguien.

TOS:

Incertidumbre y angustia por un futuro poco atrayente. Diversas señales indican próximas amenazas cuya importancia te podría sorprender.

TRABAJO:

Ser uno mismo quien trabaja es indicio de que estás pasando necesidades y tratas de superar tu situación agobiante. Si el trabajo que ejecutas es muy rudo o pesado, tu estado no tardará en cambiar y saldrás triunfante de penas y fatigas.

TRACTOR:

El cumplimiento de tus ambiciones y la realización de tus proyectos de la manera anhelada se producirán bajo excelentes condiciones. Suerte, ganancias y utilidades que colmarán tus esperanzas.

TRADUCCIÓN:

Los acontecimientos te brindarán explicaciones de gran utilidad para la gestión de tus negocios.

TRAFICANTE:

Decisiones erradas, relaciones de negocios sin escrúpulos, actos codiciosos, que te conducirán a la decadencia y a la ruina. Tendrás que afrontar muchas contrariedades.

TRAGALUZ:

Estás haciendo esfuerzos infructuosos para alcanzar los objetivos que tenías previstos. Te verás rodeado de inestabilidad y estarás inquieto.

TRAGEDIA:

Soñar que se ve, se representa o se está en una tragedia indica que algunas personas se separarán de ti por motivos que tú mismo desconoces.

TRAICIÓN:

Si es un hombre el que sueña que alguien lo traiciona, deberá cuidarse de la gente que lo rodea. En el caso de que sea una mujer, por más que murmuren o digan de ella, su conciencia habrá de permanecer tranquila.

TRAJE:

Si el traje con que uno sueña es viejo y está raído o indecoroso, es augurio de penas y sinsabores. En cambio, si es nuevo y elegante, indica todo lo contrario. Soñar que se tienen muchos trajes en el guardarropa vaticina melancolía y tristeza.

TRAMPA:

Caer en una trampa, no precisamente para cazar animales, sino en un engaño, es señal de malos negocios.

TRAMPOLÍN:

Usarlo en sueños es síntoma de ayuda y apoyos inesperados. Los favores de personas influyentes serán muy eficaces para la tarea que has emprendido y que debes llevar a buen término.

TRANSFUSIÓN DE SANGRE:

Si participas en una transfusión, estás dispuesto a brindar ayuda y apoyo a una persona necesitada. Si la recibes augura problemas importantes que te dejarán sin recursos. La gravedad de la situación se verá aliviada gracias a la intervención de una persona influyente y devota.

TRANVÍA:

Tendrás un progreso lento pero regular en tu carrera. Las perspectivas limitadas deberían llevarte a la reflexión. Los cambios podrían ser provechosos, según las características del momento y las circunstancias del viaje visto en sueños.

TRAPECIO:

Después de un tiempo de esperanza en el que contamos con el apoyo de los demás y con la buena suerte, llegaremos a una época nefasta para nosotros, que sólo nos traerá inconvenientes. Pérdidas económicas muy graves.

TRAPERO:

Soñar con un trapero es anuncio de intrigas y disgustos con alguna mujer.

TRAPO:

Ver trapos en sueños indica que no tardarás en saber un secreto que ha dejado de serlo al ser divulgado por malas lenguas y falsos amigos.

TRAVESURA:

Tendrás noticias de un feliz descubrimiento y de la celebración de una boda que te alegrará mucho.

TRÉBOL:

Perspectivas de felicidad y de éxito, en la medida en que el trébol esté en buenas condiciones. Tus aspiraciones se verán confirmadas.

TREN:

Se trata de un sueño recurrente que se puede manifestar de muy diversas maneras. Todos sus elementos deben tenerse en cuenta y hay que analizarlos detalladamente. Se esperan noticias que de alguna manera harán cambiar el rumbo de nuestra existencia. Tendremos problemas con los proyectos en marcha, ya que circunstancias adversas los perjudicarán. Debemos adaptarnos a la situación y esperar tiempos mejores. El tren también indica que vamos a tener diferencias familiares causadas por imprevistos. Si en nuestro sueño aparece parado, indica retraso y trabas en los proyectos y si descarrila, es un claro signo de desgracia.

TRENZA:

Este sueño quiere decir que una situación compleja y delicada hallará una solución que se adapta convenientemente a tus necesidades e inquietudes.

TRIBU:

Es un símbolo representativo del círculo afectivo, familiar o de relación, alrededor del cual se ha implantado tu vida.

TRIBUNAL:

Este sueño refleja que estamos inmersos en problemas familiares que tendremos que solucionar recurriendo a personas más autorizadas, por lo que podemos vernos abocados a resolverlos por medio de juicios que no en todos los casos nos serán favorables.

TRIDENTE:

Ciertos errores de apreciación en tus relaciones sociales tendrán consecuencias particularmente desastrosas para el éxito de tus pretensiones.

TRIGO:

Se trata de un sueño de muy buen augurio. Pronostica la realización de tus proyectos. Los aspectos financieros se verán favorecidos y te traerán seguridad y comodidad. Alegría en la familia, felicidad íntima. Ver trigo no apto para ser consumido o destruido por una lluvia violenta sería signo de gran miseria, peligro en una situación de discordia.

TRINEO:

Tendrás momentos de ternura y de felicidad, sentimientos sinceros y profundos hacia la persona amada, amor fiel y duradero.

TRIPAS:

Te esperan pruebas insospechadas, como una enfermedad o una intervención quirúrgica. Verlas devoradas por animales salvajes significaría miseria moral, peligro, situación financiera comprometida.

TRISTEZA:

Si sueñas que estás muy triste por disgustos o enfermedad, a la mañana siguiente, al despertar, recibirás gratas noticias que te alegrarán.

TRITURADOR:

Presagia circunstancias particularmente penosas en las que tus intereses y tus relaciones afectivas se verán amenazados.

TRIUNFO:

Soñar que se triunfa en cualquier empresa es señal de logros verdaderos en la vida real.

TROFEO:

Ganar un trofeo en sueños es indicio de la llegada de magníficos acontecimientos. En el caso de perderlo, hay que tener cuidado con los rateros.

TROMPETA:

Oír o tocar la trompeta es anuncio de que en breve recibirás gratas noticias y beneficios.

TROMPO:

Te esforzarás en asuntos de los que no extraerás ningún beneficio. Desaliento y cansancio. Deberás decidir si la confianza y la sinceridad con la que actúas hacia los demás convienen a tus intereses.

TRONCO:

Ver un tronco es augurio de penurias y necesidades para la persona que sueña con él. Apoderarse de él sería indicio de que el dinero que recibas no se ha ganado con honestidad. En el caso de proyectar un negocio, debes procurar llevarlo a cabo después de haber pensado mucho sus ventajas e inconvenientes.

TRONO:

Tus ambiciones son demasiado grandes en relación con tus posibilidades reales. Orgullo y vanidad.

TRUCHA:

Si sueñas que estás pescándolas, significa que se suscitarán en tu hogar leves cuestiones familiares. Soñar que las comes segura boda en puertas.

TRUENO:

Este sueño augura problemas, pues predice acontecimientos o la llegada de noticias que trastocarán nuestros planes haciéndonos dudar en las resoluciones que debemos tomar en el mundo de los negocios. Pasaremos por una época confusa también respecto a las relaciones familiares. Todos estos inconvenientes se superarán en un breve plazo de tiempo, por lo que no hay que perder la esperanza.

TRUEQUE:

Este tipo de intercambio no indica más que contrariedades y decepciones, cuyos efectos soportarás un período mucho más prolongado de lo previsto.

TRUFA:

Vas a tener una suerte inesperada, tus ideas se impondrán.

TUBO:

Soñar con un tubo o una instalación de ellos indica que la mala situación por la que atravesamos ha llegado a afectar tanto nuestro sistema nervioso, que tendremos que preocuparnos por nuestro estado para evitar lamentables consecuencias.

TUERTO:

Algunas de las personas de nuestro entorno no nos quieren bien. Debemos estar prevenidos, ya que si tenemos cuidado no llegarán a hacernos daño. En el aspecto económico sufriremos pérdidas de cierta cuantía.

TUGURIO:

Algunas de tus acciones concluirán con enojosas consecuencias, perjudiciales para tu vida íntima y familiar.

TULIPÁN:

Un amor discreto y apasionado te asegura un matrimonio fiel y perdurable.

TULLIDO:

Se trata de un sueño de muy mal agüero, pues afecta negativamente a todos los aspectos de la vida. No debemos emprender negocios nuevos y en los que ya tenemos en marcha debemos ser prudentes, lo que de todas maneras no evitará que suframos daños. Se verá disminuida nuestra capacidad profesional y tendremos fallos que serán muy difíciles de reparar. En la vida familiar y afectiva sufriremos enfrentamientos y discusiones graves. Nuestra salud se verá afectada, ya que podemos ser presa de una enfermedad de importancia.

TUMBA:

Finaliza una etapa de nuestra vida y da comienzo otra que no nos será favorable en modo alguno. Predice problemas en todos los aspectos. En los negocios y en la vida profesional tendremos litigios que se resolverán en nuestra contra. La vida familiar será un total fracaso y perderemos seres a los que queremos mucho. Corremos el riesgo de contraer una enfermedad que, además de ser muy grave, se prolongará en el tiempo y tendrá muy difícil curación. Ante estas situaciones nefastas se recomienda mucha paciencia. Por otro lado, poco podemos hacer para solucionar esta grave crisis que a muy largo plazo se irá resolviendo por sí sola.

TUMOR:

Los rencores que se alimentan en tu medio provocarán un clima inestable que perturbará tus iniciativas y tus esfuerzos. Altercados perjudiciales para tu reputación, período de vida difícil.

TUMULTO:

Hallarse en sueños entre un tumulto es signo de estar de mal humor e incluso predispuesto a la cólera. Reprime tu estado transitorio y, de momento, procura separarte de personas cuya presencia o actuación y comportamiento puedan irritarte.

TÚNEL:

Simbólicamente, el túnel es una vía de comunicación, lóbrega y tenebrosa, entre dos zonas de clara luz, es la oscura travesía que muchas veces es imprescindible para alcanzar una meta lejana con mayor rapidez. Es por ello que el túnel se asocia a los ritos de iniciación y al nacimiento, a la salida del túnel que representa la vagina materna.

TÚNICA:

Es el símbolo de la personalidad. Para interpretar un sueño en el que aparece este objeto, debemos tener en cuenta el contexto en que se encuentra. Por sí sola imprime un carácter de seriedad a los negocios y a las demás gestiones que tengan que ver con asuntos económicos. Prueba los juegos de azar, pero sin hacer excesivos gastos.

TURBANTE:

Llevar en sueños un turbante significa que algún amigo podrá causarte perjuicios, dando malas referencias de ti. Ver a una persona con el turbante puesto es señal de que alguien vendrá a proponerte algún negocio, aunque con intención de perjudicarte.

TURCO:

Si sueñas con un natural de Turquía, tendrás que seguir las advertencias y consejos de familiares y amigos que tratan de desengañarte de un proyecto o negocio que tienes o piensas emprender, en el cual fracasarías.

TURRÓN:

Simboliza la ternura y comprensión. Consuelo del amor maternal.

TUTOR:

Una presencia afectiva dominante y un poco pesada, pero cuyos consejos y cuya protección serán particularmente eficaces para permitirte afrontar tus dificultades actuales. Ayuda económica.

UBRES:

Soñar con ubres llenas es indicio de abundancia y prosperidad. Si estuvieran exhaustas, falta de trabajo y de dinero.

ÚLCERA:

Si nos vemos afectados por ella, quiere decir que nos enfrentamos a situaciones que no van a ser agradables para nosotros, ya que estaremos rodeados de personas que no nos quieren bien y que nos perjudicarán en la medida que puedan. Se auguran pérdidas económicas.

ÚLTIMO:

Se trata de un mal augurio ver que somos los últimos en cualquier tipo de clasificación, ya que esto indica que nos enfrentamos a una época de mala suerte en la que reinará el fracaso. Nos veremos atosigados por obligaciones a las que nos será imposible hacer frente.

ULTRAJE:

Sentirse ultrajado en sueños es augurio de que no tardarás en recibir una grata sorpresa. En el caso de que seas tú quien ultraja a otra persona, tus ilusiones y proyectos fracasarán estrepitosamente.

UMBRAL:

Este sueño viene a significar que se avecinan acontecimientos importantes que harán que nuestra vida sufra un fuerte cambio al que deberemos adaptarnos. Si estamos próximos a traspasar el umbral de una casa, deberemos tener en consideración el tipo de persona que nos vamos a encontrar, las características de la casa y el ambiente que se respira en ella para darle a este sueño el significado apropiado.

UNGÜENTO:

Si presenta un aspecto agradable y tiene buen olor, quiere decir que nuestras relaciones, tanto de negocios como personales, son amistosas y agradables.

UNIFORME:

Soñar que se está vestido con un uniforme indica honores y fama. Se abre ante nosotros un futuro prometedor que irá mostrando sus beneficios a medida que vayamos tomando las decisiones adecuadas. Lo que está claro es que experimentaremos cambios determinantes en nuestra vida.

UNIVERSIDAD:

En estos momentos se abre ante nosotros un panorama que nos puede ser muy beneficioso si hacemos uso de la experiencia. Tendremos en nuestra mano la oportunidad de ejercer diversas actividades que ampliarán nuestro conocimiento y que serán muy beneficiosas, por lo que es muy importante la elección que hagamos. Quizá debamos abandonar algún proyecto que teníamos en mente, ya que con seguridad fracasará. Hagamos uso de todo lo nuevo porque de ello sacaremos experiencias muy positivas. Es un buen momento para iniciar cualquier clase de estudio.

UNIVERSO:

Se trata de un sueño que propicia la serenidad y la calma. Es un buen momento para realizar todo tipo de actividades creativas.

UÑAS:

Soñar con cortarse las uñas predice que vamos a contraer deudas gravadas con altos intereses y que además vamos a tener ciertos inconvenientes en el ambiente familiar, mientras que si se cortan las uñas los demás, anuncia que otras personas nos causarán graves daños. Debemos tener precaución, porque se corre el riesgo de contraer alguna enfermedad que requiera cierto cuidado.

URNA:

Si en tus sueños aparece una urna, prepárate para recibir la notificación de un próximo casamiento.

URRACA:

Soñar con ella nos previene de las personas charlatanas que nos rodean. Generalmente es mal presagio, pues anuncia noticias falsas y que nuestro ambiente se verá invadido por los cotilleos y las murmuraciones. Seremos víctimas de calumnias, que nos harán sufrir mucho.

USURERO:

Si sueñas que tú mismo eres un usurero, es augurio de fracasos y ruinas. Si recurres a él, disponte a pasar por una desagradable situación que te causará vergüenza.

UVAS:

Esta fruta es símbolo de alegría y desinhibición. También presagia fertilidad y abundancia. Si las uvas que vemos son grandes y jugosas y están en buenas condiciones, indican que tendremos éxito en los negocios y que es momento de iniciar empresas que nos serán de mucha utilidad. Por el contrario, si se muestran en malas condiciones, nos predicen preocupaciones de dinero y enfermedades. Las uvas pasas auguran contrariedades y problemas afectivos.

VACA:

A la vaca se la asocia con la tierra, la bondad, la paciencia y, a veces, con la estupidez. Según la apariencia que adquiera, tendrá múltiples significados. Una vaca sana y gorda siempre es símbolo de abundancia y felicidad. Si es flaca augura al que sueña penalidades y pérdidas económicas. A veces puede ser el augurio de la más grande de las miserias. El significado del sueño se verá más fortalecido si este animal aparece en rebaño.

VACACIONES:

Las vacaciones son una época de descanso y relajación, y cuando en sueños nos vemos gozándolas, suele indicar el deseo o la necesidad de un reposo que nos permita reponer nuestras energías, que se hallan en pleno declive, lo que comporta el peligro de errores o imprudencias que pueden ser nefastos, y que al mismo tiempo en estos momentos somos mucho más vulnerables que de costumbre. Una excepción a esta interpretación es cuando el sueño se produce poco después de unas vacaciones reales, en cuyo caso se trata de una reminiscencia de ellas.

VACUNA:

Si sueñas que te ponen una vacuna, significa atenciones de quienes te rodean, así como favores y beneficios.

VADO:

Atravesar un vado en sueños vaticina ciertos peligros que llegarás a vencer con honradez y constancia.

VAGABUNDO:

Si un vagabundo se aparece en nuestro sueño, es señal de que tendremos que ser más decididos y firmes en nuestras iniciativas si queremos mejorar en nuestra situación.

VAGÓN:

Si se trata de un vagón de mercancías, significa que tu situación financiera evolucionará favorablemente, conforme a tus aspiraciones y necesidades. Si, por el contrario, es de pasajeros, vas a sufrir cambios en tus condiciones de vida.

VAHO:

Tus preocupaciones te impedirán conocer la realidad de una situación particular.

VAINA:

La vaina de una espada en sueños augura la ruptura de relaciones matrimoniales o simplemente amorosas.

VAJILLA:

Soñar con vajillas, bien sean de loza, de porcelana, etc., es augurio de una existencia apacible, con salud y suficiencia de medios económicos.

VALLE:

Si el valle aparece alegre y luminoso, no podemos menos que esperar grandes beneficios en todos los campos, éxito imparable en los negocios y amor y felicidad en el aspecto privado. Si aparece sombrío, indica que debemos tener paciencia, ya que a un período malo le va a suceder una época en la que se van a solucionar los problemas y en la que gozaremos de paz y felicidad.

VALS:

Estás viviendo los últimos momentos de una felicidad que se aleja y de la cual conservarás durante un largo tiempo la nostalgia.

VAMPIRO:

Indica que estamos rodeados de personas indeseables que se aprovecharán de nosotros para su propio beneficio. Por otro lado dice que gracias a nuestra entereza y habilidad seremos capaces de salir de situaciones conflictivas en las que podríamos vernos inmersos.

VAPOR:

Viajar en vapor con mar apacible es indicio de que tu negocio irá prosperando, aunque paulatinamente. Si el vapor llegara a hundirse en medio de una tormenta, es grave señal de dolores y fracasos o de una pérdida familiar. Ver salir vapor de agua de una caldera o de una olla: las ilusiones que te has forjado resultarán truncadas.

VAQUEROS:

La tosquedad de tu comportamiento no influirá de ningún modo en la validez de las decisiones tomadas o de las acciones emprendidas para favorecer tus intereses.

VARICES:

Algunos problemas de salud debidos al cansancio y a los inconvenientes pasados. Cansancio moral.

VASIJA:

Augura bienestar familiar, alegrías compartidas con los amigos. Si se rompe es sinónimo de disputas.

VASO:

Si se sueña con un vaso, es síntoma de un próximo compromiso o enlace matrimonial. Si está lleno de agua, aumento de familia. Si es de vino, consuelo para nuestras penas. De cerveza, breve viaje. De licor, fútiles aventuras amorosas. Soñar con un vaso roto es señal de dicha y fortuna.

VECINO:

Se trata de un sueño nefasto para las relaciones familiares porque augura discusiones y peleas de muy difícil solución en este terreno. Debemos emplear a fondo nuestra diplomacia para conseguir que estas discusiones produzcan los menos daños posibles.

VEJEZ:

Experimentarás sentimientos contradictorios y tendrás ideas o realizarás actos alejados de tus métodos habituales.

VELA:

Ver en sueños una vela encendida es señal de que habrán de sobrevenirte algunas contrariedades y penas.

Si la vela estuviera apagada, pronto sabrás de la muerte de un buen amigo o allegado. Si se trata de las velas de un barco, recibirás en breve una gran alegría.

VELERO:

Si está con las velas desplegadas, augura muy buenas perspectivas futuras. Tus proyectos evolucionarán de manera positiva hacia los objetivos fijados. Suerte. Con las velas replegadas, sin viento, sufrirás obstáculos y contrariedades que modificarán tus ambiciones. Deterioradas o rotas significa fracaso, infortunio, mala suerte.

VELETA:

Indica inconstancia, indecisión y dudas. Se avecina una época en la que no seremos capaces de tomar nuestras propias decisiones sobre nuestra existencia. Tendremos problemas con los proyectos en marcha, ya que circunstancias adversas los perjudicarán. Debemos adaptamos a la situación y esperar tiempos mejores.

VELLO:

Es un sueño que indica energía, agresividad y potencia sexual. Para un hombre, la falta de vello o la pérdida de pelo es indicio de problemas y enfermedad. Para una mujer, ver que le crece vello fuera de los lugares habituales anuncia penas y problemas de salud y afectivos; augura que se avecina una época de grandes preocupaciones.

VELO:

Cuando éste aparece con un color claro, es señal de alegría y dice que veremos nuestros deseos cumplidos gracias a sucesos inesperados. Nuestras gestiones se verán coronadas con éxito. Cuando es oscuro o está estropeado, augura grandes rupturas que nos causarán intensa pena y disputas con personas allegadas.

VENA:

Tu situación actual va a cambiar considerablemente con la llegada de malos acontecimientos que alterarán la paz de tu hogar.

VENADO:

Acosar un venado en sueños augura sucesos gratos e inesperados. Verse montado en él, anuncio cierto de rápida fortuna. Matarlo y guardar su cabeza y piel como orgulloso trofeo, augurio de que alcanzarás una vejez sana y feliz.

VENDA:

Si no queremos vernos inmersos en el dolor y el sufrimiento, deberemos ser muy precavidos y prestar atención a todo lo que nos rodea. Si llevamos vendas, el sueño sugiere modificaciones buenas en nuestra vida tras una época de preocupaciones y pesares. También augura la curación de una enfermedad nuestra o de alguna persona allegada. Si nos vemos poniendo vendas a otro, quiere decir que seremos portadores de consuelo para alguien que está muy necesitado de él. Es mal augurio que aparezcan ensangrentadas: depresión y crueldad. Si somos aficionados a los juegos de azar, debemos ser prudentes y no gastar más de la cuenta.

VENDEDOR:

Te verás sometido y obligado a una modalidad que no es la tuya y que te limitará en el desarrollo de tus actividades. Argumentos que anteriormente parecían satisfactorios terminarán por defraudarte. Desconfianza y amargura.

VENDER:

Si uno sueña que vende objetos inútiles y de poco valor, alcanzará una ligera mejora en su trabajo o negocio. Vender cosas de valor, muebles, cuadros, jarrones, joyas, etc., significa que tu posición mejorará notablemente.

VENDIMIA:

Se acerca un período de riqueza y provecho. Tus gestiones serán fructíferas. Tus condiciones de vida y tus recursos financieros mejorarán favorablemente. Goces afectivos y familiares, momentos de gran paz y profunda felicidad.

VENENO:

Soñar con cualquier producto venenoso vaticina fracasos y amarguras que pueden llevarte hasta la desesperación, por lo que deberás controlarte para evitar funestas consecuencias. Sin embargo, si eres tú mismo quien lo toma, llegarán a realizarse pronto tus aspiraciones y buenos deseos.

VENGANZA:

Si sueñas que acabas de vengarte de alguna persona a quien odiabas, prepárate para verte inmiscuido en pleitos y asuntos judiciales, que pueden perjudicarte y alterar tu modo de vida actual.

VENTANA:

Cuando nos vemos abriendo una, no podemos menos que esperar éxito en nuestras gestiones, alegría y paz de espíritu. Si la vemos cerrada, esperaremos penas y mala suerte. Es un mal augurio vernos entrar a una casa por la ventana porque predice que vamos a vivir disputas y litigios judiciales que se resolverán en contra de nosotros. Las ventanas adornadas con flores representan la paz familiar y la armonía en el hogar. Finalmente, cuando nos vemos limpiándola, es una señal de que vamos a recibir ayuda de personas que no esperábamos, lo que nos hará remontar malas situaciones que no sabíamos cómo superar. Las ventanas en general nos dicen que estamos bien asentados en nuestra vida profesional y que somos respetados y considerados en ella.

VENTOSA:

Es signo de contrariedades varias, preocupaciones numerosas y embarazosas, pesares y enfermedad.

VENTRÍLOCUO:

Un ventrílocuo en sueños indica que un sujeto indeseable trata de engañarte abusando de tu buena fe. Procura guardarte de él y no confíes en sus falsas promesas.

VERANO:

Se trata de un sueño de muy buen augurio porque predice abundancia y éxito. Momento estupendo para iniciar negocios o dar empuje a los que ya tenemos. Profesionalmente será reconocida nuestra valía, lo que nos hará sentirnos muy orgullosos de nosotros mismos. En la vida familiar y afectiva todo marchará como la seda.

VERDE:

Este color es el símbolo de la regeneración continua de la naturaleza, por lo que indica felicidad y prosperidad, pero hay que tener cuidado si se asocia con la jungla, ya que así significa que nos acechan graves peligros de naturaleza desconocida. Deberemos tener paciencia si estamos pendientes de alguna resolución, pues este sueño indica que no es todavía el momento apropiado.

VERDUGO:

Tus amigos te abandonarán. Peligros, pérdidas de dinero, enfermedad. Luchar con el verdugo y vencerlo significa que triunfarás sobre la adversidad.

VERDURA:

Si vemos las verduras cultivadas en un huerto y sanas, son señal de beneficios económicos y ternura en las relaciones afectivas. Si las vemos cocinadas, augura peleas en el entorno familiar.

VEREDA:

Caminar por una vereda o sendero estrecho indica que tendrás amores ilícitos con una persona casada.

VERGEL:

Abundancia y prosperidad, felicidad afectiva, alegría familiar.

VERGÜENZA:

Vas a soportar las consecuencias de acontecimientos penosos y dolorosos de los cuales no eres responsable.

VERJA:

Si la verja con la que sueñas es de madera, es signo seguro de dinero. Si es de hierro, se presentarán obstáculos que tendrás que salvar con tu comportamiento.

VERRUGA:

Tener uno mismo las verrugas vaticina fracasos amorosos. Verlas en otra persona, ingratitudes y desprecios.

VERTEDERO:

Es anuncio de un período con trastornos, particularmente desfavorable.

VÉRTIGO:

Buena indicación. Los resultados de tus gestiones superarán tus esperanzas razonables y fortalecerán felizmente tus distintos proyectos.

VESTIDO:

Las características de la vestimenta son las que marcan el significado del sueño, ya que puede ser de diversas formas, colores y materiales y es posible que aparezca en muy distintas situaciones. Cuando la ropa es bonita, de colores alegres y está limpia predice que vamos a recibir protección inesperada y augura suerte en todos los aspectos. Si está sucia o deteriorada, podemos esperar momentos muy tristes de soledad y que la mala suerte no nos abandone. Cuando soñamos que nos quitamos la ropa, es señal de que vamos a sufrir cambios que serán favorables, sobre todo en el terreno de los negocios, que a su vez nos proporcionarán una posición social muy agradable. Si en nuestro sueño nos vemos vendiendo nuestra propia ropa, es un mal augurio y quiere decir que estamos ante una temporada de mala suerte que llevará nuestros negocios al fracaso; todo ello estará rodeado de dificultades económicas. Pero esta situación desaparece cuando lo que estamos haciendo en el sueño es cuidar la ropa, plancharla o coserla, porque augura que se avecinan tiempos mejores en los que desaparecerán nuestras dificultades. Si nos vemos vestidos de forma estrafalaria, quiere decir que las burlas se ciernen sobre nosotros y que somos objeto de la crítica y del escarnio. Si aparecemos vestidos de forma tradicional, con colores suaves y sin llamar la atención, predice que nuestra vida va a seguir exactamente igual que hasta ahora durante mucho tiempo.

VETERINARIO:

Si sueñas con un veterinario, ve con cuidado con una persona que piensa pedirte dinero y que, por su situación, no podrá devolverlo.

VIAJE:

Cambios en tus condiciones de vida, que se deberán a tu iniciativa. Según las disposiciones tomadas y las condiciones del viaje, deberás definir si la premonición es positiva o negativa.

VÍBORA:

Es señal de perfidias y traiciones. Si la vemos enroscada, contratiempos y enfermedades. Si logramos matarla, podremos librarnos de todos los peligros.

VICTORIA:

Sinsabores, derrota y humillación dentro de poco tiempo.

VIDRIO:

Vidrios rotos, señal de noticias que nos llenarán de congoja.

VIEJO:

Soñar que se es viejo cuando se es joven significa respeto y consideración. Si se ve a un anciano, aceptemos los consejos que puedan darnos.

VIENTO:

Si el viento que sentimos en sueños es suave, cual leve brisa, recibiremos buenas noticias que nos llenarán de contento. En cambio, si fuera fuerte, es presagio de inquietudes y situaciones molestas.

VIENTRE:

Representa la maternidad y la ternura. Cuando vemos el nuestro saludable y grueso, indica que hemos sido capaces de aprender de las situaciones pasadas y de los demás en nuestro propio beneficio; también que se avecinan tiempos muy prósperos. Si el vientre es flaco y enfermo, predice desesperación y miseria.

VIGA:

La viga siempre sirve como un importante punto de apoyo, por lo que en sueños simboliza seguridad cuando aparece sólida y potente, e inseguridad y temor en caso contrario.

VILLA:

Si se sueña con una hermosa villa, es indicio de un próximo, agradable y tal vez fructífero viaje.

VINAGRE:

Beberlo en sueños es anuncio de dificultades con algún pariente o amigo, provocadas por habladurías sin trascendencia, que habremos de procurar evitar interpretando a tiempo este sueño.

VINO:

Se trata de un sueño de buen o de mal agüero según el aspecto que presente el vino. Cuando es de buena calidad, dice que debemos esperar sólo cosas buenas, mientras que si es de mala calidad o está picado, avisa de que seremos víctimas de enfados y que tendremos problemas en nuestras relaciones.

VIÑA:

Augura prosperidad y abundancia, riqueza y ganancias, felices perspectivas de un porvenir mejor.

VIOLETA:

Esta flor representa la humildad. Augura que podemos esperar ternura y amor. En el aspecto económico no tiene ninguna incidencia.

VIOLÍN:

Tristeza nostálgica, recuerdo de las horas de felicidad de un lejano pasado. Lágrimas y penas, lamentos.

VIRGEN:

Vaticina dicha y felicidad, sentimientos de bondad, amor de familia y sinceros afectos de tus amistades.

VIRUELA:

Implica ganancias financieras inesperadas pero necesarias. Si eres tú quien la padece, significará que tu comportamiento hacia los demás no es irreprochable y podrías por ello sufrir algunas sanciones.

VISIONES:

Cuando en nuestro sueño vemos visiones, quiere decir que se va a cumplir al pie de la letra lo que aparece en ellas. No hay que darle otro tipo de explicación, ya que son un claro presagio de nuestro futuro. Este sueño no debe preocuparnos demasiado porque casi siempre se acompaña de sensaciones agradables.

VISITA:

Cuando en sueños recibimos una visita o visitamos a alguien, es muy importante que por la mañana, al recordar el sueño, comprobemos si hemos reconocido con toda claridad a la persona en cuestión, pues en caso afirmativo podría tratarse de una premonición, aun cuando sólo sea así en muy raras ocasiones. Por lo demás, las visitas son el lazo de unión que nos relaciona con los demás, por lo que casi siempre estos sueños revelan nuestra necesidad de relacionarnos con otras personas, que nos sentimos íntimamente aislados, excesivamente solitarios.

VIUDEDAD:

Sea un hombre o una mujer quien sueñe que es viudo, es seguro vaticinio de larga y feliz vida matrimonial.

VOLANTE:

Soñar que estás ante el volante de un automóvil es indicio de que, tanto en tu trabajo como en tu negocio, llegarás a triunfar si pones empeño en ello.

VOLAR:

En los sueños, volar siempre expresa un deseo de escapar a las situaciones y problemas de la vida diaria, de superarlas como sea. Es como un sustitutivo de todo aquello que deberíamos hacer y no sabemos o no somos capaces de hacer, por lo que en nuestra impotencia nos consolamos ascendiendo con la imaginación, volando en sueños.

VOLCÁN:

Alguna situación, buena o mala, que se estaba fraguando desde hacía un tiempo va a explotar. Se avecinan acontecimientos particularmente violentos que serán contrarios a nuestros intereses económicos. En el aspecto afectivo nos veremos sometidos por las pasiones, que no nos dejarán ver con frialdad lo que tenemos delante. Si el volcán se apaga, quiere decir que poco a poco iremos girando hacia un clima más pacífico y en el aspecto de los negocios se puede esperar una época de tranquilidad y estabilidad.

VOLUNTARIO:

Si la persona que sueña se ofrece como voluntario en el ejército o para realizar alguna empresa difícil, recibirá honores y satisfacciones.

VOMITAR:

Si eres tú quien vomita, te reclamarán un dinero ganado de forma fraudulenta. Te reprocharán acciones deshonestas. Ver vomitar a otra persona significa que se te devolverá lo que se te había arrebatado.

VOTO:

Se te requerirá que te comprometas en favor de un personaje influyente o que tomes decisiones importantes para las que careces de posibilidades.

VOZ:

Oír una voz grata que acaricia nuestro oído es fiel anuncio de que recibirás una visita que llenará tu corazón de júbilo y alegría.

WHISKY:

Relaciones amistosas corteses e interesadas.

YATE:

Soñar con un yate significa el deseo de eludir responsabilidades que nos impiden gozar del tipo de vida que queremos. Es una muestra clara de inmadurez, por lo que debemos hacer un repaso exhaustivo de nuestros sentimientos y nuestra forma de actuar. No debemos dejarnos llevar por falsas ilusiones ni por la sociedad de consumo, ya que esto nos hará olvidar las cosas importantes de la vida como son el amor y la amistad. Debemos ser nosotros mismos si lo que queremos es alcanzar la realización plena. Por lo general augura mejoras, pues veremos engrosados nuestros bienes.

YEGUA:

Si sueñas con una yegua de buena estampa, tu esposa o novia son personas buenas y agradecidas. Ver una yegua flaca y esmirriada es señal de que una mujer se meterá en tu vida causándote serios disgustos. Si cocea, signo de habladurías y traiciones.

YEMA:

Si comes en sueños la yema de un huevo, es señal de contrariedades, a menos que cambies tu actual modo de vida. Si la yema se desparrama, anuncio de éxito en el trabajo, negocios o estudios.

YERNO:

Sueño de buen agüero que anuncia éxito en las relaciones afectivas y familiares, encuentros gratos, paz y tranquilidad. También puede anunciar un próximo noviazgo muy beneficioso para ambos entre personas allegadas.

YESO:

Cuando vemos este material en el sueño, pronostica que se avecina una época penosa. Podemos esperar contraer grandes deudas y también pérdidas afectivas. Cuando nos vemos con un miembro escayolado, es una clara advertencia de que se aproxima un grave peligro.

YOGA:

Tu capacidad de decisión impondrá respeto y disciplina. Serás reconocido, apreciado y estimado.

YUGOS:

Es presagio de un matrimonio feliz, con salud y bienestar hogareño, siempre que entre los cónyuges no se cometan infidelidades.

YUNQUE:

Aunque es una herramienta que hoy casi no se usa, el yunque es el que soporta los duros golpes de la vida. Este sueño indica que, a pesar de las contrariedades, debemos aguantar un poco las adversidades, ya que el esfuerzo va a merecer la pena. Cuando soñamos que lo usamos, quiere decir que tenemos la capacidad suficiente para ser los dueños de nuestra existencia y que las influencias exteriores no nos van a hacer cambiar; nuestra energía nos llevará al triunfo en las empresas. Sólo si vemos el yunque roto debemos temer por el éxito.

ZAFIRO:

Si se sueña con tan hermosa piedra preciosa, es claro anuncio de favores, regalos y amistad.

ZANAHORIA:

Cuando está recién cosechada y se mantiene fresca, augura alegría en la familia y entendimiento con los que nos rodean. Sin embargo, cuando está estropeada o podrida, presagia que seremos responsables de la separación de otras personas.

ZANCOS:

Tienes que ser prudente en tus actuaciones y comportamiento si no quieres cometer un grave error de insospechadas consecuencias.

ZÁNGANO:

Debes apartarte de cierta amistad que sólo trata de explotarte sacándote dinero. Además, si alguna persona te propone un negocio, anda con cuidado para que no te estafen, ya que es probable que esto suceda.

ZANJA:

Caerse en una zanja es indicio de que alguien trata de hacerte víctima de un engaño. Saltarla, señal de grave peligro inminente. Estar uno mismo cavando una zanja, anuncio de bienes de fortuna. Cubrirla de tierra, pérdida en el trabajo y en el negocio.

ZAPATERO:

Si tu oficio no es el de zapatero y sueñas que haces zapatos, una persona en la que confiabas te traicionará.

ZAPATILLAS:

Soñar con zapatillas es un claro augurio de disgustos. Quitártelas, indicio de riñas y violencias. En cambio, si te las pones, es señal de comodidades y buena vida.

ZAPATOS:

Si vemos que son feos, están estropeados o nos hacen daño, podemos inferir que vamos a tener problemas de todo tipo rodeados de mala suerte, lo que provocará pérdidas financieras de gran importancia. Si nos los quitamos, augura separación y alejamiento. Y si llevamos unos zapatos bonitos y nuevos que son confortables para nuestros pies, es imagen de la comodidad de nuestra vida, que se va a desarrollar dentro de la tranquilidad sin sufrir el más mínimo sobresalto. Cuando vemos en el sueño a un zapatero, presagia que recibiremos consejos y apoyo en nuestras empresas y podemos esperar gracias a ello el éxito.

Z

ZARPAR:

Ver en sueños zarpar un buque es indicio de que bien pronto realizarás un viaje de placer.

ZARZAMORA:

Si sueñas que comes zarzamoras, vaticina que recibirás gratas noticias que te llenarán de alegría.

ZARZAS:

Significa que las relaciones con los familiares y demás allegados se tornarán muy difíciles. También podemos esperar pérdidas económicas y problemas laborales.

ZIGZAG:

Aparece ante nosotros un futuro que estará lleno de éxitos gracias al apoyo que vamos a recibir de personas muy influyentes.

ZODIACO:

Soñar con cualquiera de sus signos señala bienestar, felicidad y éxito en los estudios, trabajos o negocios.

ZOO:

Es un buen momento para enfrentarte a tus enemigos, ya que saldrás airoso de tal confrontación y lograrás hacerte respetar por ellos, lo que redundará en un gran beneficio para tus negocios.

ZORRO:

Un allegado se revelará nocivo para tus ambiciones e intereses. Los diversos actos cumplidos contra ti, que contrarían y perturban tus actividades, alcanzarán a perjudicar tus finanzas.

ZUECOS:

Tu situación no será envidiable en absoluto. Se te impondrán sacrificios antes de hallar una estabilidad conveniente para tus negocios. Inquietudes sobre tu destino, pobreza y miseria.

ZUMBIDO:

Oír en sueños molestos zumbidos es aviso de que debes desconfiar de una persona que trata de sorprender a tu buena fe y de la que debes cuidarse tomando las precauciones necesarias.

ZURCIDO:

Si ves a alguien zurciendo ropa, calcetines, etc., recibirás la satisfacción de que un familiar tuyo triunfará en una empresa que ha emprendido. Si eres tú quien zurce, obtendrás beneficios en tus negocios.

ZURDO:

Recibirás ayuda y protección en tus gestiones y en tus decisiones. Puede indicar igualmente un sentimiento afectivo nuevo del cual vas a conocer dentro de algún tiempo la realidad.

ZURRÓN:

Cuida la conservación de tus posesiones. La discreción y la cordura serán tus mejores aliados. Si no, te encontrarás envuelto en rivalidades y conflictos.